1
buongiorno!

Italienisch für Anfänger

von
Rosanna Brambilla und Alessandra Crotti

sowie
Lucia von Albertini, Teresa Di Fonzo-Weil,
Werner Forner und Michael Hörburger

unter Leitung und Mitwirkung
der Verlagsredaktion Weiterbildung Fremdsprachen

Grafische Gestaltung
Sergio Salaroli

Ernst Klett Verlag für Wissen und Bildung
Stuttgart · Dresden

Buongiorno 1

von
Rosanna Brambilla, Kursleiterin an der Volkshochschule Böblingen-Sindelfingen
Alessandra Crotti, Gymnasiallehrerin in Pavia

sowie
Lucia von Albertini, Kursleiterin an der Volkshochschule München
Teresa Di Fonzo-Weil, Kursleiterin an der Volkshochschule Hamburg
Dr. Werner Forner, Akademischer Oberrat an der Universität Gießen
Michael Hörburger, Oberstudienrat, Esslingen

unter Leitung und Mitwirkung
der Verlagsredaktion Weiterbildung Sprachen
Mitarbeit an diesem Werk:
Barbara Mack, Giovanna Mungai-Maier, Verlagsredakteurinnen
Beratende Mitarbeit:
Dr. Barbara Huter, Verlagsredakteurin

An den Arbeiten nahmen ferner teil
Gudrun Bogdanski, Studiendirektorin, Münster
Martina Hirt-Harlass, Fachbereichsleiterin Sprachen an der Kreisvolkshochschule Northeim
Theo Stoltenberg, Studiendirektor, Dortmund
Dr. Arthur Wagner, Akademischer Oberrat an der Universität Saarbrücken

Grafische Gestaltung
Sergio Salaroli, Rom

Für den Schulgebrauch dürfen die Leerstellen im Buch von den Schülern nicht ausgefüllt werden.

Gedruckt auf Papier, das aus chlorfrei gebleichtem Zellstoff hergestellt wurde.

1. Auflage   1 25 24 23 22 | 2000 1999 98 97

Alle Drucke dieser Auflage können im Unterricht nebeneinander benutzt werden, sie sind untereinander unverändert. Die letzte Zahl bezeichnet das Jahr dieses Druckes.
© Ernst Klett Verlag für Wissen und Bildung GmbH, Stuttgart 1984. Alle Rechte vorbehalten.
Umschlag: Sergio Salaroli, Rom.
Italienkarte: Karl Harig, Reinheim.
Druck: KLETT DRUCK, H. S. GmbH, Korb. Printed in Germany.
ISBN 3-12-560400-1

Inhalt

	Themen/Situationen	Kommunikative Ziele*	Strukturelle Ziele

1 Erstes Kennenlernen — Seite 9

A	– Erste Kursstunde – Begrüßung auf der Straße	– sich vorstellen – jemanden nach dem Namen fragen – sich begrüßen und nach dem Befinden fragen – sich verabschieden	– *essere: sono, è* – *chiamarsi, stare* (Singular) – der Gebrauch von Subjektpronomen *(io, tu, Lei)* – der bestimmte Artikel I: *il, la*

2 Begegnungen — Seite 13

A	– Erste Gesprächskontakte (auf dem Campingplatz/ im Café/auf der Straße) – Telefongespräch	– Herkunft/Nationalität erfragen und angeben – Ortsangaben machen – Zweck des Aufenthaltes erfragen und angeben	– örtliche Beziehungen *(di, a, in)* – *essere: sei; fare: fai, fa* – Verben auf *-are* (Singular) – Adjektive I (Singular) – der bestimmte Artikel II: *l'* – Fragesätze
B	IN TRENO		

3 Wir gehen was trinken — Seite 20

A	– In der „Bar" – In der „Bar-Pizzeria" – Bei Bekannten	– etwas vorschlagen – zustimmen – etwas anbieten, annehmen, ablehnen – Wünsche erfragen/ äußern; bestellen – Preise erfragen/verstehen	– die 1. Person Plural – Verben auf *-ere* und *-ire* (Singular) – der unbestimmte Artikel – Grundzahlen I
B	AL BAR MAZZINI		

4 Wir suchen eine Unterkunft — Seite 27

A	– Hotelprospekt – Im Hotel – Bei der SIP – Telefongespräch – Wohnungsanzeigen	– nach einem Hotelzimmer fragen – Telefonnummern erfragen/angeben – Ortsangaben machen – Eigenschaften erfragen/nennen – (Nicht-)Gefallen ausdrücken – etwas begründen	– der Plural der Substantive – Grundzahlen II – das Präsens von *avere* und *essere* – die Verneinung mit *non* – *di* und *a* mit dem bestimmten Artikel (Singular) – Adjektive II (Singular)
B	ALL'AGENZIA RIVAMAR		

*Es werden bei jeder Lektion nur die wichtigsten Lernziele aufgeführt.

Themen/Situationen	Kommunikative Ziele	Strukturelle Ziele

5 Orientierung in der Stadt — Seite 36

A – In einer fremden Stadt (auf der Straße/im Bus) B UNA DOMENICA IN CITTÀ	– nach Geschäften/Verkehrsmitteln fragen – nach dem Weg fragen – Orts-/Richtungsangaben machen – sich entschuldigen	– *c'è* – Ortsadverbien und Präpositionen des Ortes – Ordnungszahlen – die 2. Person Plural – Infinitivsätze

6 Wir kaufen Lebensmittel ein — Seite 44

A – Kochrezept – In verschiedenen Geschäften und auf dem Markt B AL MERCATO	– Einkaufsgespräche führen: etwas verlangen, Mengen angeben, nach Qualität/Preis fragen – Notwendigkeit ausdrücken – Stellung nehmen	– Mengenangaben mit *di* – der bestimmte Artikel III: Singular/Plural – das Präsens der Verben – *c'è, ci sono* – *da* mit Artikel (Singular) – Adjektive III: Singular/Plural; absoluter Superlativ

7 Wir erzählen von uns und anderen — Seite 53

A – Gespräche zwischen Kollegen und Freunden – Befragung zum Thema Beruf B CARA LUISELLA	– Vergangenes berichten und zeitlich einordnen – Zugehörigkeit/Besitz ausdrücken – über Beruf und persönliche Lebensumstände sprechen – (Un-)Zufriedenheit ausdrücken	– das *Passato prossimo* I – das Jahr, die Monate und das Datum – das Possessivpronomen I – *di* mit Artikel (Plural) – *molto/tanto/troppo/poco* – der Infinitiv nach unpersönlichen Ausdrücken – *rimanere*

8 Private Einladung — Seite 62

A – Aufforderungen zu gemeinsamen Unternehmungen – Einladung zum Abendessen – Zu Gast bei Bekannten B UNA VISITA	– eine Einladung aussprechen/annehmen/mit einer Begründung ablehnen – sich verabreden – einen Gast begrüßen/vorstellen – sich verabschieden und (schriftlich) bedanken	– die Uhrzeit und die Wochentage – *potere, volere, dovere* – das *Passato prossimo* II – das Possessivpronomen II – örtliche Beziehungen (*da*) – die Objektpronomen *mi, ti, Le, La*

Themen/Situationen	Kommunikative Ziele	Strukturelle Ziele

9 Alltag und Familie — Seite 72

A
- Gespräche zwischen Nachbarn und in der Familie

B VITA DI FAMIGLIA

- den Tagesablauf beschreiben
- über die eigene Familie sprechen

- die reflexiven Verben
- die Tageszeiten
- das Possessivpronomen III: Singular/Plural
- die Objektpronomen *lo, la, li, le*

10 Urlaubspläne und Urlaubserfahrungen — Seite 80

A
- Werbung für Regionen und Verkehrsmittel
- Umweltschutzplakate
- Im Tabakladen
- Urlaubskarte
- Gespräche zwischen Kollegen

B MARE O MONTAGNA?

- jemanden auffordern, etwas zu tun/zu unterlassen
- Orts-/Zeitangaben machen
- über den Urlaub und das Wetter sprechen

- der Imperativ I: 2. Person
- *in* und *a* mit Artikel
- der bestimmte Artikel bei Ländernamen
- zeitliche Beziehungen (*fra, fa, da*)
- die indirekten Objektpronomen *gli* und *le*

11 Unterwegs mit Zug und Auto — Seite 90

A
- Auf dem Bahnhof
- Befragung zum Thema Verkehrsmittel
- An der Tankstelle
- Verkehrsmeldung

B VIA DALLA PAZZA CODA

- sich nach Zügen erkundigen und eine Fahrkarte lösen
- Hilfe anbieten
- vergleichen
- Anweisungen/Ratschläge geben

- Komparativ und relativer Superlativ
- *dare; salire; scegliere*
- *su* mit Artikel
- der Imperativ II: Höflichkeitsform (Singular)

12 Wir gehen essen — Seite 100

A
- Auf der Suche nach einem Eßlokal
- In der Trattoria
- Im Restaurant
- Speisekarte

B I LOCALI ITALIANI OGGI

- sich nach einem Lokal erkundigen
- über Speisen sprechen
- bestellen
- etwas richtigstellen

- die *si*-Konstruktion I
- *bere; sapere*
- der unbestimmte Artikel im Plural und der Teilungsartikel

Themen/Situationen	Kommunikative Ziele	Strukturelle Ziele

13 Kleider machen Leute — Seite 107

A – Auf der Bank – Im Modegeschäft – Auf dem Markt – Im Schuhgeschäft B INTERVISTA AL DIRETTORE DI UN NEGOZIO DI MODA	– Einkaufsgespräche führen: etwas verlangen, (Nicht-)Gefallen ausdrücken, vergleichen, widersprechen, Unschlüssigkeit ausdrücken – über Mode sprechen	– Objektpronomen bei *ecco* – Farbadjektive – *questo* und *quello* – Objektpronomen beim Imperativ – Fragesätze

14 Gesund werden – gesund bleiben — Seite 117

A – In der Apotheke – Telefongespräch – Beim Arzt B ADDIO, SIGARETTA!	– in der Apotheke etwas verlangen – Sprechstunde (telefonisch) vereinbaren – Beschwerden äußern – Empfehlungen geben	– Übereinstimmung des Partizip Perfekt mit voraus- gehendem dir. Objektpron. – das Konditional I (Singular) – *ne* als Mengenausdruck – *non ... nessuno/niente* – Adverbien auf *-mente*

15 Wir suchen eine Wohnung — Seite 127

A – Auf Zimmersuche – Hausbesichtigung – Befragung und Leserbrief zum Thema Wohnen B MILANO, ROMA, NAPOLI	– etwas beschreiben – um Erlaubnis bitten – etwas lokalisieren – Wünsche äußern – über Wohnverhältnisse sprechen	– die Stellung des Adjektivs – *bello* – weitere Ortsadverbien und Präpositionen des Ortes – das Konditional II: Singular/Plural – Objektpronomen beim Infinitiv – die *si*-Konstruktion II – *uscire* – Relativsätze

16 Urlaub und Sport — Seite 137

A – Prospekt eines Wintersportortes – Gespräche über Urlaub und Urlaubsaktivitäten – Wetterkarte – Befragung zum Thema Sport B SPORT	– Orts- und Zeitangaben machen – vergleichen, bewerten – Wetterkarte verstehen – (Nicht-)Gefallen äußern – über sportliche Aktivitäten sprechen	– *tutto, ogni, qualche* – *ci* (örtlich) – *non ... mai* – Vergleichssätze I – die betonten Objekt- pronomen

Themen/Situationen	Kommunikative Ziele	Strukturelle Ziele

17 Feste – heute und früher — Seite 147

A – Gespräche über Feste
 – Karneval in Venedig
B LE FESTE IERI E OGGI

– vergleichen
– Vergangenes beschreiben
– Erzähltexten Informationen entnehmen

– Vergleichssätze II
– das *Imperfetto*

Testblock 1	*nach Lektion 4*	Seite 153
Testblock 2	*nach Lektion 8*	Seite 156
Testblock 3	*nach Lektion 12*	Seite 159
Testblock 4	*nach Lektion 17*	Seite 162
Grammatik pro Lektion		Seite 164
Italienisch-deutsches Vokabular		Seite 209
Anmerkungen zur Aussprache		Seite 237
Alphabetische Wortliste mit phonetischer Umschrift		Seite 239
Lösungen zu den Testblocks		Seite 249

Symbole

 Hörtext
Hörverständnisübung

 Lesetext
(auch auf Cassette verfügbar)

LEZIONE **1**

Guten Abend, mein Name ist Alessandra Gori, und Ihrer?

A₁
- ~ Buonasera. Mi chiamo Alessandra Gori, e Lei?
- ≈ Mi chiamo Karin Müller.
- ~ E Lei, come si chiama?
- ≈ Mi chiamo Peter Schmidt.

Wer ist Herr Bach?

A₂
- ~ Chi è il signor Bach?
- ≈ Sono io. *Das bin ich*
- ~ E la signora Kessler?
- ≈ Sono io.

Sind sie Herr Schneider?

A₃
- ~ È Lei il signor Schneider?
- ≈ Sì, sono io. *Ja, ich bin's.*
- ~ È Lei la signorina Müller?
- ≈ No, sono la signora Brandt.
- ~ Come si chiama, scusi?
- ≈ Brandt.

È Lei	il signor . . . ?
	la signora . . . ?
	la signorina . . . ?

Sì, sono io.

No, sono la signora . . .

No, mi chiamo . . .

1

A4
~ Buongiorno, signora, come sta?
≈ Bene, grazie, e Lei?
~ Non c'è male, grazie.

A5
~ Ciao, Francesca, come stai?
≈ Bene, grazie, e tu?
~ Sto abbastanza bene.

Buongiorno,   signora,
Buonasera,   signorina,   come sta?
              signor…,

Ciao, Francesca,   come stai?

(Sto) bene.
(Sto) abbastanza bene.
Non c'è male.

A६ ~ Come ti chiami?
   ≈ Antonella, e tu?
   ~ Franco.

A₇ ~ Chi è?
   ≈ È la signora Galli de Galloni.
   ~ Come si chiama?
   ≈ Gal-li de Gal-lo-ni.

```
          Peter Schmidt e Lei, come si chiama?              Sabine Brandt.
(Io) mi chiamo                                    Mi chiamo
          Anna         e tu, come ti chiami?               Bruno.
          E la signora come si chiama?            Si chiama . . .
```

ESERCIZIO 1   CHI È?

~ È il signor Rodari?
≈ No, è il signor Biagini.

~ È la signorina Croce?
≈ No, è la signora Spiga.

Continuate.

1. sig. Cellini?   2. sig. ra Giorgetti?   3. sig. na Lega?   4. sig. Pugi?

ESERCIZIO 2   CHE COSA DICONO?

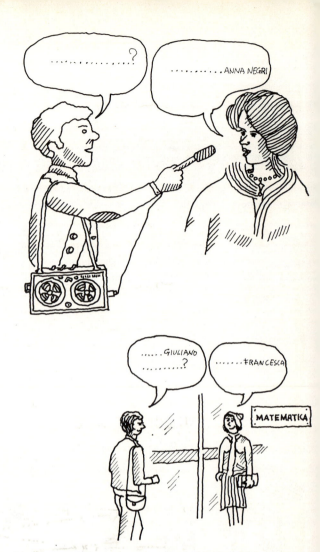

ESERCIZIO 3   FATE LA CONVERSAZIONE.

~ Buongiorno, signor Micene, come sta?
≈ Bene, grazie, e Lei?
~ Abbastanza bene.

~ Ciao, Roberto, come stai?
≈ Non c'è male, grazie, e tu?
~ Bene.

1. Mario — Anna   2. sig. na Pace — sig. Guccini   3. Marco — sig. ra Dolci   4. sig. ra Gala — sig. Colli

ESERCIZIO 4   IN CLASSE

Begrüßen Sie sich gegenseitig, fragen Sie, wie es geht, und verabschieden Sie sich.

LEZIONE **2**

A₁

~ Lei di dov'è?
≈ Sono di Napoli, e Lei?
~ Di Roma.

A₂

~ Come ti chiami?
≈ Antonella, e tu?
~ Mario. Di dove sei?
≈ Di Pescara, ma abito a Verona.

Di dov'è?	Sono di ...
Di dove sei?	Sono di ..., ma abito a ...
Di dov'è Antonella?	È di ..., ma abita a ...

ESERCIZIO 1   DI DOV'È?

~ Di dov'è, signor Schmitt?
≈ Sono di Francoforte, ma abito a Monaco.

Continuate.

1. sig. ra Hering
Amburgo/Stoccarda

2. sig. na Prunk
Essen/Hannover

3. sig. Girotti
Messina/Palermo

4. sig. na Puccini
Perugia/Roma

A3

~ Pronto!

≈ Pronto, Anna? Sono Paolo.

~ Ciao, Paolo. Ma dove sei?

≈ Sono in Germania, a Monaco.

~ Come stai?

≈ Bene, grazie, e tu?

~ Anch'io.

Dove sei?
Dov'è?

Sono in Germania, a Monaco.

ESERCIZIO 2 E ADESSO TELEFONATE VOI.

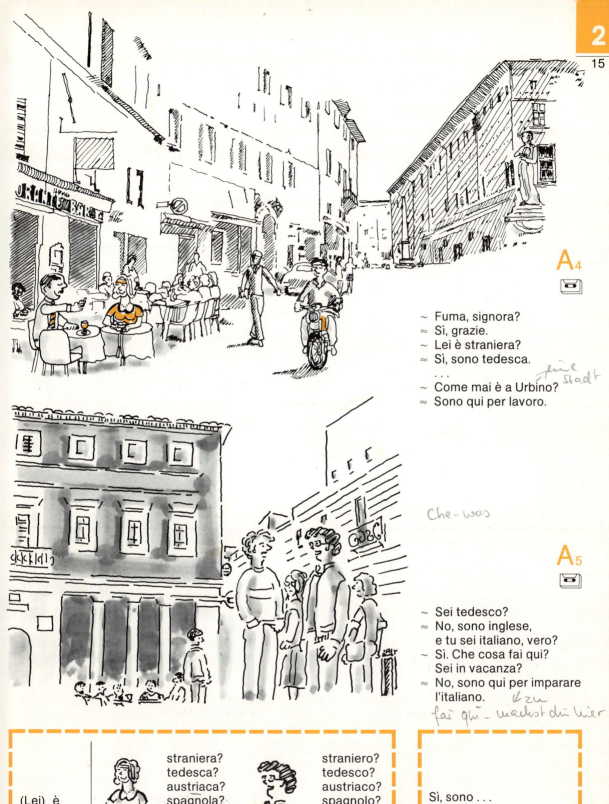

A4

~ Fuma, signora?
≈ Sì, grazie.
~ Lei è straniera?
≈ Sì, sono tedesca.
...
~ Come mai è a Urbino?
≈ Sono qui per lavoro.

A5

~ Sei tedesco?
≈ No, sono inglese,
   e tu sei italiano, vero?
~ Sì. Che cosa fai qui?
   Sei in vacanza?
≈ No, sono qui per imparare
   l'italiano.

(Lei) è (Tu) sei		straniera? tedesca? austriaca? spagnola? svizzera? italiana? inglese? francese?		straniero? tedesco? austriaco? spagnolo? svizzero? italiano? inglese? francese?

Sì, sono . . .

No, sono . . .

| Come mai | è / sei | in Italia? / a Urbino? / qui? | Sono qui | per imparare l'italiano. / per lavoro. / in vacanza. |
| Che cosa | fa / fai | | | |

(handwritten annotations: Weshalb / was macht sie)

ESERCIZIO 3 CHI È? DI DOV'È?

~ Chi è? *Wer ist das?*
≈ È Doris. *Das ist Doris.*
~ Di dov'è? *Von wo ist sie?*
≈ È svizzera, di Zurigo. *Von der Schweiz, von Zürich.*

Continuate.

1. Ingrid   2. Diane

3. Hans   4. Toni   5. John

ESERCIZIO 4 COMPLETATE I DIALOGHI.

1. Sie sind in Italien.
   Ein Italiener fragt Sie: ~ Lei è straniero (straniera), vero?

   Sie bejahen und sagen Ihre Nationalität: ≈ Sì, sono tedesca.

                                          ~ Di dov'è?

   Sie beantworten die weiteren Fragen Ihres   ≈ Sono di Germania, a Sulz.
   Gesprächspartners und verabschieden sich
   anschließend.   ~ Come mai è qui in Italia?

                                          ≈ Sono qui, in vacanza.

                                          ~ Allora arrivederci.

                                          ≈ Allora ciao arrivederci.

2. Sie haben gehört, daß ein neuer Nachbar (Kollege) Italiener ist. Sie treffen ihn und wollen mit ihm Bekanntschaft schließen.

   Sie fragen Ihren neuen Nachbarn,
   ob er Italiener ist: ~ Lei è italiano?
                                          ≈ Sì.

   Sie fragen, aus welcher Stadt er kommt: ~ di dov'è?
                                          ≈ Di Lecce.

   Sie stellen sich vor und fragen
   nach seinem Namen: ~ Mi chiamo Elke, e Lei?
                                          ≈ Vincenzo Capece.

   Sie verstehen den Namen nicht richtig
   und fragen zurück: ~ Come si chiama, scusi?
                                          ≈ Ca - pe - ce.

IN TRENO

Monika:	È libero questo posto?
Roberto:	Sì, prego.
Roberto:	Fumi?
Monika:	No, grazie.
Roberto:	Sei straniera?
Monika:	Sì, sono tedesca.
Roberto:	Di dove?
Monika:	Sono di Berlino. E tu?
Roberto:	Di Ravenna, ma abito a Bologna. Sei qui in vacanza?
Monika:	Sì, ma anche per imparare l'italiano.
Roberto:	E che cosa fai in Germania?
Monika:	Studio architettura.
Roberto:	Io lavoro in banca. Senti . . . come ti chiami?
Monika:	Monika e tu?
Roberto:	Roberto.
Monika:	. . . questa è Bologna?
Roberto:	Eh sì. Allora ciao, Monika.
Monika:	Ciao.

ESERCIZIO 5   VERO O FALSO?

	vero	falso
1. Monika è straniera.	☒	☐
2. Roberto abita a Ravenna.	☐	☒
3. Monika è in Italia per lavoro.	☐	☒
4. Roberto lavora in banca.	☒	☐
5. Monika fuma.	☐	☒

ESERCIZIO 6   ROBERTO E MONIKA

1. Roberto erzählt seinem Freund von der Zugbekanntschaft. Was kann er berichten?

In treno la signora *si chiama* Monika.
È *straniera*, di *Germania a Berlino*
Monika è Italia per *vacanza*
In Germania studia *architettura*.

2. Und was weiß Monika von ihrem Gesprächspartner?

Roberto è *di* Ravenna
_____, ma abita *a Bologna*
Lavora *in banca.*

ESERCIZIO 7   TROVATE LA RISPOSTA GIUSTA.

1. È libero questo posto?   a) Di Berna.
2. Lei è straniera?   b) Doris Niggli.
3. Di dov'è?   c) Sì, grazie.
4. È in vacanza?   d) Sì, sono svizzera.
5. Fuma?   e) Sì, prego.
6. Io mi chiamo Sergio Gentile, e Lei?   f) No, sono qui per lavoro.

Rollenspiel

ESERCIZIO 8   NOME, COGNOME . . .

Sie sind in Italien und möchten sich zu einem Sprachkurs anmelden. Dazu müssen Sie
ein Formular ausfüllen. Sie nehmen den Ausweis eines Freundes als Vorlage.

3 LEZIONE

A1
~ Ho sete, prendiamo qualcosa?
≈ Sì, volentieri.
~ Andiamo in questo bar?
≈ Va bene.
≈ D'accordo.

A2
~ Lei, signora, che cosa prende?
≈ Prendo un caffè.
~ E tu, Franco?
≈ Io preferisco un tè.
~ Allora due caffè e un tè.

Lei, signora,	che cosa	prende?
E tu, Franco,		prendi?

Prendo un'acqua minerale, un martini, un amaro, una birra, un cappuccino, uno stravecchio, un cognac, un'aranciata, un crodino, un succo di pompelmo

Prende un caffè?
Prendi ...?

Sì, volentieri.
Sì, grazie.
No, preferisco ...
No, grazie.

ESERCIZIO 1 CHE COSA PRENDIAMO?

~ Prendiamo un caffè?
≈ Sì, volentieri.

~ Prendiamo un tè?
≈ No, preferisco un caffè.

Continuate.

1. aranciata?
2. birra?
   succo di pompelmo
3. cappuccino?
4. martini?
   stravecchio

A₃

zero uno due tre quattro

cinque sei sette otto nove dieci

undici dodici tredici quattordici quindici

sedici diciassette diciotto diciannove venti

ESERCIZIO 2 CHE NUMERO È?

ESERCIZIO 3 QUANTO FA?

1. 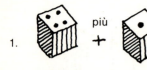   2. +   3. +

4. + +

 A4
~ Un cappuccino e una pasta, quant'è?
≈ 1200 (milleduecento) lire.

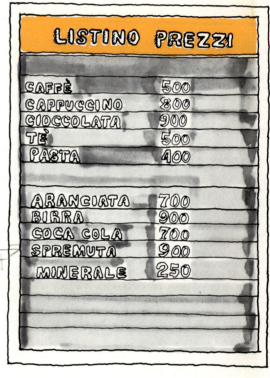

ESERCIZIO 4 AL BAR

~ Un caffè, quant'è?
≈ 500 lire.

Continuate.

50	**100**	**200**	**300**	**400**	**500**	**600**	**700**
cinquanta	cento	duecento	trecento	quattrocento	cinquecento	seicento	settecento

800	**900**	**1000**	**2000**	**3000**	**4000**	**5000**
ottocento	novecento	mille	duemila	tremila	quattromila	cinquemila

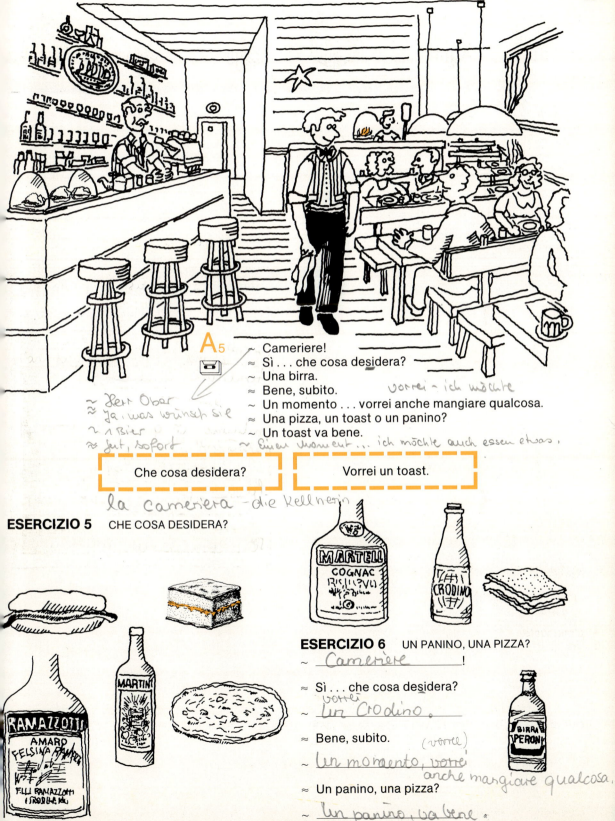

A5
~ Cameriere!
≈ Sì ... che cosa desidera?
~ Una birra.
≈ Bene, subito.
~ Un momento ... vorrei anche mangiare qualcosa.
≈ Una pizza, un toast o un panino?
~ Un toast va bene.

Che cosa desidera?   Vorrei un toast.

ESERCIZIO 5   CHE COSA DESIDERA?

ESERCIZIO 6   UN PANINO, UNA PIZZA?
~ _Cameriere_ !
≈ Sì ... che cosa desidera?
~ _Vorrei un Crodino._
≈ Bene, subito.
~ _Un momento, vorrei anche mangiare qualcosa._
≈ Un panino, una pizza?
~ _Un panino, va bene._

A CASA DI FRANCO

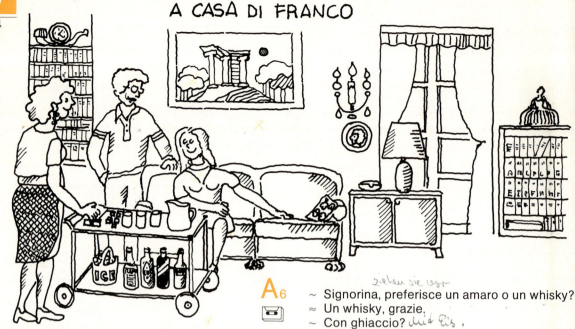

A 6

~ Signorina, preferisce un amaro o un whisky?
≈ Un whisky, grazie.
~ Con ghiaccio?
≈ Sì.
~ E tu, Franco, che cosa preferisci?
≈ Anch'io prendo un whisky ma senza ghiaccio

Signorina, preferisce		
E tu, Franco, preferisci	un amaro o un whisky?	Preferisco ...

ESERCIZIO 7   CHE COSA PREFERISCE?

~ Signor Cocciante, preferisce una grappa o un whisky?
≈ <u>Un whisky.</u>

~ E tu, Sandro, che cosa preferisci?
≈ <u>Anch'io prendo un whisky.</u>   Continuate.

1. sig. Carlini/Gianni   2. sig. ra Cecchi/Giulio   3. sig.na Lelli/Angela   4. sig. Facchi/Paolo

ESERCIZIO 8   TROVATE LA RISPOSTA GIUSTA.

1. Che cosa prendi?
2. Prendiamo qualcosa?
3. Che cosa desidera?
4. Prendi un caffè?
5. Preferisci un martini o un cognac?

a) Sì, volentieri.
b) Una pizza.
c) No, preferisco un'aranciata.
d) Preferisco un martini.
e) Prendo uno stravecchio.

AL BAR MAZZINI

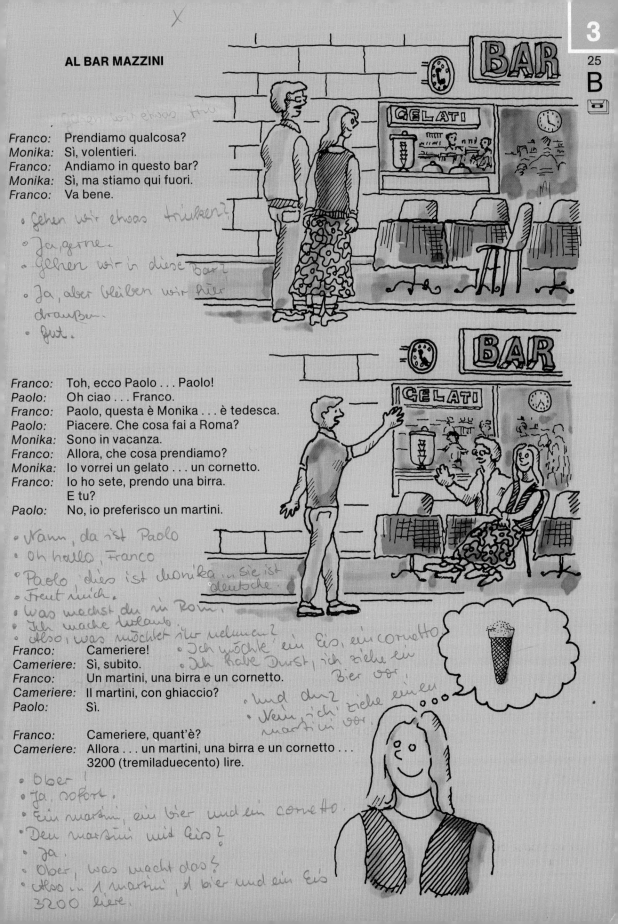

Franco: Prendiamo qualcosa?
Monika: Sì, volentieri.
Franco: Andiamo in questo bar?
Monika: Sì, ma stiamo qui fuori.
Franco: Va bene.

Franco: Toh, ecco Paolo... Paolo!
Paolo: Oh ciao... Franco.
Franco: Paolo, questa è Monika... è tedesca.
Paolo: Piacere. Che cosa fai a Roma?
Monika: Sono in vacanza.
Franco: Allora, che cosa prendiamo?
Monika: Io vorrei un gelato... un cornetto.
Franco: Io ho sete, prendo una birra.
E tu?
Paolo: No, io preferisco un martini.

Franco: Cameriere!
Cameriere: Sì, subito.
Franco: Un martini, una birra e un cornetto.
Cameriere: Il martini, con ghiaccio?
Paolo: Sì.

Franco: Cameriere, quant'è?
Cameriere: Allora... un martini, una birra e un cornetto...
3200 (tremiladuecento) lire.

ESERCIZIO 9 — QUAL È LA RISPOSTA GIUSTA?

1. Monika è
   - austriaca. ☐
   - tedesca. ☒
   - svizzera. ☐

2. Monika è a Roma
   - in vacanza. ☒
   - per lavoro. ☐
   - per imparare l'inglese. ☐

3. Franco prende
   - una birra. ☒
   - un tè. ☐
   - un martini. ☐

4. Monika desidera
   - un gelato. ☒
   - un'aranciata. ☐
   - uno stravecchio. ☐

5. Paolo preferisce
   - un gelato. ☐
   - un'aranciata. ☐
   - un martini. ☒

ESERCIZIO 10 — COMPLETATE IL DIALOGO.

In der Straße gibt es mehrere Bars.
Sie schlagen Ihrer Begleitung vor,
etwas zu trinken.

~ *Prendiamo qualcosa?*
≈ Sì, volentieri.

Sie stehen vor einer Bar,
die Ihnen gefällt,
und schlagen vor hineinzugehen.

~ *Andiamo in questo bar?*
≈ Va bene.

Sie fragen Ihre Begleitung, was sie trinken möchte.

~ *Che cosa prendiamo?*
≈ Una birra.

Sie sagen, daß Sie lieber einen Martini nehmen.

~ *Io preferisco un martini*

Sie rufen den Kellner und bestellen ein Bier und einen Martini mit Eis.

Cameriere, per favore un martini con ghiaccio e una birra.

LEZIONE 4

A₁ ALBERGO RISTORANTE
3 Ceri

GUBBIO - Piazza 40 Martiri/Via Beneamati n. 6/8 - Tel. (075) 92 733 04
92 728 53

Camera da letto con bagno

Sala da pranzo (Stile 300)

Nel centro storico di Gubbio, vicino alla chiesa di S. Francesco, ideale per un soggiorno tranquillo.
30 camere con bagno e telefono, 60 posti letto, riscaldamento e aria condizionata.
Ristorante – Sale da pranzo per banchetti – Cucina tipica umbra.

```
         ALBERGO TRE CERI
        (denominazione dell'esercizio)

CATEGORIA  II   CAMERA N. 106   LETTI 2
Catégorie · Class · Rang Chambre · Room · Zimmer Lits · Beds · Betten

ANNO  1984    | Camera      | Pensione
              | Chambre     | Pension
              | Room        | Full board
              | Zimmer      | (1)
              |-------------|------------
LIRE          |   43.500    |  45.000
              (1) Per persona - Par personne
                  For person - Pro Person

        PREZZO TUTTO INCLUSO
     PRIX TOUT COMPRIS - PRICE ALL INCLUDED
          PREIS ALLES INBEGRIFFEN

          REGIONE DELL'UMBRIA
      GIUNTA REGIONALE - UFFICIO TURISMO
```

A₂

~ Vorrei una camera singola per una settimana.
≈ Con bagno o con doccia?
~ Con doccia. Quanto costa?
≈ 25.000 lire al giorno.
~ Va bene.
≈ Ha un documento, per favore?
~ Sì, ecco il passaporto.
≈ Grazie.

Vorrei una camera	singola a un letto doppia a due letti matrimoniale	con senza	bagno. doccia. balcone.

A₃

~ Avete due camere per questa notte?
≈ No, mi dispiace, abbiamo solo una camera a quattro letti.
~ Per una notte va bene.
≈ Ecco la chiave.

Avete	due camere	per	una settimana? una notte? tre giorni?

Sì.
No, mi dispiace.
No, abbiamo solo ...

LA DOCCIA NON FUNZIONA!!

UN MOMENTO, SIGNORE! VENGO SUBITO.

A4

~ Vorrei telefonare a Stoccarda.
≈ Cabina numero 3.
~ Qual è il prefisso per la Germania?
≈ È 0049 (zero-zero-quarantanove).
~ Grazie.
...
Allora 0049 711 667438 (zero-zero-quarantanove-sette-undici-sessantasei-settantaquattro-trentotto).

Qual è	il prefisso	per la Germania?		0049
		di Venezia?		041
		del soccorso pubblico di emergenza?	È	113
	il numero	dell'ACI?		116
		della segreteria telefonica?		110

A5

~ Ciao, Carlo, sono Franca, sono qui con mio marito.
≈ Franca! Ma dove siete?
~ Siamo all'albergo Arena, vicino al centro.
...
≈ E com'è la camera? È bella?
~ Sì, non è grande, ma mi piace.
≈ Ma il posto non è troppo rumoroso?
~ No, è abbastanza tranquillo. Senti, hai tempo stasera?
≈ Certo. Vengo all'albergo, va bene?
~ D'accordo. Allora a stasera!

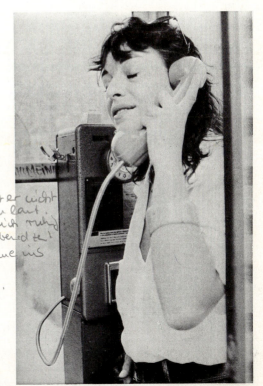

| Dove siete? | Siamo | a Padova.
al ristorante.
all'hotel …
alla pensione …
in centro. |

ESERCIZIO 1   DOVE SIETE?

| Com'è | il posto?
l'albergo?
la pensione?
la camera? | È | bello
piccola | ideale → ideal
tranquillo → ruhig
rumorosa → laut | brutto → häßlich
grande → groß |

ESERCIZIO 2   COM'È L'ALBERGO? COM'È LA PENSIONE?

L'albergo è bello, mi piace.
La pensione è troppo rumorosa, non mi piace.

Continuate.

1.   2.   3.   4.

ESERCIZIO 3   IN UNA CITTÀ ITALIANA

Sie sind mit einem Freund/einer Freundin in einer italienischen Stadt und kommen dort mit einem Einheimischen ins Gespräch.

Er fragt:	~ Di dove siete?
Sie sagen, aus welcher Stadt Sie sind:	≈ Siamo di Sulz.
	~ Siete qui in vacanza?
Sie bejahen und sagen, daß Sie in der Pension Vesuvio sind:	≈ Sì, siamo alla pensione Vesuvio.
	~ Dov'è?
Sie sagen, daß sie in der Nähe der Stadtmitte ist:	≈ Vicino al centro.
	~ E com'è?
Sie finden die Pension schön, aber es ist Ihnen dort zu laut:	≈ Mi piace, ma è troppo rumorosa.
	~ Io ho una camera libera. È grande e tranquilla.
Sie erkundigen sich nach dem Preis:	≈ Quanto costa?
	~ 18.000 lire al giorno. Siete d'accordo?
Sie akzeptieren den Preis:	≈ Sì, volentieri.
	~ Allora andiamo a vedere la camera.

ALL'AGENZIA RIVAMAR

Impiegato: Buongiorno!
Carlo: Buongiorno. Cerchiamo una villetta a Senigallia per il mese di agosto, vicino al mare.
Impiegato: ... agosto? a Senigallia? Mah, vediamo ... quanti siete?
Sandra: Siamo in sette, quattro adulti e tre bambini.
Impiegato: Allora una villetta grande.
Sandra: Sì, con quattro camere.
Impiegato: Bene, vediamo ... ah, ecco, abbiamo ancora una villetta con tre camere e un divano letto nel soggiorno.
Carlo: No, è troppo piccola, non è comoda!
Sandra: Ma Carlo, per Michelino il divano letto va bene.
Impiegato: Mi dispiace, signore, ma purtroppo non abbiamo altro. In luglio sì, ma in agosto ...
Carlo: ... e il posto com'è?
Impiegato: Ah, il posto è bellissimo! Ideale per una vacanza tranquilla. Ecco il dépliant.
Sandra: Bello, sì. Ti piace?
Carlo: Beh, non è brutto ... e quanto costa?
Impiegato: Per il mese di agosto due milioni, tutto compreso: luce, gas e garage.
Carlo: Però è cara, eh!
Impiegato: Eh, caro signore ... agosto è alta stagione!
Sandra: Senti, Carlo, prendiamo il dépliant e sentiamo che cosa dicono Paolo e Anna.
Carlo: Va bene.
Sandra: Allora torno io domani o telefono.
Impiegato: Benissimo.
Sandra, Carlo: Grazie, arrivederci.
Impiegato: Arrivederci.

ESERCIZIO 5 VERO O FALSO?

	vero	falso
1. Carlo desidera andare in vacanza in agosto.	☐	☐
2. Cerca una villetta vicino al mare per sette adulti.	☐	☐
3. L'impiegato non ha una villetta come desidera Sandra.	☐	☐
4. Il posto è tranquillo.	☐	☐
5. La villetta costa due milioni senza luce, gas e garage.	☐	☐
6. Sandra non prende subito la villetta perché desidera sentire che cosa dicono Anna e Paolo.	☐	☐

ESERCIZIO 6 IL BIGLIETTO DI SANDRA.

Sandra geht zu Anna und Paolo, aber es ist nur deren fünfjähriger Sohn da. Sandra hinterläßt einen Zettel, der wenig später zerrissen auf dem Tisch liegt. Rekonstruieren Sie bitte den Text.

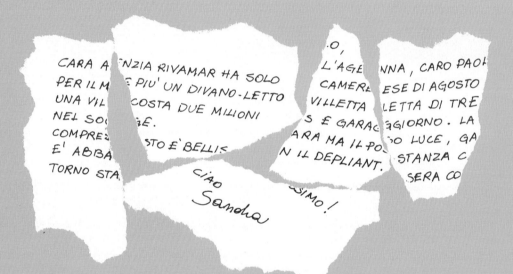

ESERCIZIO 7 TOMBOLA!

Dies ist ein Glücksspiel für eine beliebige Anzahl von Spielern.
Ihr Kursleiter wird Ihnen die Spielregeln erläutern.

ESERCIZIO 8 L'APPARTAMENTO GIUSTO

Famiglia Nuti: Paola, Giorgio, Francesca
Famiglia Parini: Angela, Piero, Patrizio, Mario
Famiglia Tummino: Cristina, Salvatore, Ada Tummino

«Cerchiamo un appartamento tranquillo con balcone e un grande soggiorno, non troppo vicino al centro».

«Cerchiamo un appartamento con un balcone per i bambini e una cucina abbastanza grande, anche in città».

«Cerchiamo un appartamento vicino al centro con balcone».

Quale appartamento va bene per la famiglia Nuti? Perché? E per la famiglia Parini? E per la famiglia Tummino?

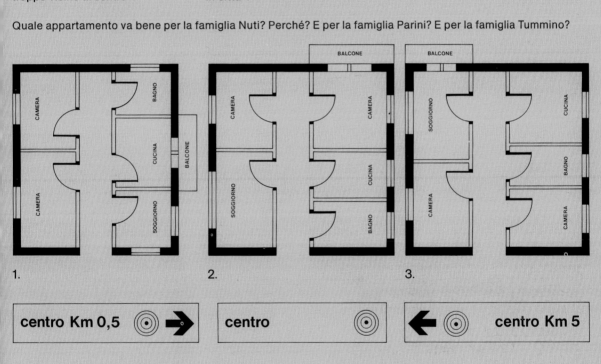

1. centro Km 0,5 →
2. centro
3. ← centro Km 5

5 LEZIONE

A1

~ Scusi, c'è una banca qui vicino?
≈ Sì, in via Verdi, la seconda strada a destra.
~ Tante grazie.
≈ Prego.

| Scusi, c'è | una banca / un bar / … | qui vicino? |

| Sì, in via …, | la prima / la seconda / la terza / la quarta | strada | a destra. / a sinistra. |

ESERCIZIO 1 SCUSI, C'È …?

Continuate.

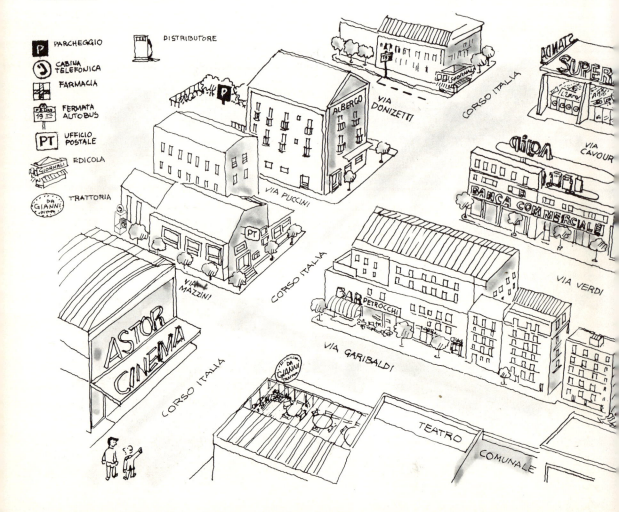

A2

~ Scusi, c'è un tram o un autobus per il centro?
≈ C'è l'autobus, il 19. diciannove
~ Dov'è la fermata? Wo ist die Haltestelle.
≈ È in via Donizetti, accanto all'edicola, è la terza strada a sinistra.
~ Grazie.

| Dov'è | la fermata dell'autobus?
 il cinema Astor? | È in via Donizetti, accanto all'edicola.
 È in corso Italia, di fronte alla trattoria. |

ESERCIZIO 2 DOV'È IL SUPERMERCATO?

1. Dov'è il supermercato? – _____ Cavour, _____
2. Dov'è la trattoria „Da Gianni"? – _____ Teatro Comunale.
3. ___Dov'è___ il bar Petrocchi? – _Il bar Petrocchi è via Garibaldi._
4. ___Dov'è___ la Banca Commerciale? – _Sì, in via_ Verdi, _qui vicino a_ farmacia.

ESERCIZIO 3 FATE LE DOMANDE CON „C'È" O „DOV'È".

a) Lei ha sete. Sie haben durst.
b) Cerca l'albergo Paradiso.
c) Desidera telefonare. Wünsche sie zu telefonie
d) Desidera mangiare qualcosa. Wünsche etwas zu essen.
e) Desidera vedere la chiesa di S. Francesco. die kirche von S. Francesco
f) Desidera andare in via Verdi. Wünsche sie in die strasse via Verdi zu gehen.

IN AUTOBUS

A3
~ Per il Duomo dove devo scendere?
≈ Deve scendere alla stazione.
 Lì prende il 14 e poi scende alla seconda... no, alla terza fermata.
~ Grazie.
≈ Non c'è di che.

Per... dove devo scendere?	Deve scendere	in via...
		in piazza...
		alla... fermata.
		alla stazione.

ESERCIZIO 4   CON LA METROPOLITANA

~ Scusi, per piazza Diaz che linea devo prendere?
≈ La numero 1.
~ E dove devo scendere?
≈ In piazza Duomo. *Continuate.*

M 1
1 Largo Cairoli
2 P.za Cordusio
3 P.za Duomo
4 P.za S. Babila
5 Via Palestro
6 P.ta Venezia
7 P.za Lima
8 P.le Loreto

M 2
9 P.za Caiazzo
10 Centrale F.S.
11 Via M. Gioia
12 Garibaldi F.S.
13 Via Moscova
14 Via Lanza

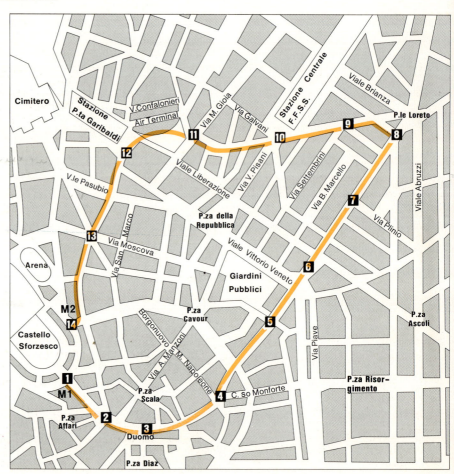

A₄

~ Andiamo a vedere il castello?
≈ Sì, volentieri. Andiamo a piedi?
~ No, è lontano, non ho voglia di camminare. Prendiamo l'autobus!
≈ Va bene.

Andiamo a piedi?	Sì, volentieri.
	No, è lontano.
Andiamo in macchina? / in tram?	
	Sì, è lontano.
	Va bene.
Prendiamo l'autobus. / il tram. / la metropolitana.	No, è vicino, andiamo a piedi.

ESERCIZIO 5   DOVE ANDIAMO?

~ Andiamo a vedere _____?
≈ _____

Continuate.

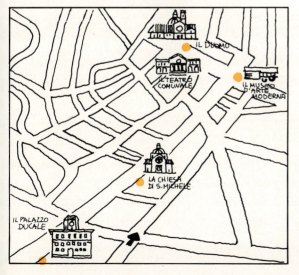

ESERCIZIO 6   LA RUOTA

Vervollständigen Sie den Text mit den im Rad angegebenen Wörtern. Die übrigbleibenden Wörter ergeben die Antwort auf die Frage am Ende des Textes.

Una signora tedesca è ... stazione e desidera andare ... centro a vedere il Palazzo Ducale. Il Palazzo Ducale è ... piazza Dante di fronte ... cinema Astor. Non è ..., ma la signora non ha voglia di camminare, preferisce prendere l'autobus. Di fronte ... stazione, accanto ... edicola, c'è la fermata. La signora prende il 14, scende ... via Mazzini e domanda: Scusi, dov'è il Palazzo Ducale?
Qual è la risposta?

A₅

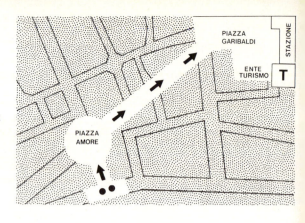

~ Scusi, dov'è l'Ente per il Turismo?
≈ L'Ente per il Turismo? È in piazza Garibaldi. Dunque ... ora prendete questa strada e andate dritto fino a piazza Amore, poi, senza attraversare la piazza, girate a destra e continuate sempre dritto fino a piazza Garibaldi. Ecco lì, accanto alla stazione, c'è l'Ente per il Turismo.
≈ È molto lontano?
≈ Sì, abbastanza.
≈ Grazie.

 Dov'è l'Ente per il Turismo?

Dunque ...
ora prendete questa strada
andate dritto fino a ...
girate a destra
 a sinistra
continuate sempre dritto

Ora prende ...
va dritto ...
gira ...
continua ...

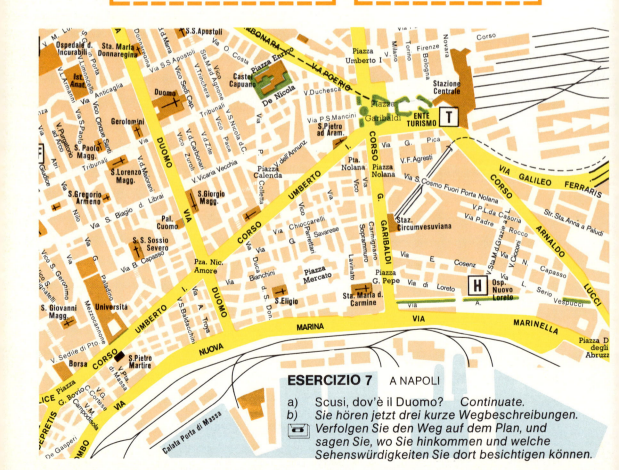

ESERCIZIO 7   A NAPOLI

a) Scusi, dov'è il Duomo?   *Continuate.*
b) *Sie hören jetzt drei kurze Wegbeschreibungen. Verfolgen Sie den Weg auf dem Plan, und sagen Sie, wo Sie hinkommen und welche Sehenswürdigkeiten Sie dort besichtigen können.*

UNA DOMENICA IN CITTÀ

Donatella: Senti, che cosa facciamo oggi? La domenica non mi piace stare tutto il giorno in casa!!
Marco: Io vorrei leggere un po', ma se tu preferisci uscire ... va bene.
Donatella: Perché non andiamo a Como a mangiare il pesce da Gina?
Marco: Ma no, è troppo lontano!
Donatella: ... Ho un'idea. Andiamo in centro.
Marco: In centro?? Oggi ... domenica ... ma dai!
Donatella: Ma sì, leggi qui.

Alla gente piace andare in piazza!

Il centro di Milano vietato alle macchine. Camminare in corso Vittorio Emanuele o in via Dante senza guardare a destra o a sinistra. Milano ai Milanesi. Musica, ballo, risotto per tutti. Oggi in piazza concerto di Enrico Intra.

Marco: Tutti a piedi allora. Benissimo! Ma per andare in centro prendiamo la macchina, no?
Donatella: Sempre questa macchina! Andiamo in tram. C'è il 4 che va in centro. La fermata è qui vicino.
Marco: Ah sì, è vero.
  ...
Marco: Allora sei pronta?
Donatella: Sì, vengo.
Marco: Scendiamo in piazza della Scala?
Donatella: No, scendiamo in via Manzoni e poi andiamo a prendere l'aperitivo.
Marco: Sì, ma io ho anche voglia di mangiare qualcosa.
Donatella: Ma certo! Poi andiamo in piazza del Duomo a mangiare il risotto e a sentire il concerto.
Marco: D'accordo, il programma mi piace.

ESERCIZIO 8   RISPONDETE ALLE DOMANDE.

1. Che cosa non piace a Donatella?
2. Perché Marco non ha voglia di andare a Como?
3. Che cosa c'è oggi in piazza?
4. Marco preferisce andare in macchina. E Donatella?
5. Perché Donatella desidera scendere in via Manzoni?

ESERCIZIO 9   LA DOMENICA DI DONATELLA.

Completate con i verbi seguenti:
C'è, desidera, è, mangia, piace, preferisce, prende, prende, scende, sente.

A Donatella non . . . stare tutto il giorno in casa. La domenica . . . uscire. . . . andare in centro, perché . . . un concerto di musica classica. Per andare in centro non . . . la macchina ma il tram, perché oggi il centro di Milano . . . vietato alle macchine. . . . in via Manzoni, . . . un aperitivo, poi, in piazza del Duomo, . . . il risotto e . . . il concerto.

ESERCIZIO 10   COMPLETATE IL DIALOGO.

Sie sind in einer italienischen Stadt und möchten das *museo d'arte moderna* besichtigen. Sie wissen aber nicht, wo es ist. Sie fragen eine Passantin:

~ _____
≈ È in piazza Mazzini.

Sie sagen, daß Sie zu Fuß gehen möchten, und fragen, ob es weit ist:

~ _____
≈ Sì, abbastanza. Ma se ha voglia di camminare . . .

Sie überlegen es sich und sagen, daß Sie doch den Bus oder die Straßenbahn nehmen:

~ Allora _____

Sie fragen, ob es eine Haltestelle in der Nähe gibt:

_____
≈ Sì, di fronte al cinema.

Sie fragen, wo Sie aussteigen müssen:

~ _____
≈ In via Verdi.

Sie danken und verabschieden sich:

~ _____

ESERCIZIO 11 CON PATRIZIA A RAVENNA

Patrizia abita a Bologna. Oggi è domenica e ha voglia di uscire . . . *Continuate.*

ESERCIZIO 12 E LEI, LA DOMENICA, CHE COSA FA?

«La domenica mi piace stare a casa con la famiglia».

«La domenica mi piace andare in discoteca».

«La domenica mi piace andare in bicicletta».

6 LEZIONE

BASTA POCO PER PREPARARE UN PRANZO DIVERSO

Antipasto
prosciutto e carciofini

Primo — ravioli al burro e salvia

Secondo

Scaloppine al marsala

Per 4 persone:
4 fettine di vitello
50 gr. di burro
1 bicchiere di marsala
un po' di farina, sale, pepe
Infarinare la carne, mettere il burro in una padella e fare dorare le fettine. Aggiungere il marsala e fare cuocere per 5 minuti. Mettere sale e pepe. Servire con verdure varie.

A2
~ Allora facciamo le scaloppine?
≈ Sì. Che cosa bisogna comprare?
~ Abbiamo quasi tutto: la farina c'è, il burro anche. Manca la carne...
≈ Ci sono le patate?
~ Sì, ma mancano i fagiolini.

C'è	la carne? il burro? lo zucchero?	Sì, c'è. No, non c'è. No, manca.
Ci sono	le patate? i fagiolini? gli spaghetti?	Sì, ci sono. No, non ci sono. No, mancano.

ESERCIZIO 1   CHE COSA C'È IN CASA?

C'è la farina? – Sì, c'è.
Ci sono i ravioli? – No, mancano.
Continuate.

ESERCIZIO 2   FACCIAMO LA PIZZA 4 STAGIONI.

Che cosa c'è? Che cosa bisogna comprare?

C'è il sale, ...
Ci sono ...
Bisogna comprare ...

A₃ IN SALUMERIA

~ Mi dia due etti di prosciutto.
≈ Cotto o crudo?
~ Crudo. Quanto costa all'etto?
≈ 2.500 lire.
~ Va bene. Vorrei anche un etto e mezzo di carciofini. Quanto costano?
≈ 2.000 lire l'etto, ma sono buoni!

| Quanto | costa il prosciutto? | 2.500 lire all'etto. |
| | costano i carciofini? | 2.000 lire l'etto. |

A₄ DAL MACELLAIO

~ Buongiorno, signora, desidera?
≈ Quattro fettine di vitello tenere.
~ Altro?
≈ E mezzo chilo di carne macinata, ma magra per piacere. Quant'è?
~ 15.200 lire. Deve pagare alla cassa.

| Sono | buoni i carciofini? | Sì, sono (molto) | buoni. |
| | tenere le fettine? | | tenere. |

| È | buono il formaggio? | Sì, è (molto) | buono. |
| | magra la carne? | | magra. |

ESERCIZIO 3   COM'È?

Fate le domande e rispondete.

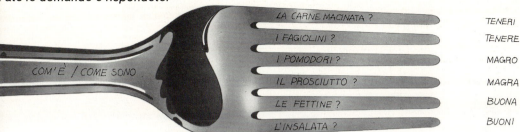

A5 Il signor Parodi va a fare la spesa. Prima va in un negozio di generi alimentari e compra un pacco di spaghetti, un litro di latte, un chilo di mele e un chilo di arance. Poi va in panetteria e compra un chilo di pane.

| Desidera? | Mi dia | un etto di prosciutto.
un chilo di pomodori.
un pacco di spaghetti.
un litro di latte.
mezzo chilo di pane. |

ESERCIZIO 4   IN UN NEGOZIO DI GENERI ALIMENTARI

Der Kaufmann fragt: ~ Desidera?

Sie verlangen einen Liter Milch.   ≈ _____

                                                ~ Altro?

Sie möchten noch 200 gr. rohen Schinken   ≈ _____
und fragen, was er kostet.

                                                ~ 2.500 all'etto, ma è buono.

Sie sind einverstanden und fragen,   ≈ _____
was Sie zu zahlen haben.

                                                ~ 5.600.

A6 a) ~ Sono buone le ciliegie?
≈ Buonissime, signora.
~ Quanto costano? Non c'è il prezzo.
≈ 6.000 lire al chilo.
~ No, sono troppo care. Prendo solo un chilo di fagiolini.

AL MERCATO

b) La gente quando viene a fare la spesa trova tutto caro e compra sempre meno.
Preferisce risparmiare. Ma anch'io devo vivere!

ESERCIZIO 5   È BUONO IL FORMAGGIO?

~ È buono il formaggio?
≈ Sì, è buono/molto buono/ buonissimo.   *Continuate.*

1. fresco   2. buono   3. magro   4. tenero   5. fresco   6. tenero

ESERCIZIO 6   GIANNI E PAOLA VANNO A FARE LA SPESA.

Dove vanno e che cosa comprano?
Prima vanno in panetteria e comprano 1 kg di pane.
Poi . . .

Continuate.

ESERCIZIO 7   AL SUPERMERCATO

Avete 30.000 lire per fare la spesa. Che cosa comprate?

SPESA GRANDE
PER RISPARMIARE

Caffè "Brasile" gr. 400	L 3.260
Zucchero kg. 1	L 1.100
Parmigiano-reggiano all'etto	L 1.200
Pomodori pelati 3 scatole	L 1.050
Spaghetti kg. 1	L 780
Vino da tavola lt. 2	L 1.500
Patate kg. 5	L 2.000
Banane kg. 1	L 1.300

Spende 113 mila lire in una settimana la famiglia-tipo milanese per mangiare

Gli italiani preferiscono i prodotti freschi: carne, formaggio, latte, frutta e verdura.

ESERCIZIO 8   IN GERMANIA

Quanto spende una famiglia tedesca per mangiare? Che cosa mangiano i tedeschi?

AL MERCATO

Michela: Ciao, Giulia!
Giulia: Ah, ciao, Michela! Anche tu fai la spesa qui?
Michela: Eh sì. Io compro quasi tutto al mercato. Non solo la verdura e la frutta. Cosa vuoi, bisogna risparmiare un po'...
Giulia: È vero, ma oggi anche al mercato ci sono certi prezzi!!! Un chilo di ciliegie 6.000 lire! E l'insalata poi... è carissima!
Michela: Anche mia sorella che vive a Stoccarda, quando viene in Italia, trova la vita molto cara... quasi come in Germania.
Giulia: Oggi vivere è un lusso! Noi abbiamo uno stipendio solo ed è un problema arrivare a fine mese. Ma adesso i ragazzi sono grandi e vorrei trovare un lavoro.
Michela: E Pietro, cosa dice? È d'accordo?
Giulia: Sì, sì. Adesso scusa, ma devo andare perché oggi è il suo onomastico e vorrei preparare un pranzo speciale.
Michela: Che cosa fai di buono?
Giulia: Un po' di antipasto, ravioli e scaloppine al marsala.
Michela: Uhmm! Tanti auguri a Pietro allora. Ciao.
Giulia: Grazie mille, ciao.

ESERCIZIO 9   VERO O FALSO?

	vero	falso
1. Michela compra solo la verdura e la frutta al mercato.	☐	☐
2. Al mercato le ciliegie costano poco.	☐	☐
3. La sorella di Michela è tedesca.	☐	☐
4. Per la sorella in Italia la vita non è cara.	☐	☐
5. Giulia deve risparmiare perché solo il marito lavora.	☐	☐
6. Oggi Giulia non ha molto tempo.	☐	☐

ESERCIZIO 10   DOVE FAI LA SPESA?

Completate il dialogo con le frasi del puzzle.

~ Io faccio la spesa al supermercato. Anche tu?

≈ _____

~ Ma al supermercato trovi tutto, anche la carne.

≈ _____

~ È tenera come dal macellaio e poi tutto costa meno.

≈ _____

~ È vero, però è buona. E il supermercato è comodo, risparmio tanto tempo.

≈ _____

~ Mi dispiace, ma non sono d'accordo.

Pezzi del puzzle:
- Sì, ma com'è?
- No, io preferisco i negozi piccoli.
- Va bene, risparmi tempo, ma i prodotti non sono di prima qualità.
- Trovi? Io non sono molto d'accordo. E poi la verdura non è fresca come al mercato.

ESERCIZIO 11   LEI È D'ACCORDO?

1. Un italiano dice: «In Germania la verdura non è sempre fresca».
   Lei: Sono d'accordo.
        Non sono d'accordo perché . . .
2. «Al mercato tutto costa meno».
3. «Oggi in una famiglia uno stipendio solo non basta per vivere».
4. «Il tedesco vive per lavorare, l'italiano lavora per vivere».

ESERCIZIO 12 AL MERCATO

Sandro va al mercato e lì trova Aldo...

Fate il dialogo con l'aiuto delle parole sottostanti.

1. (Ciao – qui – mercato)

2. (mia moglie – mare – vacanza – Germania – Monaco – imparare – tedesco)

3. (prendere qualcosa)

4. (fare ancora la spesa – anch'io)

5.

6. *Continuate.*

LEZIONE 7

A1 QUANDO È SUCCESSO?

Il regista Luchino Visconti ha avuto un grande successo con il film «Morte a Venezia».

A Firenze milioni di italiani hanno visitato la mostra dei Medici.

Lady Diana ha sposato Carlo d'Inghilterra.

L'uomo è andato sulla luna.

Pertini è diventato presidente della Repubblica.

In molte città d'Europa c'è stata la protesta degli studenti.

È nata la televisione.

	1980
	1969
	1978
Nel	1971
	1981
	1968
	1935

7

ESERCIZIO 1   LA VITA DI FEDERICO FELLINI

Raccontate.

Federico Fellini ... (nascere) a Rimini nel 1920. Ancora ragazzo, ... (andare) a vivere a Roma. Con il suo primo film ... (diventare) subito famoso. Nel 1943 ... (sposare) l'attrice Giulietta Masina. Molti film ... (avere) un grande successo, per esempio: «La strada» (1954), «La dolce vita» (1959), «Amarcord» (1973) e «La città delle donne» (1980).

A₂
~ Che cosa hai fatto ieri?
≈ Sono andata a una festa.
È stata veramente una bella giornata.
Sai, ho conosciuto un ragazzo molto simpatico.
Abbiamo fatto subito amicizia.
E tu, che cosa hai fatto?

~ Sono rimasta a casa e ho letto un po'. Dopo è venuta la mia amica e abbiamo fatto una passeggiata insieme. E tu, Giorgio?

≈ Io, come al solito, sono andato a vedere la partita.

IN UFFICIO

| Che cosa | hai fatto | ieri? |
| | ha fatto | |

 Sono andata a una festa
e ho conosciuto un ragazzo simpatico.

 Sono rimasto a casa
e ho letto un po'.

ESERCIZIO 2   CHE COSA HANNO FATTO?

1. Paola
2. Gianni
3. Carla
4. Maria e Lisa

Ho telefonato a un'amica.
Abbiamo fatto una passeggiata.
Sono andata al mercato.
Ho scritto una lettera.
Sono stato a un concerto.
Abbiamo guardato la televisione.

E Lei che cosa ha fatto ieri? E domenica?

5. Mario
6. Aldo e Rosa

A₃

~ Quanti anni hai?
≈ 6. E tu?
~ Io 75.
≈ E quando è il tuo compleanno?
~ Il 20 ottobre.
≈ Allora vengo alla tua festa.

Gennaio   Febbraio   Marzo   Aprile   Maggio   Giugno

Quando è il tuo / il Suo compleanno?

Il mio compleanno è il primo... / due... / venti...

Dicembre   Novembre   Ottobre   Settembre   Agosto   Luglio

ESERCIZIO 3 COMPLETATE LE FRASI.

1. Signora, come sta
2. Carlo, quando è
3. Signore, ecco
4. Ho letto
5. Questo è
6. Milano è

il / la   mio mia / tuo tua / suo sua

amica?
compleanno?
caffè.
lettera.
appartamento.
città.

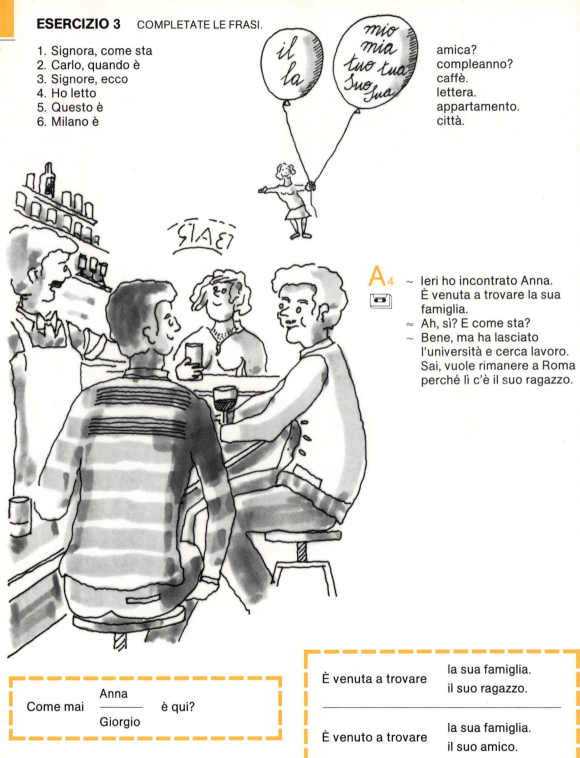

A4

~ Ieri ho incontrato Anna. È venuta a trovare la sua famiglia.
≈ Ah, sì? E come sta?
~ Bene, ma ha lasciato l'università e cerca lavoro. Sai, vuole rimanere a Roma perché lì c'è il suo ragazzo.

Come mai   Anna / Giorgio   è qui?

È venuta a trovare   la sua famiglia. / il suo ragazzo.

È venuto a trovare   la sua famiglia. / il suo amico.

ESERCIZIO 4 MARIA E GIORGIO

Completate.

Maria Nelli vive a Verona con . . . famiglia. Tutti i giorni va a Padova per lavoro. Anche Giorgio, . . . ragazzo, abita a Padova. Vive da solo, vicino all'università. . . . appartamento è piccolo, ma per due persone c'è posto. Maria però non vuole lasciare . . . città e preferisce rimanere libera.

A5 CHE LAVORO FANNO?

1. «Sono elettricista. Lavoro in proprio perché mi piace essere indipendente».

2. «Sono rappresentante. Viaggio molto e incontro sempre gente nuova. Il problema è che ho poco tempo per la mia famiglia».

3. «Sono ragioniere ma sono disoccupato. È difficile trovare lavoro oggi».

4. «Sono commessa in un negozio di dischi. Ho la possibilità di conoscere molta gente giovane, però guadagno poco».

5. «Due anni fa ho lasciato lavoro e famiglia e sono venuto a vivere qui. Adesso sono solo, ma sono proprio contento».

6. «Lavoro all'ospedale, sono infermiera. È un lavoro faticoso, ma mi piace».

7

ESERCIZIO 5   SEI AMICI

1. Gianni Padini 40
2. Paolo Chiari 43
3. Angela Tozzi 36
4. Sergio Moro 33
5. Carla Valente 30
6. Giacomo Franchi 45

Descrivete i sei amici e il lavoro che fanno con l'aiuto delle informazioni sottostanti:

meccanico / ingegnere / impiegato di banca / infermiera / segretaria / operaio
lavoro interessante / monotono / faticoso / difficile
molto / poco tempo libero
guadagna molto / poco / abbastanza

Esempio:

Si chiama Gianni Padini, ha 40 anni. È meccanico e guadagna molto, però il suo lavoro è faticoso.

Quanti anni ha?

LETTERE A LUISELLA

…na delle tante che leggono
…ca, tante volte ho pensato
… scriverti?», ma non mi de-
…; poi ho letto la lettera di
…Da quando il telefono non
… (N. 20) e ho trovato molte
…con quello che è capitato a
…sca però sapeva chi le tele-
…o! Da due anni, il mio tele-
…camente squilla e parlo con
…aschile; le prime volte, ti
…vevo un po' paura, poi sia-
…i amici; di lui non conosco il
…lo che per gioco, per emo-
…to un numero di telefono, e
… trovato me. Mi chiedo per-
…o a parlare con lui (un ra-
… anni) io che sono sposata
…o favoloso in tutti i sensi, e
…di quattro anni, bellissimo…
…continuo; non sono pazza, e
…a donna leggera, ma quan-
…na io sono un'altra: più gio-
…iva, sento che «la voce» in
…ole bene, forse trova in me
…e non ha trovato in altre ra-
…giovani… Un giorno l'incon-
…giorno, forse, sarà la fine…
… dico solo a Francesca: ri-
…vere la tua vita come sem-
…n cercare di cancellare quel
…ché non ci riusciresti; tieni
…e emozioni, ti aiuteranno a
…a vita… 99

…pare proprio che ci por-
…o un po' tutte un'inguari-
…li romanticismo, un desi-
…pito di qualcosa che non
…li con la realtà, che per-
…entirsi diverse, fantasiose,
…e sollevate da terra… e
… poco a risvegliarlo: uno
…telefono, una voce scono-
…invita a sussurrarsi confi-
… una differenza però, ca-
…ra te e Francesca: lei non
…uto rispondere all'uomo
…; tu hai spinto il gioco un
…là, gli parli, lo ascolti, in-
…ci crogioli ben bene, in
…o di emozioni un po' inso-
…fanno sentire la vita più
…; attenta, però: giocare

non puoi essere certa di controllare
il gioco, o di fermarlo quando lo de-
ciderai tu. Rifletti se non ti sembra il
caso di interromperlo adesso; in fondo, due anni di fantasie sono già una
buona scorta, non credi? Soprattutto
tenendo conto che la tua vita «reale»
è così appagante.

66 Cara Luisella, mi chiamo Rocco, ho 22
anni, sono ragioniere e sono impiegato a
Genova, ma sono siciliano. Ho lasciato
Trapani perché a Genova ho avuto la
possibilità di trovare un lavoro. Ma qui ho
solo il lavoro e basta: non ho una ragazza,
non ho amici, non ho una famiglia perché
la mia famiglia vive a Trapani. Il mio problema è essere siciliano! Molte ragazze
del Nord non fanno amicizia volentieri con
i ragazzi del Sud e così io sono sempre
solo come un cane. Poco tempo fa ho
conosciuto una commessa della Rinascente, una ragazza genovese molto carina e simpatica, ma dopo il primo incontro
mi ha lasciato e sai perché? Perché sono
siciliano. Sono veramente molto triste e
non so come fare in questa grande città a
conoscere una ragazza senza pregiudizi.
Scusa lo sfogo e grazie per la tua attenzione. 99

Caro Rocco, ho letto la tua lettera. Il problema della solitudine in una grande città
come Genova è comune a molta gente. È la
malattia dell'uomo d'oggi. Tante persone in
questo momento sono sole e cercano qualcuno: bisogna avere il coraggio di fare il
primo passo. E poi, caro Rocco, perché
essere triste? Tu hai un lavoro. Questo è
molto importante. E a Genova ci sono tante
ragazze senza pregiudizi. Un proverbio dice
«Chi cerca trova». Coraggio, allora!
Tanti saluti.

Propendo per il parere di tua cugina; sapessi quanto spesso i ragazzi di
quell'età (e anche un po' più grandi)
sono frenati dalla preoccupazione di
non essere all'altezza della situazione! Naturalmente, anche il fatto che
vi vediate piuttosto di rado può avere il suo peso; quindi, cara Annalisa,
se gli vuoi veramente bene, pazienta

ancora un poco; l'estate vi …
incontri più frequenti e un po…
beri, e affretterà il proce…
«maturazione» …che alla vo…
spesso avviene all'improvviso,…
po' come succede per certi fi…
alla sera li vedi ancora tutti a…
lati, e poi sbocciano bellissim…
sola notte.
Certo, un pizzico di inizia…
parte tua non guasterà; ma c…
bo, ti raccomando, senza l'im…
za che ti hanno messo add…
amiche più grandi. Di solito, i …
zi timidi sono anche quelli ch…
dono le cose più seriamente,…
di, alla fin fine, sanno dare…
Abbi fiducia, dunque, e augu…
tutti e due.

66 Forse troverà banale il …
blema, ma la prego di rispo…
perché mi sta facendo passare…
chie notti insonni. Sono una gio…
ma lettrice di Annabella (ho 15 …
da circa 8 mesi sto con un raga…
la mia età, con cui ho scarse o…
di vederci (solo nei week-end e …
riodo estivo); il mio cruccio è …
durante tutto questo periodo lui …
ha mai baciata, nonostante io, p…
siglio di ragazze un po' più gra…
bia anche tentato di spronarlo…
chino; secondo un suo amico la …
è che stiamo troppo poco insie…
condo mia cugina, invece, ch…
troppo giovane e si vergogna …
saperci fare… Le mie amiche m…
gliano di lasciarlo perdere, ma io…
glio troppo bene; avevo deciso…
sciar passare un po' di tempo …
maturasse, ma sono passati orm…
ti mesi e non è successo nulla. …
do lei, qual è il motivo di ques…
comportamento?… 99

ESERCIZIO 6 QUAL È LA RISPOSTA GIUSTA?

1. Rocco è

   a) di Trapani. [N]
   b) di Genova. [L]
   c) di Napoli. [G]

2. È venuto a Genova

   a) perché a Genova ha trovato un lavoro. [A]
   b) perché a Trapani non ha amici. [I]
   c) perché è ragioniere. [B]

3. La ragazza ha lasciato Rocco

   a) dopo un mese. [S]
   b) prima del primo incontro. [N]
   c) dopo un solo incontro. [D]

4. Rocco dice che non ha una ragazza a Genova

   a) perché la sua famiglia vive in Sicilia. [L]
   b) perché molte genovesi hanno pregiudizi. [I]
   c) perché i ragazzi del Sud non fanno amicizia volentieri con le ragazze del Nord. [A]

5. Luisella scrive a Rocco che deve

   a) cercare una ragazza senza pregiudizi. [A]
   b) avere il coraggio di vivere da solo. [R]
   c) andare a lavorare in un'altra città. [T]

Die Buchstaben hinter der jeweils richtigen Antwort ergeben aneinandergereiht den Namen des Mädchens, das Rocco kennengelernt hat:

☐☐☐☐☐

ESERCIZIO 7 PARLIAMO DI ROCCO.

Un'altra ragazza genovese, Carla, racconta a un'amica che ha conosciuto Rocco.
Che cosa risponde alle domande dell'amica?

Carla: Ieri ho conosciuto un ragazzo siciliano.

Amica: Come si chiama?

Carla: _____

Amica: E com'è?

Carla: _____

Amica: Quanti anni ha?

Carla: _____

Amica: Però è giovane. Che cosa fa?

Carla: _____

Amica: Allora sei contenta!

Carla: _____

ESERCIZIO 8 CHE COSA FACCIAMO OGGI?

È arrivato un amico italiano che non conosce ancora la città dove abitate.
Preparate insieme un programma e fate il dialogo.

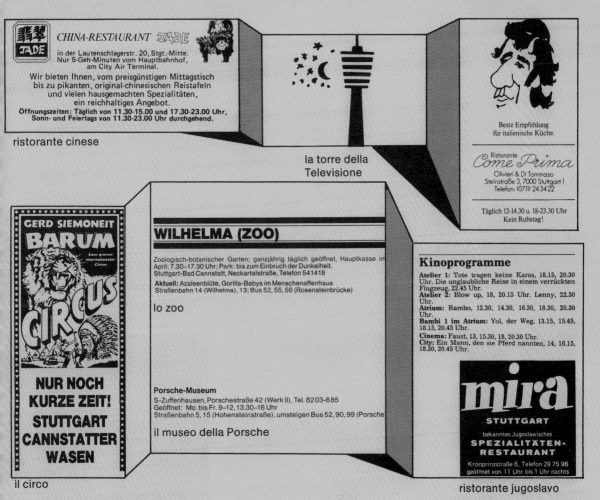

Espressioni utili per il dialogo:

Hai voglia di . . .	No, grazie, preferisco . . .
Ti piace . . .	Sì, molto. / No, non mi piace.
Perché non . . .	Sì, vengo volentieri.
Allora andiamo . . .	Grazie, ma non ho voglia di . . .
Prendiamo il tram perché . . .	Va bene.
Andiamo a piedi perché . . .	Prendiamo il tram o andiamo a piedi?
È vicino/lontano./È . . .	Dov'è?

ESERCIZIO 9 UNA LETTERA A UN'AMICA

Scrivete una lettera a un'amica in Italia e raccontate che avete conosciuto Mario, un ragazzo italiano. Dite chi è, cosa fa, ecc.

una settimana fa – al circo – ragazzo italiano, Mario – 30 anni – arrivato a Stoccarda un mese fa – meccanico alla Mercedes – famiglia in Italia – senza amici – in Germania altra mentalità – desidera imparare il tedesco – domenica – cinema insieme.

8 LEZIONE

~ Scusi, che ore sono?
≈ Sono le nove e venti.

Sono le nove e mezzo.

Sono le dieci meno un quarto.

Sono le undici meno dieci.

È mezzogiorno.
È mezzanotte.

È l'una.

ESERCIZIO 1 CHE ORE SONO?

A₂

~ Sei libera stasera?
≈ Sì, perché?
~ Ho due biglietti per l'Amleto. Vuoi venire?
≈ Sì, volentieri. A che ora comincia?
~ Alle nove.
≈ Mi vieni a prendere?
~ Ma certo. Alle otto e mezzo, va bene?
≈ Sì.

| A che ora | comincia?
 finisce? | Alle otto e mezzo/mezza.
 Alle undici. |

ESERCIZIO 2   GUARDIAMO IL PROGRAMMA DELLA TELEVISIONE.

~ A che ora comincia la Coppa del Mondo di sci? A che ora finisce?
≈ La Coppa del Mondo comincia alle nove e finisce a mezzogiorno e mezzo.

A che ora comincia Meridiana?
E il corso d'inglese?
E il telegiornale?

Tv2 rai

9.00	**SPORT INVERNALI** - Coppa del Mondo di sci. Slalom gigante maschile (1ª e 2ª manche)	16.55	**HELZACOMIC** - Un programma di risate. 2ª puntata
12.30	**MERIDIANA** - Lezione in cucina	17.45	**TG 2** - FLASH
13.00	**TG2** - Ore tredici	17.50	**TG 2** - SPORTSERA - Dal Parlamento
13.30	**VITA NELLA TERRA**	18.05	**ELLE** - Appuntamento settimanale con i libri
14.00	**IL POMERIGGIO** Frate Indovino L'opinione di Guglielmo Zucconi	18.30	**SPAZIOLIBERO: I PROGRAMMI DELL'ACCESSO**
		18.50	**I RE DELLA COLLINA** - «La locanda» PREVISIONI DEL TEMPO
14.30	**MASTRO DON GESUALDO** - Dal romanzo di Giovanni Verga. 5ª puntata (Registrazione effett. nel 1963)	19.45	**TG 2** - **TELEGIORNALE**
		20.40	**TG 2** - **Spazio sette**. Fatti e gente della settimana
15.25	**FOLLOW ME** - Corso di lingua inglese per principianti e autodidatti (14ª trasmissione)	21.30	**QUANDO L'AMERICA SI RACCONTA** - «La confessione di Peter Reilly». 1ª parte
16.00	**TV 2 RAGAZZI** **L'UOVO MONDO NELLO SPAZIO** - Costumi di Salvatore Russo. Regia di Ettore Desideri. 15° episodio: «Il signore è senza copertina» **GALAXY EXPRESS 999** - «La città delle lucciole»	22.25	**ME, ME STESSA, IO** - Incontro con Joan Armatrading
		23.10	**TG 2** - Stanotte
		23.30	**SCUOLA MEDIA: UNA SCUOLA CHE SI RINNOVA** - 10ª puntata: «Educazione musicale» (Replica)

ESERCIZIO 3   UN INVITO

Avete due biglietti per il circo (domani alle 20.30).
                                la partita (domenica alle 14).
                                il concerto (stasera alle 21).

Invitate un amico/un'amica, un collega/una collega.

~ Sabato, se è una bella giornata, possiamo andare a pescare.
≈ Mi dispiace, ma non posso, ho già un impegno con un mio collega.
~ E domenica?
≈ Domenica voglio partecipare alla corsa campestre con la mia ragazza.
Perché non venite anche tu e tua moglie?
~ Mah, vediamo. Se veniamo, ti telefono.

Ha già un impegno per	sabato? domenica? ...

			un mio collega.
	a pescare		una mia amica.
Sì, vado	a teatro	con	il mio ragazzo.
	a un concerto		la mia ragazza.
			mio marito.
			mia moglie.

ORE	LUNEDÌ	MARTEDÌ	MERCOLEDÌ	GIOVEDÌ	VENERDÌ	SABATO	DOMENICA
8							
9							CORSA CAMPESTRE
10						Carlo	
11							
12							
13			Angela				
14				BOLOGNA Sig. Zangari			
15		telefonare a Piero					
16					tennis		
17							
18							
19							
20							

ESERCIZIO 4 LA VOSTRA SETTIMANA

Che impegni avete per questa settimana? Con chi?

A₄
- ~ Come mai non siete venuti ieri?
- ≈ Abbiamo dovuto accompagnare la nonna in campagna.
  Com'è stata la marcia?
- ~ Veramente divertente. Siamo tornati a casa stanchi, ma abbiamo passato una bella giornata.

Come mai non siete venuti? / venute?

👨👩	Abbiamo dovuto accompagnare la nonna. Siamo andati a trovare un amico.
👩👩	Abbiamo dovuto lavorare fino alle dieci. Siamo andate a giocare a tennis.

8

ESERCIZIO 5   CHE COSA DICONO?

Ieri siamo andati a giocare a tennis.
Continuate.

A5

~ Signora, che piacere rivederLa!
  Come sta?
≈ Molto bene, grazie, sono appena tornata da Parigi.
~ Oh, che bello! Senta, perché non viene a cena a casa nostra una di queste sere? Così possiamo parlare con calma.
≈ Volentieri.
~ Facciamo sabato?
≈ Benissimo e grazie per l'invito.

Perché non viene a casa mia / a casa nostra stasera?

Grazie, volentieri.
Mi dispiace, ma non posso.
Mi dispiace, ho già un impegno.

ESERCIZIO 6 UN INCONTRO

Completate il dialogo.

Sie treffen Herrn Cozzani. Sie begrüßen ihn
und fragen, wie es ihm geht:
~ _____
≈ Adesso bene, grazie. Ho trovato lavoro.

Sie freuen sich mit ihm und fragen ihn,
wo er arbeitet:
~ _____
≈ Alla posta.

Sie schlagen vor, an einem der nächsten
Abende zusammen essen zu gehen:
~ _____
≈ Buona idea.

Sie schlagen Freitag vor:
~ _____
≈ Benissimo. A che ora?

Sie schlagen vor, sich um acht Uhr
gegenüber der „Bar Motta" zu treffen:
~ _____
≈ D'accordo.

A6
~ Buonasera, signora. Prego, si accomodi!
≈ Grazie . . . ho portato un dolce.
~ Che pensiero gentile! Andiamo in salotto,
   così Le presento mio marito.
   Franco! È arrivata la signora Balducci.
≈ Molto lieto, signora.
≈ Piacere.

Signora Balducci,
                    Le presento mio marito.
Signor Bianchi,
_____

     Franco,   ti presento Carlo.

Piacere.
Molto lieto.
_____

Piacere.

A7

~ Mi dispiace, ma adesso devo andare. È già tardi.
≈ La posso accompagnare?
~ Grazie, ma non è necessario, prendo un taxi.

~ Signora, La ringrazio per la bellissima serata.
≈ E noi siamo stati molto contenti della Sua visita. È stato un vero piacere.
~ Arrivederci, buonanotte.
≈ ArrivederLa.

Signora, Signor Rossi,	La posso accompagnare?	Sì, grazie, molto gentile. No, grazie, vado a piedi. No, grazie, prendo un taxi.
Mario,	ti posso accompagnare?	

ESERCIZIO 7   RICOSTRUITE LE FRASI.

1. Signorina,		posso accompagnare	per la bella serata.
2. Marco.	La	presento	il vino?
3. Signor Gucci,	ti	vengo a prendere	Giorgio.
4. Maria,	Le	ringrazio	alle otto.
5. Signora,		piace	a casa?
6. Renata,		piacciono	i fagiolini?

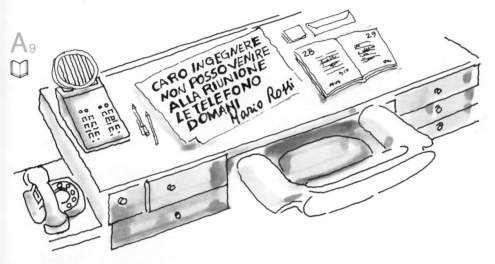

ESERCIZIO 8   UN SABATO INSIEME

Sie möchten mit B, einem Freund, gemeinsam etwas unternehmen.

A: Sie schlagen vor, am Samstag essen zu gehen.
- ins Theater zu gehen.
- ins Kino zu gehen.
- fischen zu gehen.

B: Sie lehnen ab, weil Sie schon eine Verabredung haben.
- weil Sie arbeiten müssen.
- weil Sie keine Zeit haben.

A: Sie schlagen einen anderen Tag vor.

B: Sie lehnen wieder ab und machen einen Gegenvorschlag.
- Sie sagen, daß Sie noch nicht zusagen können und anrufen werden.
- Sie stimmen zu.

ESERCIZIO 9   RISPOSTA A UN INVITO

Sie haben von Herrn Bianchi, einem guten Bekannten, eine Einladung zu einem Fest erhalten. Sie schreiben ihm, daß Sie leider nicht kommen können, weil Sie für eine Woche ans Meer fahren. Sie fügen noch hinzu, daß Sie sich nach Ihrer Rückkehr telefonisch melden werden.

8 UNA VISITA

Il signor Neri telefona alla moglie.

Laura: Pronto! . . . Ah, sei tu, Paolo!
Paolo: Ti telefono perché stamattina è arrivato un mio collega tedesco. Rimane qui fino a sabato perché dobbiamo risolvere insieme un problema di lavoro molto importante. Però non vorrei andare sempre al ristorante . . .
Laura: Ma certo, potete venire qui a casa. Però . . . io purtroppo ho già un impegno per stasera, devo andare a una riunione, mi dispiace.
Paolo: Non importa, facciamo così: stasera andiamo al ristorante e domani sera veniamo a casa. Va bene?
Laura: Benissimo! E a che ora venite? I tedeschi non mangiano tardi come noi, vero?
Paolo: Di solito, no . . . Se veniamo alle sette e mezzo ti va bene o preferisci alle otto?
Laura: È meglio alle otto . . . Ciao.

Il giorno dopo in casa Neri.

Paolo: Ciao, Laura, ti presento il signor Graf. Mia moglie.
Sig. Graf: Piacere.
Laura: Piacere.
Sig. Graf: La ringrazio tanto per il Suo gentile invito.
Laura: E noi siamo molto contenti della Sua visita. Prego, si accomodi!
Paolo: Prende un aperitivo?
Sig. Graf: Grazie, volentieri.
Laura: Lei parla molto bene l'italiano: complimenti!
Sig. Graf: Lei è veramente gentile. Sa, io lavoro molto con l'Italia e così ho dovuto imparare la lingua. E poi mia moglie e io siamo innamorati dell'Italia e siamo venuti tante volte a passare le vacanze qui.
Laura: Ah sì, e dove siete stati?
Sig. Graf: Un po' dappertutto . . . al Nord, al Sud . . .
Paolo: Desidera ancora un aperitivo, signor Graf?
Sig. Graf: No, grazie, basta così.
Laura: Allora possiamo andare a tavola: è pronto. Buon appetito.
Sig. Graf: Grazie, altrettanto.

ESERCIZIO 10   SÌ O NO?

Kreuzen Sie an, auf welche der folgenden Fragen sich im Text eine Antwort finden läßt und auf welche nicht:

Il testo dice . . .   Sì   No
1. . . . chi è il signor Graf?   ☐   ☐
2. . . . di che città è?   ☐   ☐
3. . . . perché è in Italia?   ☐   ☐
4. . . . quanti anni ha?   ☐   ☐
5. . . . perché parla così bene l'italiano?   ☐   ☐
6. . . . dove ha imparato l'italiano?   ☐   ☐
7. . . . dove abitano i Neri?   ☐   ☐
8. . . . dove è stato in Italia il signor Graf?   ☐   ☐

ESERCIZIO 11   COME MARIO PASSA LA SERATA

Raccontate.

9 LEZIONE

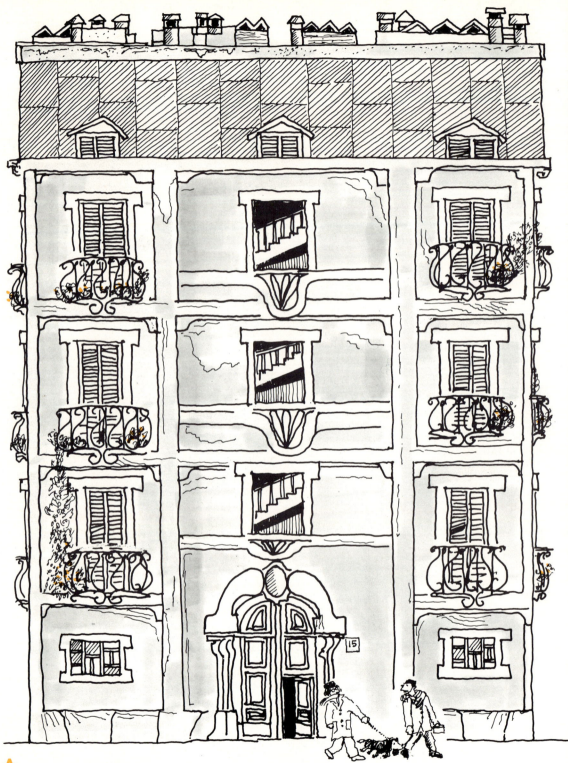

A1 ~ Buongiorno, professore. Anche Lei si alza presto però!
 ≈ Sì, la mattina quando mi sveglio, non posso restare a letto, preferisco uscire e portare fuori il cane. Poi mi fermo al bar e faccio colazione.
~ Buona passeggiata allora, arrivederci!

E tu quando ti alzi? Lei si alza?	Mi alzo presto. tardi. alle...

A₂ Sono le 7. Il palazzo si sveglia.

a) I Picone si alzano. Anna prepara la colazione, Pietro si veste.
b) Caterina Bellocchio è in bagno e si lava.
c) In casa Torriani suona la sveglia, ma Carletto continua a dormire.
d) Il professor Parri è già uscito.

ESERCIZIO 1   TROVATE LA RISPOSTA GIUSTA.

1. A che ora ti alzi la mattina?
2. Pietro, la colazione è pronta!
3. Come mai ti alzi così presto?
4. Dov'è Carletto?
5. Fai colazione la mattina?
6. È già uscito il professore?

a) Perché comincio a lavorare alle 7.
b) No, prendo solo il caffè.
c) Mi alzo alle 8.
d) Sì, si sveglia sempre presto e va fuori.
e) Mi vesto e vengo.
f) È ancora a letto.

 A₃
~ Allora, come vi trovate a Torino?
≈ Bene! Mia moglie ed io lavoriamo, le bambine vanno a scuola, ormai ci siamo abituati anche al clima. Mia suocera invece si è trovata male ed è tornata qui.

Come	ti sei	trovato trovata	a Roma? in Italia?
Come	vi siete	trovati trovate	... ?

Bene.
Abbastanza bene.
Non molto bene.
Male.

ESERCIZIO 2   CHE COSA HA FATTO OGGI ELENA.

Stamattina si è alzata alle 7.30, poi ...
Continuate.

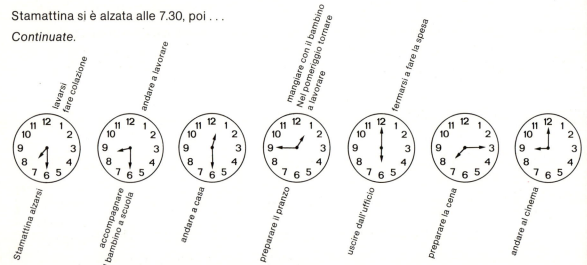

E voi, come avete passato la giornata?

A4 La famiglia di Caterina Bellocchio

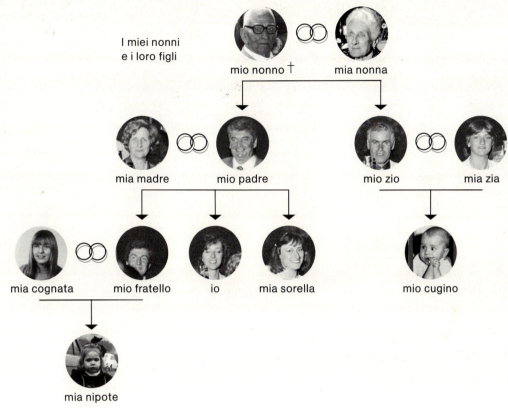

A5

~ Signorina, non si sente un po' sola qui?
≈ No, mi piace essere indipendente, e poi preferisco vivere in città.
~ Perché, i Suoi genitori dove stanno?
≈ In un paese vicino a Novara.
~ È figlia unica?
≈ No, ho un fratello e una sorella, ma ci vediamo poco perché, quando ci incontriamo, litighiamo sempre.

	i Suoi	genitori?
Dove stanno	i tuoi	
	le Sue	sorelle?
	le tue	

I miei genitori		vicino a ...
	stanno	a Novara.
		in Italia.
Le mie sorelle		...

ESERCIZIO 3 UN MATRIMONIO IN FAMIGLIA Questa è Caterina. Chi sono gli altri?
La prima a destra è sua nonna... *Continuate.*

ESERCIZIO 4 LA MIA FAMIGLIA

Completate con: la mia, le mie, i miei, mio, suo, il suo, la sua, i suoi, i loro.

... famiglia viene dalla Calabria. ... nonni sono arrivati a Roma nel 1945. Lì sono nati ... figli:
... padre e poi ... zie: zia Concetta e zia Rosa. La zia Concetta si è sposata quattro anni fa e vive a Pordenone insieme con ... suoceri perché ... marito non vuole lasciare ... famiglia. La zia Rosa invece studia ancora. Vive ad Ostia con ... ragazzo.

ESERCIZIO 5 LA VOSTRA FAMIGLIA

Lei ha fratelli, sorelle, figli, nipoti?
Parlate della vostra famiglia.

A6
~ Allora, quando arrivano i tuoi parenti di Napoli?
≈ Domani mattina. Alle nove li vado a prendere alla stazione.
~ Anche noi abbiamo un ospite questa settimana. Martedì arriva un vecchio amico di mio marito. Io non lo conosco ancora, ma deve essere un tipo simpatico.

Conosci	la signora Rossi? Mario? i Rossi? le sorelle di Mario?	No, non	la lo li le	conosco.

ESERCIZIO 6 CONOSCI MARIA?

Completate.

1. Conosci Maria? – Sì, ... (conoscere) bene.
2. Vuoi un caffè? – Sì, ... (prendere) volentieri.
3. Prepari tu gli spaghetti? – No, ... (preparare) Anna.
4. Chi accompagna Giorgio alla stazione? – ... (accompagnare) io.
5. Sono ancora a scuola le bambine? – Sì, ma ora ... (andare a prendere).
6. Hai già portato fuori il cane? – No, ... (portare) subito.
7. Quando vedi i Torriani? – ... (vedere) domani.

A7
~ Che cosa facciamo domani?
≈ Niente. Sono stanca, e poi bisogna anche mettere in ordine la casa.
~ Ma io non ho voglia di passare il fine settimana qui. Senti, mi occupo io delle pulizie. Però domani andiamo a cercar funghi, va bene?
≈ D'accordo.

In casa nostra	io	mi occupo	delle pulizie,
	mio marito	si occupa	del bambino,
	mia suocera	si occupa	di fare la spesa.

ESERCIZIO 7 IN CASA VOSTRA

Chi fa che cosa?

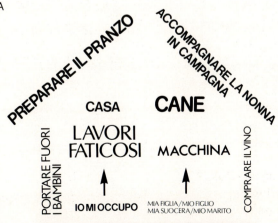

Vita di Famiglia
Quando tutti e due lavorano

Parla un marito: Mia moglie lavora, prima di tutto perché ha un lavoro interessante, e poi per motivi economici. Abbiamo due figli ancora piccoli e abitiamo in una città molto cara! Certo che la nostra vita è difficile e i nostri ruoli non sono ben definiti! Per esempio, la mattina mia moglie si alza presto perché incomincia a lavorare alle sette e sono io che mi occupo dei figli. Li sveglio, preparo la colazione, controllo se si sono lavati e li accompagno a scuola. La sera, invece, mia moglie torna a casa per prima e mette ordine nel caos che abbiamo lasciato la mattina.

Tante volte siamo tutti e due nervosi e stanchi e litighiamo per niente. Per fortuna abbiamo la possibilità di passare i fine settimana in campagna! Mia suocera abita da sola a Carentino, un paesino qui vicino. I bambini lì si sentono liberi perché c'è molto spazio e tanto verde. Molte volte arrivano i cuginetti di Como, allora giocano tutti insieme e noi non li vediamo per tutto il giorno.

ESERCIZIO 8   È VERO?

	Sì	No	Forse
1. La moglie lavora solo per motivi economici.	☐	☐	☐
2. La città dove abitano è cara.	☐	☐	☐
3. Non hanno una vita difficile.	☐	☐	☐
4. Il marito studia ancora.	☐	☐	☐
5. Tutti e due si occupano della casa e dei figli.	☐	☐	☐
6. I figli vanno a scuola da soli.	☐	☐	☐
7. Marito e moglie, anche se sono stanchi, non sono nervosi.	☐	☐	☐
8. Tutti i fine settimana vanno in campagna.	☐	☐	☐
9. A Carentino i figli possono giocare fuori.	☐	☐	☐
10. Tante volte i figli litigano con i cuginetti.	☐	☐	☐

ESERCIZIO 9   DALLA PARTE DELLA MOGLIE

Che cosa può dire la moglie? Io lavoro, prima di tutto perché ...

Continuate.

ESERCIZIO 10 SÌ O NO ALLA FAMIGLIA?

Antonio, 45 anni, divorziato

Io preferisco vivere da solo. Sono stato sposato una volta e mi basta. Adesso faccio come voglio, senza tanti compromessi.

Nicoletta, 30 anni, vive con altre persone

Io preferisco vivere insieme con altre persone e rimanere libera e indipendente. Così, mi trovo molto bene.

Piero, 50 anni, sposato

Io sono contento di avere una famiglia. È bello tornare a casa e ritrovare la moglie e i figli.

Rosanna, 38 anni, sposata

Io sono molto contenta della mia vita, anche se lavoro tanto. Essere solo moglie e madre non mi basta, così lavoro due o tre ore al giorno in un ufficio.

Che cosa pensate del modo di vivere di Antonio, di Nicoletta, di Piero e di Rosanna?

10 LEZIONE

A₁

Quest'anno cambia vacanza, noleggia un camper e va'... il mondo è tuo!

Se venite nel Lazio visitate la Ciociaria

Per andare in Sardegna prendete l'aereo! Noi siamo pronti

ALISARDA
Linee Aeree della Sardegna

COMINCIA BENE LA TUA ESTATE
CHIEDI IL CATALOGO
DEL VACANZIERE ITALIA E
PRENOTA PER TEMPO

IL VACANZIERE

presso tutte le agenzie di viaggi
il catalogo delle tue super vacanze

Per le vostre vacanze **prendete il treno!** FS

Se cercate spiagge ancora deserte venite in Basilicata

REGIONE BASILICATA

Se hai bisogno di pace e di silenzio vieni in Val D'Aosta

Dove vai in vacanza?

Non ho ancora deciso.

Che cosa posso fare quest'anno in ferie?

Cambia vacanza:
Prendi la bicicletta,
va' in campagna,
mangia tanta verdura e
dormi tranquillo.

ESERCIZIO 1   LE VACANZE DI UN AMICO

Completate con i seguenti verbi: telefonare, prenotare, portare, prendere, parlare, venire.

Un vostro amico non ha ancora deciso dove andare in vacanza. Questo è il vostro consiglio: Se hai voglia, . . . in vacanza con noi in Puglia. . . . subito, così trovi ancora posto. . . . a questo numero e . . . con il signor Manzi che mi conosce bene. . . . solo la mezza pensione, così possiamo andare anche a mangiare fuori. . . . anche la bicicletta.

ESERCIZIO 2   CHE COSA RISPONDONO?

a) (venire) a casa mia stasera
b) (leggere) qualcosa
c) (prendere) un gelato
d) (rimanere) a pranzo qui
e) allora (mangiare) un toast

	ami		non danneggiare	
Se	——	la natura	——	i fiori.
	amate		non danneggiate	

ESERCIZIO 3   UN CONSIGLIO

Non leggere troppo! *Continuate.*

A₃

Dieci cartoline e dieci francobolli, otto per l'Italia e due per il Brasile.

Vorrei un francobollo per	la Svezia.
	il Belgio.
	gli Stati Uniti.

A₄

Che tempo fa	da voi?		C'è il sole.
	a Sondrio?		Fa caldo.
	a Palermo?		Piove.
	...		Fa freddo.

ESERCIZIO 4 UNA CARTOLINA DALLE VACANZE

Scrivete una cartolina ai vostri amici.

A5

~ Hai scritto a Giacomo?
≈ Sì, gli ho scritto due giorni fa.
~ E a tua sorella?
≈ No, ma le ho telefonato stamattina.
~ Come sta?
≈ Bene.

Hai scritto	a Giacomo?
	a tua sorella?
E	ai nonni?

	Sì,	gli	ho scritto ieri.
	No, non	le	ho ancora scritto.
		Gli	scrivo adesso.

ESERCIZIO 5 RICOSTRUITE LE FRASI.

1. Sono andato a trovare Paolo all'ospedale e
2. Ho telefonato ai nonni e
3. Ho incontrato Giovanna e
4. I Rossi ci hanno invitato per domani sera e
5. Oggi è il compleanno di Stefania e

gli / le

ho risposto che per noi va bene.
ho mandato un biglietto di auguri.
ho raccontato che cosa abbiamo fatto in vacanza.
ho portato un po' di frutta.
ho detto se vuole venire in discoteca con noi.

A6

~ Allora, vi è piaciuta la Puglia?
≈ Sì, ci è piaciuta molto. Ci sono delle spiagge bellissime e poi abbiamo visto tanti altri posti interessanti.
E tu, quando vai in ferie?
~ Fra quindici giorni.

| Vi è piaciuta la Puglia? | Sì, ci è piaciuta molto. |
| Ti è piaciuto il posto? | No, non mi è piaciuto. |

ESERCIZIO 6   VACANZE IN PUGLIA

~ Ti è piaciuto il castello?
≈ Sì, mi è piaciuto.

~ Ti sono piaciute le Isole Tremiti?
≈ Sì, mi sono piaciute.

Continuate.

Castel del Monte

Le Isole Tremiti

1. La chiesa di Santa Croce, Lecce

2. I Trulli di Alberobello

3. Il porto di Taranto

4. Le grotte di Castellana

ESERCIZIO 7   RISPONDETE CON „DA", „FA" O „FRA".

1. Quando va in vacanza, signora? – (15 giorni)
2. Da quanto tempo si trova in Italia? – (3 mesi)
3. Ingegnere, quando è venuto a Firenze la prima volta? – (5 anni)
4. Quando hai cominciato a studiare l'italiano? – (1 anno)
5. Quando arrivano i tuoi suoceri? – (3 settimane)
6. Da quanto tempo conosci i Bianchi? – (sempre)
7. Quando sono venuti a cena a casa vostra i Rossi? – (tanto tempo)

ESERCIZIO 8   CHE PROGETTI AVETE PER LE VACANZE?

Fra dieci giorni vado in vacanza . . . *Continuate.*
(Puglia / camper / un mese / mare / bagni / Castel del Monte / grotte di Castellana . . .)

E adesso parlate dei vostri progetti.

ESERCIZIO 9   LE VACANZE SONO FINITE.

Un mese fa siamo stati . . . *Continuate.*
(Val d'Aosta / macchina / quindici giorni / passeggiate nei boschi / trovare funghi / tempo sempre bello / mangiare bene . . .)

E adesso parlate delle vostre vacanze.

ESERCIZIO 10   UN COMPLEANNO

Trovate i pronomi giusti.

Oggi è il compleanno di Maria / di Carlo:
. . . compro un libro e un disco,
. . . scrivo un biglietto,
. . . invito a cena e
. . . presento i miei genitori.

ESERCIZIO 11   OGGI HO TELEFONATO A FRANCA.

Completate con i pronomi e fate il dialogo.

~ Oggi ho telefonato a Franca, . . . ho detto che andiamo in Austria.
≈ E lei che cosa fa? Va al mare?
~ No, il mare non . . . piace, lo sai. Va in campagna.
≈ Con chi?
~ Con sua sorella di Bologna. . . . conosci?
≈ Certo. Vanno da sole?
~ No, . . . accompagna Paolo in macchina, ma lui torna a casa perché non . . . piace prendere le ferie adesso.

Mare o montagna?

Padre: Quest'estate dove passiamo le vacanze?
Giorgina: Come, dove passiamo le vacanze? Siamo sempre andati al mare, ad Alassio, perché dobbiamo cambiare proprio quest'anno? Io lì ho tutti i miei amici, se voi volete andare in un altro posto, fate pure, ma senza di me. Io vado con i Melini. La madre di Mariella mi ha invitato.
Padre: Cara la mia ragazzina, 14 anni sono troppo pochi per passare le ferie da sola. Tu vieni con noi e senza discutere!
Giorgina: Senti il padre autoritario: vieni! va'! fa'! non discutere! Ma papà, non vedi che i tempi sono cambiati?
Madre: Un momento, ragioniamo con calma, e cerchiamo di arrivare a un compromesso.
Padre: Eh no... sono anni che grazie ai vostri compromessi faccio quello che volete voi. Ormai ho deciso: andiamo in montagna.
Valerio: E perché noi dobbiamo andare in montagna quando tutti i nostri amici vanno al mare?
Padre: Perché sono stufo di mare e di spiagge piene di gente. Per mangiare bisogna fare la fila, il menù è scritto in tedesco...
Madre: Sù, non esagerare! È vero che ad Alassio nel mese di agosto c'è molta gente, ma la gente è vita, allegria, e poi è bello rivedere le stesse persone, non trovi?
Padre: Eh no, cara, dopo un anno di lavoro io ho bisogno di pace, di silenzio, di fare delle passeggiate nei boschi, di mangiar bene.
Madre: Ma queste cose le puoi avere anche al mare, basta scegliere il posto giusto. In Sardegna per esempio, ci sono delle spiagge quasi deserte, puoi fare tutte le passeggiate che vuoi. La cucina è genuina e poi ci sono tanti posti interessanti.
Giorgina: Ma io voglio andare con Mariella!
Madre: Lo diciamo anche ai Melini, così possiamo andare insieme. Vi va l'idea?
Padre: Mah, vediamo, da qui ad agosto c'è ancora tanto tempo.

ESERCIZIO 12 DOVE PASSIAMO LE VACANZE?

Die angekreuzten Buchstaben ergeben die Antwort.

		SÌ	NO
1.	Gli amici di Valerio vanno al mare.	A	T
2.	Il padre ha bisogno di allegria.	R	L
3.	In Sardegna ci sono spiagge quasi deserte.	A	E
4.	Valerio vuole andare in montagna.	B	S
5.	Giorgina vuole passare le ferie da sola.	S	R
6.	La madre cerca un compromesso.	I	O
7.	In Sardegna ci sono dei posti dove la cucina è ancora genuina.	O	N

ESERCIZIO 13 IN FAMIGLIA

Ricostruite il dialogo.

Dove andiamo in vacanza?

b) Voglio andare al mare con Mariella!

a) Vi va l'idea di andare in Sardegna?

c) Ci sono ancora spiagge deserte e la cucina è genuina.

d) E poi sono stufo di spiagge piene di gente. Quest'anno andiamo in montagna!

e) La montagna non mi piace! Io vado con i miei amici.

f) Non discutere! Tu vieni con noi. Non puoi andare con i tuoi amici!

g) A 14 anni non puoi passare le ferie da sola.

h) Mah, vediamo. Abbiamo ancora tempo per decidere.

ESERCIZIO 14 AL TELEFONO

Mariella: Allora, vieni anche tu ad Alassio?
Giorgina: Io vorrei venire, ma
mio padre dice che . . .
mio fratello . . .
mia madre . . .

Che cosa racconta Giorgina?

ESERCIZIO 15   PARLIAMO DI VACANZE.

Gianni e Barbara vogliono andare in vacanza ma hanno idee diverse.
Fate il dialogo.

Gianni
- preferisce un luogo tranquillo in montagna
- non gli piacciono le spiagge piene di gente
- è stanco, ha bisogno di pace e silenzio

- non vuole stare sempre al mare

- desidera vedere dei dépliant

Barbara
- vuole andare al mare come tutti gli anni
- trova che in luglio non c'è molta gente
- conosce tanti posti tranquilli, in Puglia per esempio
- dice che in Puglia c'è anche la possibilità di fare passeggiate nei boschi
- vuole scrivere all'Ente per il Turismo

ESERCIZIO 16   VORREI ANDARE A . . .

Volete passare le vacanze in Italia. Dite quale posto o quali posti preferite e perché.

11 LEZIONE

A₁
~ A che ora parte il prossimo treno per Pisa?
≈ Alle 11.10.
~ Da quale binario?
≈ Dal binario numero 7.
~ Grazie.

destinaz.	indicazioni sussidiarie	cat.	ore	bin.
MILANO		TEE	10.40	9
VENEZIA		EXPR	10.50	6
ROMA		EXPR	10.53	11
VIAREGGIO	VIA PISTOIA	Loc.	11.02	1
GROSSETO	VIA PISA	Loc.	11.15	2

destinaz.	indicazioni sussidiarie	cat.	ore	bin.
MILANO		EXPR	9.15	
MILANO		EXPR	10.15	
MILANO		EXPR	11.33	

ESERCIZIO 1 A CHE ORA PARTE?

Guardate il tabellone e fate il dialogo.

Ufficio informazioni   Biglietteria   Sala d'attesa   Deposito bagagli   Gabinetti   Prenotazioni posti cuccetta

A₂

~ Due biglietti di andata e ritorno per Perugia, seconda classe.
≈ 24.000 lire.
~ Devo cambiare?
≈ Sì, a Terontola. Se non arriva in ritardo, c'è subito la coincidenza.

ESERCIZIO 2   ALL'UFFICIO INFORMAZIONI

Sie sagen, daß Sie nach Vicenza fahren möchten,
und fragen, ob es spätabends einen Zug gibt:

~ _____
≈ Sì, c'è un rapido alle 21.35.

Sie fragen, ob er auch 2. Klasse hat:

~ _____
≈ No, ha solo la prima.

Sie fragen, ob es nicht einen Eilzug gibt:

~ _____
≈ Sì, c'è il diretto delle 21.40, però deve cambiare a Verona.

Sie fragen, ob Sie gleich Anschluß haben:

~ _____
≈ No, deve aspettare due ore e mezzo.

Sie bedanken sich:

~ _____

ESERCIZIO 3   ALLA STAZIONE DI ROMA

Leggete le domande, ascoltate e rispondete.

1. Quanto ritardo ha l'espresso 218?
2. Da quale binario parte il treno locale per Frascati?
3. Su quale binario arriva il diretto proveniente da Livorno?

nuova SCIROCCO
più bella
più grande
più economica

Da domani la benzina aumenta a 1195 lire

Aumentano anche i mezzi pubblici
Biglietto a 500 lire
dal 28 Febbraio

- Io, in città, non guido volentieri. Vado in tram, è più sicuro.
- Io vengo da fuori e prendo il treno perché è meno caro.
- Per andare a lavorare, Lei che cosa prende?
- Io prendo la macchina perché è più veloce. È vero che l'autobus costa meno, ma bisogna aspettare troppo.

ESERCIZIO 4 E LEI, CHE COSA PRENDE?

Per andare a fare la spesa prendo l'autobus perché è più pratico.
Continuate.

| Per andare | in centro
al lavoro
alla stazione
in vacanza
al mercato
a fare una gita
dal mio amico
dalla mia amica | prendo | | perché è | più
meno | comodo
veloce
caro
pratico
sicuro
economico |

**SUL LAGO DI GARDA CON L'ALISCAFO
IL MODO PIÙ MODERNO PER CONOSCERE
VERAMENTE UN LAGO PITTORESCO**

**TEE — I treni rapidi più
moderni e silenziosi delle
Ferrovie dello Stato**

**Con Alitalia hai trovato l'America
8 giorni a New York
aereo + hotel Iª categoria
1.060.000 lire
Alitalia ti offre i programmi
più belli ai prezzi più bassi**

ESERCIZIO 5 LA VOSTRA PUBBLICITÀ

Completate con: bello, elegante, tranquillo, comodo, famoso, interessante.

Scegliete Alitalia, il modo più comodo e veloce di andare in vacanza.

Prendete il treno, il mezzo . . . per viaggiare.

Ti aspettiamo a Venezia, la città . . . del mondo.

Scegliete la Giulietta, la macchina . . . per l'uomo di oggi.

Visitate l'Umbria la regione . . . d'Italia.

A5 ALLA STAZIONE DI SERVIZIO

~ Il pieno, per favore.
Senta, per andare a Tortona, che strada devo prendere?
≈ Prenda l'autostrada! Continui sempre dritto fino al secondo semaforo, poi giri a sinistra e dopo due o tre chilometri vede il casello.
~ Grazie.

Senta,
          per andare a . . . ?
Scusi,

Prenda la prima a sinistra, continui dritto fino al secondo incrocio e poi vada . . .

Mi dispiace, non lo so, chieda a un vigile.

ESERCIZIO 6 — TROVATE LA RISPOSTA GIUSTA.

1. Controllo anche l'olio, signora?
2. Per andare a Caserta, devo prendere l'autostrada?
3. Ha un gettone, per favore?
4. Mi può aiutare a mettere su la valigia?
5. Scusi, per andare alla stazione?
6. È chiuso il museo?
7. A che ora parte il treno per Urbino?
8. Vorrei prenotare una cuccetta sul treno delle 21.07 per Francoforte.

a) Non lo so, guardi il tabellone delle partenze.
b) Prenda la prima strada a destra e continui sempre dritto.
c) Mi dia il Suo biglietto, per favore.
d) No, continui pure su questa strada.
e) No, grazie, faccia solo il pieno.
f) Ma certo. Lasci, faccio io.
g) No, mi dispiace, ma chieda al bar qui di fronte.
h) Oggi sì. Torni domani mattina.

ESERCIZIO 7 — UN ITALIANO A LUBECCA

Scusi, per andare a Holstentor? Guardate la pianta della città e rispondete.

Dove siete:	Hauptbahnhof ❶	Holstentor ❷	Marienkirche ❸	Burgtor ❹	St. Katharinenkirche ❺
Dove vuole andare il turista italiano:	Holstentor	Marienkirche	Burgtor	St. Katharinenkirche	Petersgrube ❻

A 6

Onda Verde:

... chiusa per incidenti la statale adriatica al km 25 ... traffico intenso sull'autostrada A 1 in direzione Sud ... ingorghi all'uscita per Salerno ... code ai caselli e ai valichi di frontiera.

ESERCIZIO 8   PRIMA DELLA PARTENZA

Antonio è pronto per partire, la nonna gli dice
- di fare attenzione al traffico e di non andare forte con la moto
- di fare una pausa quando è stanco
- di prendere un caffè e di mangiare qualcosa
- di telefonare quando arriva
- di salutare la mamma e il papà

Allora Antonio, fa' attenzione al traffico ... *Continuate.*

ESERCIZIO 9   BUONE VACANZE!

Prima delle ferie la radio Le consiglia

- di preparare le valigie con calma
- di non partire il primo giorno di ferie
- di chiudere bene a chiave
- di dare la chiave ad un amico
- di lasciare anche il numero di telefono dell'albergo
- di ascoltare con attenzione le informazioni di "Onda verde"

Per cominciare bene le Sue ferie prepari le valigie con calma, ...

e ... buone vacanze!

Sosta vietata dal lato della cifra "I" i giorni di data dispari; dal lato della cifra "II" i giorni di data pari.

Divieto di transito

Divieto di sorpasso per tutti gli autoveicoli

Via dalla pazza coda

Ore 14 di venerdì 30 luglio. Gli operai del primo turno lasciano la Fiat e salgono sulle macchine ferme al parcheggio, dove, già dal mattino, li aspettano le mogli e i figli, e via!
Via per il mare, per il Sud!
La stessa cosa succede in tutte le grandi città industriali e così ogni anno, all'inizio delle vacanze, migliaia e migliaia di automobilisti lasciano tutti insieme la città per andare al mare o a trovare i parenti rimasti al paese. E questo perché in Italia le fabbriche e gli uffici chiudono tutti nello stesso periodo.
Ma ecco che appena fuori dalla città incominciano le code.
Per entrare in autostrada bisogna aspettare delle ore.
La macchina ferma al sole diventa un forno. Il motore fuma. I bambini piangono. Tutti sono nervosi. Viaggiare in queste condizioni diventa pericoloso e succedono molti incidenti. Eppure la gente passa ore e ore in macchina perché vuole lasciare subito l'odiata fabbrica, l'odiato ufficio, l'odiata città.
Purtroppo i treni e gli altri mezzi pubblici non funzionano sempre bene e così la macchina resta il mezzo più comodo per andare da un posto all'altro.
Per evitare gli ingorghi la radio trasmette un programma, "Onda verde", che dà informazioni sulla situazione del traffico.
La Società Autostrade ha lanciato una campagna pubblicitaria dal titolo "Una partenza intelligente": ai caselli delle autostrade, nelle stazioni di servizio, nei motel e alla frontiera gli automobilisti ricevono dei volantini scritti in italiano, francese, e tedesco che indicano i giorni critici per le partenze.
In Sardegna poi, per aiutare gli automobilisti in coda nei porti, quest'anno hanno avuto un'idea originale: hanno organizzato letti di fortuna e distribuito un pasto caldo al giorno.

11

ESERCIZIO 10 — IL GIORNO DELLA PARTENZA

Raccontate.

Ma, appena fuori dalla città...

Due ore dopo...

Per fortuna, la sera...

ESERCIZIO 11 SIAMO STUFI DI ASPETTARE!

Rispondete alle domande.

Madre: *Ecco il papà, partiamo subito, siamo stufi di aspettare!*

Dov'è la madre e con chi parla?
Chi è stufo di aspettare?
Dov'è stato il papà?

Padre: *Questa macchina è un forno! Bambini state buoni!!*

Perché la macchina è un forno?
Perché tutti sono nervosi?
Dove si trova la famiglia?

Onda verde: *Molto traffico sulle autostrade, code ai caselli autostradali.*

Che cos'è "Onda verde"?
Perché e quando c'è molto traffico sulle autostrade?
Solo ai caselli autostradali ci sono code?

ESERCIZIO 12 FATE LA CONVERSAZIONE.

1. Quando andate in vacanza, viaggiate di giorno o di notte?
2. Ci sono anche in Germania problemi di traffico?
3. Come evitate le code quando partite per le vacanze?
4. C'è in Germania un programma alla radio come "Onda verde"?

ESERCIZIO 13 ALLA CASSA DI UN AUTOGRILL

Ascoltate il testo e raccontate la storia.

12 LEZIONE

A₁

~ Scusi, mi può indicare una buona trattoria qui vicino?
≈ Vada al Boscaccio. È proprio qui, sulla strada per Todi.
~ Si spende molto?
≈ No, non tanto. E si mangia bene.
~ Grazie.

Come si mangia al Boscaccio?

Si spende molto da Gianni?

Bene.
Piuttosto bene.
Male.

No, non si spende tanto.
No, si spende poco.
Sì, è piuttosto caro.

ESERCIZIO 1   UNA DOMENICA TIPICA

Che cosa si fa dopo il pranzo in Italia?
Si prende il caffè, poi . . .

La sera

A₂   COME APPARECCHIARE LA TAVOLA

ESERCIZIO 2   I REGALI DI SILVIA E MARCO

Silvia e Marco fra un mese si sposano. Hanno già ricevuto dei regali. Che cosa?

A₃ IN TRATTORIA

~ Che cosa c'è di buono oggi?
≈ Come primo abbiamo gli gnocchi fatti in casa.
~ Bene, allora un piatto di gnocchi.
≈ Prima Le porto un po' d'antipasto?
~ No, grazie.
≈ E da bere, che cosa prende?
~ Mi porti mezzo litro di vino rosso.

A₄ AL RISTORANTE

~ Come secondo, che cosa prendete?
≈ Io prendo il brasato con i funghi, e tu?
≈ Non so ancora. Il brasato, che cos'è?
~ È carne di manzo, cotta nel vino.
≈ No, preferisco una bistecca.
~ Come la vuole? Al sangue o ben cotta?
≈ Ben cotta!

Come antipasto, primo, secondo, contorno, ___ E da bere,	che cosa	prende? prendete?

Mi	porti...
Ci	

LISTA DELLE VIVANDE

Antipasti
antipasto misto
prosciutto e melone
insalata di mare

Primi piatti
minestrone
spaghetti al pomodoro
tortellini in brodo
" al ragù
penne all'arrabbiata
risotto ai funghi

Secondi Piatti
CARNE
cotoletta alla milanese
bistecca alla fiorentina
arrosto di vitello
fegato alla veneziana
petti di pollo al vino bianco

PESCE
cozze alla marinara
sogliola fritta
pesce spada alla griglia
fritto misto

Contorni
insalata mista
patatine arrosto
finocchi al burro
melanzane

Formaggi assortiti

Frutta e dolce
frutta di stagione
macedonia di frutta fresca
torta gelato
zuppa inglese

SERVIZIO COMPRESO

ESERCIZIO 3 LA MACEDONIA, CHE COS'È?

Fate le domande e scegliete la risposta giusta.

1. La macedonia,
2. E l'antipasto misto,
3. E le penne all'arrabbiata,
4. E gli gnocchi,
5. E la zuppa inglese,
6. E lo spezzatino,

che cos'è?
che cosa sono?

a) Sono un tipo di pasta fatta di patate e farina.
b) È un dolce con la crema.
c) È un'insalata di frutta.
d) Sono un tipo di pasta con sugo di pomodoro e peperoncino.
e) Sono piccoli pezzi di carne cotti con vino e pomodori.
f) È un piatto di salame, prosciutto, olive, funghi o carciofini sott'olio.

ESERCIZIO 4 AL RISTORANTE

Guardate la lista, scegliete e ordinate.

A5

~ Desiderate altro?
  Dolce, formaggio, frutta...
≈ Sì, ci porti della frutta e due amari.

Desidera altro?

Sì, mi porti	dell'uva.
	del formaggio.
	un po' di pane.
No, mi porti	il conto.

ESERCIZIO 5   CHE COSA SI MANGIA STASERA?

Completate con: di, del, della, dei, delle.

~ Senti, Gabriella, ho invitato Giorgio e Francesca a cena. Ti dispiace?
≈ No, ma che cosa preparo?
~ Non abbiamo ... carciofini sott'olio, ... olive e ... salame?
≈ Sì, e poi posso fare le scaloppine al vino bianco con un po' ... insalata verde.
~ Buona idea. E alla fine puoi offrire un po' ... formaggio e ... frutta.
≈ Benissimo. Allora cominciamo a preparare.

A6

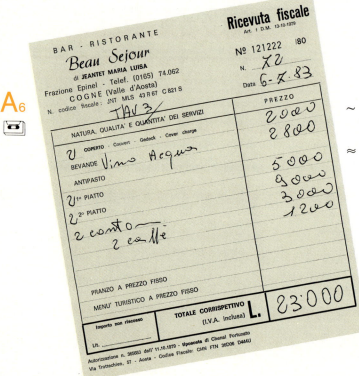

~ Cameriere, può controllare il conto, per favore? Noi abbiamo preso due amari, e non due caffè.
≈ È vero, scusi, c'è un errore.

I locali italiani oggi

Quante volte nelle famiglie italiane si sente dire: «Stasera andiamo a mangiare in trattoria!» Ma che cos'è la trattoria? È un locale tipicamente italiano, che rispecchia il nostro gusto e la nostra mentalità.
Agli italiani, si sa, piace mangiar bene, ma ai piatti troppo raffinati, preferiscono cose più semplici e genuine che però richiedono non solo ingredienti di prima qualità, ma anche partecipazione personale da parte di chi li prepara.
Ecco perché molte volte in cucina c'è una donna, di solito la moglie del proprietario, che sa dare ai piatti il sapore delle cose fatte in casa. La lista non è molto lunga perché quasi tutto è preparato al momento: offre specialità della casa e specialità regionali. I tavoli sono preparati in modo semplice, ma con cura, e ... cosa importante, il vino è genuino.
Oggi questo tipo di locale deve affrontare la concorrenza della «pizzeria», della «tavola calda» e dei nuovi locali «fast-food» di importazione americana, aperti da poco in Italia. La pizzeria offre la possibilità di mangiare fuori senza spendere tanto: non solo pizza, anche altre cose, e poi è un punto d'incontro per i giovani e i meno giovani. Un posto dove si può trovare un paio di amici per passare insieme la serata, o dove si può andare a mangiare qualcosa dopo il cinema o il teatro, e discutere dello spettacolo appena visto.
Chi ha poco tempo invece, va alla tavola calda: i piatti sono di numero limitato, ma già pronti, il servizio è semplice e si può mangiare o al tavolo, o al banco, o in piedi.
Ma l'ultima novità sono i ristoranti fast-food che piacciono soprattutto ai ragazzini, che vanno pazzi per il «modello America», fatto di patatine, hamburger, coca-cola e gelati.
Mancanza di tempo, aumento dei prezzi, desiderio di essere alla moda: ecco i motivi del successo di questi nuovi locali. Ma fino a che punto gli italiani sono pronti a cambiare le loro abitudini?

ESERCIZIO 6   È VERO?

Dite quali frasi sono giuste e quali no.

In una trattoria:
a) i piatti sono raffinati.
b) in cucina c'è di solito la moglie del proprietario.
c) ci sono le specialità della casa e i piatti regionali.

In una pizzeria:
d) si spende molto.
e) gli amici passano insieme la serata.
f) si può andare a mangiare dopo uno spettacolo.

In una tavola calda:
g) va chi ha molto tempo.
h) i piatti non sono ancora pronti.
i) si può mangiare al tavolo.

In un ristorante fast-food:
l) ci sono molti ragazzi.
m) si può mangiare un piatto di spaghetti.
n) non c'è gelato.

ESERCIZIO 7 PER LA CONVERSAZIONE

1. Quando siete in Italia, in quale locale preferite mangiare e perché?
2. Come trovate la cucina italiana? Che cosa preferite e che cosa non vi piace?
3. Secondo voi, perché hanno successo la tavola calda e il ristorante fast-food?
4. Quali tipi di locali ci sono in Germania?
5. Hanno successo i locali italiani in Germania?

ESERCIZIO 8 IL LOCALE IDEALE

Qual è il vostro locale ideale . . . ?

- per festeggiare un compleanno con gli amici
- per invitare la moglie/la ragazza
- per mangiare con tutta la famiglia
- per mangiare qualcosa prima della partenza del treno
- per parlare un po' con gli amici dopo il cinema

LEZIONE 13

A1 IN BANCA

~ Vorrei cambiare 300 marchi.
≈ Ha un documento d'identità, per favore?
~ Sì, eccolo. Quant'è il cambio oggi?
≈ 567 lire. Si accomodi pure alla cassa.

banconote

monete

ESERCIZIO 1   ECCOLO, ECCOLA...

a) *Mettete in ordine e fate dei minidialoghi.*

Esempio: ~ La patente, prego.
≈ Eccola.

1. Lo scontrino, per favore.
2. Ha 200 lire, signora?
3. Il passaporto, prego.
4. Hai già comprato i biglietti?
5. Dov'è la chiave della macchina?
6. Biglietto, prego.

A. Eccolo.
B. Sì, eccoli.
C. Eccola.
D. Sì, eccole.

b) *Dove sono le persone che parlano?*

1. Al bar/Al deposito bagagli...   *Continuate.*

Giacchetta celeste pastello su camicetta di seta a motivo geometrico. Gonna all'altezza del ginocchio. Borsetta e baschetto di color marrone.

Cappotto di lana e pantaloni di velluto a coste. Sciarpa giallo senape. Cintura di cuoio chiaro e scarpe sportive.

Completo spezzato con giacca a righe verticali e gonna in tinta unita. Camicetta di cotone a righe sottili. Giaccone a quadri. Calze marrone scuro e cappello tipo Borsalino.

bianco — nero — grigio — marrone — arancione — rosso — rosa — viola — blu — azzurro — celeste — verde chiaro — verde scuro — giallo

scozzese — a righe — a quadri — in tinta unita

A₃

Cliente:	Vorrei provare la gonna da 40.000 lire che è in vetrina.
Commessa:	Che taglia ha?
Cliente:	La 42.
Commessa:	Eccola. La provi pure.
Cliente:	Mi sembra un po' stretta e poi è troppo corta. Mi faccia provare la taglia più grande.
Commessa:	Mi dispiace, ma non c'è più. Se vuole vedere un altro modello ...
Cliente:	No, grazie, non importa.

ESERCIZIO 2   IN UN NEGOZIO

~ Vorrei provare la gonna da 40.000 lire che è in vetrina.
≈ Eccola, la provi pure.
Guardate la vetrina e fate il dialogo.

~ Vorrei provare il vestito a righe che è in vetrina.
≈ Eccolo, lo provi pure.

ESERCIZIO 3   UN OSPITE

Sie bekommen Besuch von einem/einer italienischen Bekannten und Sie bitten Ihren Kursleiter und die anderen Kursteilnehmer um Rat.
Formulieren Sie die Antworten und verwenden Sie dabei den Imperativ und die Personalpronomen wie im Beispiel.

Gli/Le prepari qualcosa di buono.

13 A₄

~ Ti piace questo maglione?
≈ Sì, ma è troppo lungo, quello rosso ti sta meglio. E con i pantaloni che hai va benissimo.
~ Davvero? Allora prendo quello. Quanto viene?
≈ 30.000 lire.
~ Mi fa un po' di sconto?
≈ Ma sì, facciamo 28.000.

| Ti piace questo maglione? | Sì, ma quello rosso ti sta meglio. |
| Ti piacciono questi pantaloni? | No, preferisco quelli neri. |

ESERCIZIO 4 QUESTO O QUELLO?

~ Ti piace questo impermeabile?
≈ Sì, ma quello nero ti sta meglio./ No, preferisco quello nero.

Continuate.

A5

~ Guarda quei sandali come sono belli!
≈ Sì, perché non li provi?
~ È proprio il mio numero. Come mi stanno?
≈ Bene e poi costano poco.
~ Non mi bastano i soldi. Mi puoi prestare 10.000 lire?
≈ Ma certo.

Guarda	quei sandali	come sono	belli!
	quelle calze		belle!
	quel maglione	com'è	bello!
	quella borsa		bella!

ESERCIZIO 5   ERIKA ED IO

Completate con: quel, quella, quelle, quello.

~ Erika, guarda . . . negozio, è nuovo. Andiamo a vedere se c'è qualcosa di bello.
≈ Sì. Guarda . . . sciarpa di lana, com'è carina!
~ E . . . calze colorate!!! . . . rosse mi piacciono proprio.
≈ Perché non le compri? Con il vestito che abbiamo comprato insieme vanno benissimo.
~ Ah sì, . . . grigio. Vieni, chiediamo quanto costano.

ESERCIZIO 6   CERCATE LA PAROLA CHE NON VA.

passaporto – documento – libro patente	sciarpa – cotone – seta – lana	a righe – a quadri – genuino – scozzese
cambiare – leggere – spendere – risparmiare	scarpe – cravatta – cintura cappello	lungo – stretto – sicuro – corto

A₆ IN UN NEGOZIO DI CALZATURE

~ Cerco un paio di scarpe nere, sportive.
≈ Che numero porta?
~ Il 42.
≈ Questo modello Le piace?
~ Non tanto. Mi faccia vedere qualcos'altro.
. . .
≈ Come vanno?
~ Queste sono comode, ma quelle mi piacciono di più. Sono indeciso . . . Ci penso.

Le piace questo modello?

Sì, è proprio bello.
Non tanto. Mi faccia vedere qualcos'altro.
Mi sembra troppo elegante.
Sì, ma quello mi piace di più.

ESERCIZIO 7   IL CLIENTE DIFFICILE

In un negozio di abbigliamento Lei prova una giacca ma non è proprio quella che cerca.
Fate il dialogo con il commesso.

I Suoi argomenti: Gli argomenti del commesso:

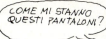

A₇

~ Oggi pomeriggio sono andata in città a fare spese.
≈ Fammi vedere che cosa hai comprato!
~ Questi pantaloni.
≈ Belli! Provali! Voglio vedere come ti stanno.

Come mi	sta questo vestito?		Bene,	prendilo!
	stanno queste scarpe?			comprale!

ESERCIZIO 8   FAMMI VEDERE!

Completate con l'imperativo e i pronomi, dove sono necessari, e poi fate il dialogo.
(dire, fare, guardare, provare, prendere)

Stefania
~ Hai trovato qualcosa di bello in città? →
~ _Fammi_ vedere che cosa hai comprato!

~ Un abito da sera! Che eleganza!
  Ma _____, quanto ti è costato?

~ Così poco? Ti dispiace, se lo provo?

~ Allora lo compro anch'io.

Giuliana
≈ Sì, e non ho speso tanto!
≈ _____! Ti piace?

≈ 65.000 lire, però è un saldo.

≈ No, no, _____ pure.
  Sai che ti sta proprio bene?

≈ Sì, però _____ di un altro colore.

ESERCIZIO 9   CHE FARE?

Es. ~ Luigino, dove possiamo comprare la frutta, in un negozio o al mercato?
     ≈ Compratela al mercato.

~ Ragazzi, che cosa regaliamo al babbo: una cravatta o una sciarpa?
≈ Regaliamogli una sciarpa.

Continuate.
1. Roberto, cambiamo i soldi in albergo o in banca?
2. Signora, cosa Le porto come aperitivo?
3. Ragazzi, quando vi dobbiamo telefonare?
4. Carlo, quando posso invitare le mie amiche a cena?
5. Lascio le scarpe nella scatola o le metto in una borsa di plastica, signora?
6. Franco, che cosa possiamo regalare ai tuoi figli, dei libri o dei soldi?

CON LA SCIARPA AL COLLO TI RICONOSCO

Di lana, di cachemire o di seta è diventata un motivo ornamentale. Molto richiesta è quella lunga due metri.

Intervista al direttore di un negozio di moda

~ Lei è direttore di un negozio così elegante: Che cosa ci può dire del Suo lavoro? Quali sono i Suoi problemi?
≈ Mi piace perché sono a contatto con la gente, non vorrei certo stare tutto il giorno in un ufficio. Ma i problemi non mancano. Bisogna prevedere il gusto del pubblico e offrire sempre cose che piacciono. E poi non basta saper vendere, bisogna accontentare il cliente. Se il cliente non è contento, non ritorna più.
~ Parliamo un po' dei Suoi clienti. Chi frequenta questo negozio?
≈ Soprattutto uomini, perché vendiamo roba da uomo. Ma anche le donne non mancano. In genere vogliono fare un regalo al ragazzo, al marito, al figlio.
~ Bene. Ma che tipo di gente è?
≈ La più diversa. Sa... la moda oggi è alla portata non dico di tutti, ma di tanti...
~ Mah... vedo il prezzo di questo cappotto...
≈ Il cappotto o l'abito firmato sono ancora capi esclusivi, ma gli accessori ormai li possono comprare tutti. Pensi che l'anno scorso abbiamo venduto 2500 sciarpe da uomo. Sa, la sciarpa ha avuto un grande ritorno.
~ E allora parliamo di sciarpe: Che cosa va di moda?
≈ Lei sa benissimo che «l'uomo nuovo» è colorato. Quindi la sciarpa può essere lunga anche due metri o corta... non importa, ma si deve vedere. I colori che vanno forte sono il verde, il viola, il giallo, il turchese. Oggi è possibile riconoscere un uomo dal tipo di sciarpa che porta.
~ Davvero? Mi faccia degli esempi.
≈ I laureati in legge portano la sciarpa scozzese. Gli architetti la portano a righe dai colori molto forti, per esempio giallo e blu. I poeti invece la portano vecchia e sciupata.
~ Interessante. E chi la porta in tinta unita?
≈ I timidi.
~ Insomma, secondo Lei, anche chi crede di essere originale in realtà segue dei cliché. È così?
≈ Sì, io la penso così. Oggi i cliché sono diversi da quelli di una volta, ma sono sempre cliché. Ma in fondo, scusi, che cosa c'è di male?

ESERCIZIO 10   CHE COSA È FALSO?

Im folgenden Text stimmen einige Aussagen mit dem Interview nicht überein. Welche?

Parla il direttore di un negozio di moda:
Mi piace il mio lavoro, ma vorrei stare più volentieri in un ufficio perché qui in negozio ci sono molti problemi. Non è necessario prevedere il gusto del pubblico, ma bisogna accontentare il cliente. Se il cliente è contento, ritorna. In questo negozio vengono le donne a comprare regali.
Quest'anno, per la prima volta, va di moda la sciarpa, che deve essere nera, solo i poeti la portano colorata.
Ma oggi, chi è veramente originale, non segue cliché!

ESERCIZIO 11   DOMANDE SUL TESTO

1. È contento del suo lavoro il direttore? Perché?
2. Quali sono i suoi problemi?
3. Come mai è possibile riconoscere un uomo dalla sciarpa?
4. Chi compra in questo negozio di moda?
5. Che cosa vuol dire «seguire dei cliché»?

ESERCIZIO 12   LA SCIARPA AL COLLO

Avete comprato delle sciarpe e degli scialli. Dite a chi li regalate (tipi di persone, parenti, amici) e perché.

ESERCIZIO 13   PER LA CONVERSAZIONE

1. Lei porta la sciarpa? Perché?
2. Lei ha i Suoi colori preferiti, o segue la moda?
3. Dove compra gli accessori? Perché?
4. In Italia si segue molto la moda, e in Germania?

ESERCIZIO 14   TU SEGUI LA MODA?

Due amiche, Anna e Adriana hanno idee diverse sulla moda:

Anna	Adriana
– segue la moda perché le piace – passa volentieri il tempo nei negozi – per lei una persona che segue la moda ha più successo – va con i tempi ...	– preferisce spendere i soldi per altre cose – non ha molto tempo – per lei la moda non è importante per avere successo – anche se non segue la moda non si sente fuori dal tempo ...

Adriana: Tu segui la moda?

Anna: _____

Ricostruite il dialogo.

ESERCIZIO 15   CLICHÉ

1. «Per andare a teatro bisogna mettersi un abito elegante».
2. «Con la suocera è difficile andare d'accordo».
3. «Gli italiani hanno molto temperamento, i tedeschi invece sono freddi».
4. «In Italia fa sempre caldo».

C'è qualcosa di vero in questi cliché? Dite la vostra opinione.

LEZIONE 14

LA BAMBOLA DI CREPEREIA

Crepereia, una bambina morta quasi 2000 anni fa per una malattia sconosciuta, ci ha lasciato una bambola meravigliosa.

La bambola d'avorio è alta ventitré centimetri, ha un corpo ben proporzionato e gambe e braccia snodabili.

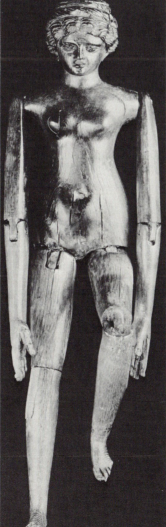

Il viso è di un ovale classico, gli occhi, il naso e la bocca sono espressivi e ben caratterizzati.

I capelli sono raccolti in un'acconciatura alla moda dell'imperatrice Faustina e coprono quasi interamente gli orecchi.

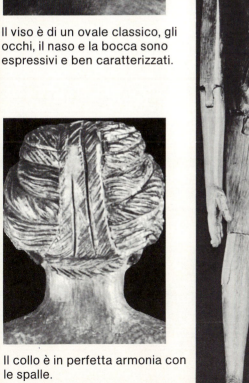

Il collo è in perfetta armonia con le spalle.

Nel pollice della mano sinistra ha un anello con scritto un nome: Filetus; probabilmente il fidanzato di Crepereia.

A₂

Cliente: Vorrei qualcosa contro il raffreddore.
Farmacista: Prenda queste pastiglie: una ogni sei ore.
Cliente: Queste le ho già prese. Non ha qualcosa di più forte?
Farmacista: Sì, ma ci vuole la ricetta medica.

Prenda	queste pastiglie.
	questo sciroppo.

Queste le ho già prese.
Questo l'ho già preso.

A₃

Anche le medicine possono essere dannose alla salute. Prima di prenderle consultate il vostro medico di fiducia.

ESERCIZIO 1 IN VIA GARIBALDI

In una casa di via Garibaldi alle 9 di sera.

Completate le risposte con i pronomi personali e mettete i verbi nella forma appropriata.

ESERCIZIO 2 QUESTO L'HO GIÀ VISTO.

~ Anna, perché non andiamo a vedere questo film?
≈ Questo l'ho già visto.

~ Carlo, hai già letto questi libri?
≈ No, questi non li ho ancora letti.

Continuate.
1. Franca, perché non prendi queste capsule contro il raffreddore?
2. Avete già visto questa commedia di Pirandello?
3. Hai già sentito questi dischi?
4. Signora, perché non prova anche questo modello?
5. Se non sai che cosa fare, perché non leggi questa rivista?
6. Signora, ha già provato questo tè?

A₄

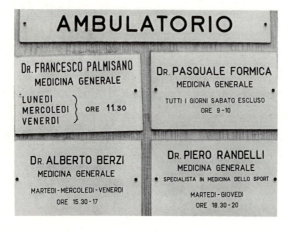

~ Pronto, signorina, c'è il dottore?
≈ Mi dispiace, il dottore adesso non c'è: è all'ospedale.
~ Avrei bisogno di una visita. Mi può dare un appuntamento?
≈ Domani pomeriggio alle 16, Le andrebbe bene?
~ Sì, benissimo, grazie.

Avrei bisogno di una visita.

Mi può dare un appuntamento?

Potrebbe venire alle 11?

Le andrebbe bene domani alle 16?

ESERCIZIO 3   CHE COSA FAREBBE AL POSTO MIO?

~ Per essere meno nervoso, che cosa faresti?
≈ Io prenderei una camomilla.

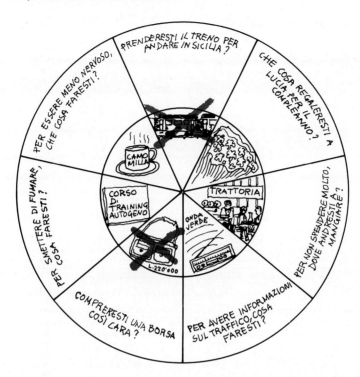

ESERCIZIO 4   IDEE DIVERSE

Mio marito ed io abbiamo deciso di comprare una macchina nuova. Io comprerei una macchina comoda e pratica, mio marito invece preferirebbe una macchina sportiva e veloce.

Continuate.

1. Mia figlia tra un mese si sposa.
   Io . . .   lei invece . . .

2. Stasera mio figlio . . .   io invece . . .

3. Quest'estate io . . .

   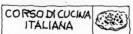 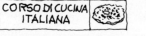

   la mia amica invece . . .

4. Domenica prossima mia moglie . . .   io invece . . .

DAL MEDICO

~ Che cosa si sente?
≈ Mi fa male la gola, ho la tosse e un po' di febbre.
~ Vediamo... apra la bocca...
Adesso si spogli... respiri a lungo... tossisca!
≈ Che cosa ho, dottore?
~ È solo una leggera bronchite e la gola è un po' infiammata. Le prescrivo delle capsule.
≈ Quante ne devo prendere?
~ Tre al giorno, dopo i pasti.

Le prescrivo	delle capsule.
	uno sciroppo.

Quante ne devo prendere?
Quanto ne devo prendere?

ESERCIZIO 5 CHE COSA TI HA ORDINATO IL MEDICO?

~ Che cosa ti ha ordinato il medico?
≈ Delle compresse.
~ Quante ne devi prendere?
≈ Due al giorno.

libexin® mucolitico

INDICAZIONI
Tosse di origine bronchiale associata ad alterazioni quali-quantitative del secreto endobronchiale. Bronchiti, tracheo-bronchiti spastiche, bronchiettasie, broncorrea, enfisema. Malattie tossigene dell'infanzia e prevenzione delle loro complicazioni bronchiali.

POSOLOGIA
Compresse:
Adulti: 1-2 compresse 3-4 volte al giorno.
Bambini: dose dimezzata.

FOTOFIL COLLIRIO

INDICAZIONI
Esso è indicato in tutte le forme di congiuntivite, nelle blefariti ulcerose e squamose, nelle ferite ed ulcerazioni corneali, nelle causticazioni della congiuntiva e della cornea.

POSOLOGIA
Instillare nell'occhio una o due gocce due o tre volte al giorno salvo diversa prescrizione medica.

MAGNESIA BISURATA AROMATIC

INDICAZIONI - La Magnesia Bisurata Aromatic è indicata per il sollievo dei bruciori, dei rinvii e dei disturbi digestivi dovuti ad un eccesso di acido. Fin dalla prima dose si ottiene un sollievo notevole e la digestione viene migliorata.
USO E DOSI - Una pastiglia da sciogliersi lentamente in bocca dopo i pasti ed ogni volta che si avverte dolore. Se occorre si ripete dopo un quarto d'ora. Non superare le dosi consigliate.

10 compresse

INDICAZIONI
Stati dolorosi di ogni genere (come ad esempio mal di testa, mal di denti, torcicollo, dolori articolari e lombosacrali, dolori mestruali, piccoli interventi chirurgici). Nella terapia sintomatica delle malattie febbrili e da raffreddamento (influenza e raffreddore).

POSOLOGIA
1 compressa da ripetersi, se necessario, 3-4 volte al di. Non superare le dosi consigliate.

A6

~ Paolo in questi giorni non sta bene.
≈ Si vede . . . ma come mai?
~ Non lo so, non mangia. Lo vorrei portare dal dottore . . . mi può consigliare un bravo pediatra?
≈ Mi dispiace, ma non conosco nessuno qui. Provi a chiedere in farmacia. Loro lo sanno senz'altro.

Hai qualcosa contro	la tosse?
	il mal di testa?
Mi può consigliare un bravo	pediatra?
	dentista?

| No, purtroppo | non ho niente. |
| | non conosco nessuno. |

ESERCIZIO 6   UNA MADRE PREOCCUPATA

Completate le frasi con „niente", „nessuno" e con le preposizioni, dove sono necessarie.

Mio figlio, da una settimana,
non vuole vedere . . .
non racconta . . .
non legge . . .
non si occupa . . .
non telefona . . .
e litiga con tutti.
Forse è malato.

ESERCIZIO 7   UNA RISPOSTA NEGATIVA

Completate le risposte.

Esempio: Le posso offrire un aperitivo?   – No, grazie, non prendo niente.

1. Conosce qualcuno in questa città?   – No, . . . (conoscere)
2. Devo comprare qualcosa?   – No, grazie, . . . (avere bisogno)
3. È venuto qualcuno stamattina?   – No, . . . (venire)
4. Che cosa hai fatto domenica?   – . . . (fare)
5. Avete incontrato qualcuno ieri sera?   – No, . . . (incontrare)
6. È successo qualcosa?   – No, . . . (succedere)

Addio, sigaretta!

~ Anche Lei è qui per smettere di fumare?
≈ Sì, ho sentito parlare di questo corso e mi sono detto: proviamo un po', forse è la volta buona.
~ Quante sigarette fuma al giorno?
≈ Eh, perlomeno 50. E Lei?
~ Adesso ne fumo 5. Ma anch'io sono stato schiavo delle sigarette per tanti anni: la prima al mattino appena sveglio, e l'ultima la sera a letto. Insomma due o tre pacchetti al giorno.
≈ E in quanto tempo è arrivato a 5?
~ In due mesi, ma spero di smettere del tutto.
≈ Accidenti! Però è un bel risultato! Io ho già provato un paio di volte da solo, ma senza successo.
~ Ci vuole volontà! Senza volontà questo corso non serve a niente.
≈ Io credo di avere abbastanza volontà, ma ho anche bisogno di aiuto. In gruppo è meglio: se gli altri hanno successo, perché non lo dovrei avere anch'io?
~ Giusto. Anch'io ho scelto i corsi della Lega perché qui si pratica la psicoterapia di gruppo. Ho sentito parlare anche di altri modi per smettere di fumare: l'agopuntura, l'ipnosi, il training autogeno, ma ... non so ... non mi danno molta fiducia.
≈ E come mai Lei ha deciso di smettere?
~ Prima di tutto per motivi di salute. Si sente continuamente ripetere che il fumo fa venire il cancro ai polmoni e poi ho dei bambini piccoli ... C'è anche un motivo economico: due o tre pacchetti di sigarette al giorno, a fine mese, fanno un bel po' di soldi! E Lei, come mai è qui?
≈ Più o meno per gli stessi motivi, anche se io non ho figli. Nel mio gruppo di amici poi non fuma quasi più nessuno. Anche quando partecipo a incontri di affari, molte volte, sono l'unico ad accendere la sigaretta.
~ Eh sì, è una cosa che dà fastidio, soprattutto per come ti guardano ...
≈ Proprio così. Fumare, oggi, è completamente fuori moda. Altro che simbolo di virilità e personalità come una volta!

ESERCIZIO 8   DIALOGO FRA AMICI

Francesco incontra il suo amico Pietro e gli racconta che non fuma quasi più. Pietro invece fuma ancora, e molto.

Übernehmen Sie die Rolle von Pietro und vervollständigen Sie den Dialog.

	F.: Lo sai che ho quasi smesso di fumare?
Sie wollen wissen, wie er das geschafft hat.	P.: _____
	F.: Faccio un corso dove si pratica la terapia di gruppo.
Sie sagen ihm, daß Sie von dieser und von anderen Therapien gehört haben, aber ...	P.: _____
	F.: Perché non provi anche tu? Forse è la volta buona.
Sie räumen ein, daß Sie mit dem Rauchen aufhören sollten, aus mehreren Gründen ...	P.: _____
	F.: Allora, andiamo insieme?
Sie sagen ja, aber zuerst ... möchten Sie noch eine Zigarette rauchen!	P.: _____

ESERCIZIO 9   CHE COSA SIGNIFICA?

1. Tanto fumo e poco arrosto.

2. È solo fumo negli occhi.

3. Il progetto è andato in fumo.

4. Bacco, tabacco e Venere riducono l'uomo in cenere.

   a) Abitudini che possono danneggiare la salute.
   b) Molte parole, ma niente di concreto.
   c) Far credere cose non vere.
   d) Una cosa non si è realizzata.

ESERCIZIO 10 CHI SONO E DOVE SONO LE PERSONE?

Ascoltate i dialoghi e scegliete la risposta giusta.

a) Un paziente e la segretaria del medico in ambulatorio.
b) Due fumatori al corso.
c) Un farmacista e un cliente in farmacia.
d) Moglie e marito in casa.

ESERCIZIO 11 CHI È?

- Una persona che ha smesso di fumare, *oppure*
- una persona che ha bisogno d'amore, *oppure*
- una persona che si è fatta male al dito.
- ...

Continuate.

1.

2.

3.

4.

ESERCIZIO 12 PER LA CONVERSAZIONE

1. Volete aiutare un amico a smettere di fumare: quali consigli gli date?
2. Avete mai provato, voi o un vostro amico, a smettere di fumare? Quali sono stati i risultati?
3. Se vi sentite sotto stress, che cosa fate?
4. Che cosa pensate delle cure dimagranti?

LEZIONE 15

A₁

AFFITTASI

bella camera ammobiliata, zona centro, uso servizi, periodi brevi. L. 200.000 mensili.

- ~ Ecco, questa è la camera. Come vede è grande, ben arredata, ha un bel balcone ed è a due passi dal centro.
- ≈ Quant'è l'affitto al mese?
- ~ 200.000 lire, compreso riscaldamento, luce e acqua.
- ≈ Posso usare la cucina?
- ~ Naturalmente.
- ≈ Benissimo. È proprio una bella camera! La prendo.

	proprio	
È		una bella camera!
		un bell' appartamento!
Sono		delle belle tende!
		dei bei quadri!

ESERCIZIO 1   HO TROVATO CASA!

Fate delle frasi con i sostantivi e gli aggettivi.

camera - casa - servizi - cucina - via - strada
appartamento - villa - balcone - posto - zona

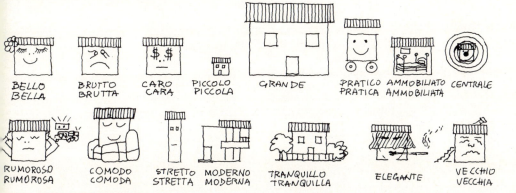

Es.: Ho trovato una bella casa grande in una zona tranquilla.

A₂

~ La casa, come vede, è quasi finita. Ormai c'è tutto: finestre, porte, pavimenti; davanti e dietro è previsto il giardino . . .
≈ Possiamo vedere l'interno?
~ Ma certo, prego, venga!

primo piano

scale

pianterreno

cantina

A₃

~ Ecco, qui c'è la cucina, lì, a sinistra, il soggiorno con l'angolo pranzo . . .
≈ Quella porta là, in fondo, dove dà?
~ Sul giardino. Lì, a destra, poi c'è un bagno e sopra ci sono le camere da letto e un altro bagno.
≈ Bene, ma io avrei bisogno anche di uno studio.
~ Guardi, sotto, accanto alla cantina c'è una stanza. Lo potrebbe fare lì.

Dov'è previsto	il soggiorno il bagno lo studio il garage il giardino	?	Là, in fondo. Sopra, al primo piano. Sotto, accanto alla cantina. Davanti alla casa. Dietro la casa.

ESERCIZIO 2 CHE CONFUSIONE!

A casa nostra ci sono stati i ladri. Guardate come hanno lasciato la camera! La lampada è nell'armadio, ... *Continuate.*

(Usate le preposizioni su, sotto, in, dietro, davanti a)

TI ODIO CITTÀ

Aumenta il numero degli italiani che lasciano le città per andare a vivere in campagna. Chi sceglie la campagna ama la vita semplice: si alza all'alba e va a letto alle nove di sera. Non si interessa molto di politica perché tutti i partiti ormai sono uguali. Guarda la TV solo per sentire che cosa dicono quei ladri di Roma.

(Adattato da: l'Espresso 3. 10. 82)

ESERCIZIO 3   CHE O CHI?

Completate.

1. . . . cerca casa oggi, non sempre la trova.
2. Le persone . . . ti ho presentato ieri, desiderano rivederti.
3. Non trovo più il libro . . . mi hai prestato.
4. . . . preferisce la vita tranquilla, va a vivere in campagna.
5. Com'è l'appartamento . . . hai comprato?

ESERCIZIO 4   VIVERE IN CAMPAGNA

Avete idee diverse sulla vita in campagna.
Leggete i pro e i contro e poi fate il dialogo.

Pro
- In campagna c'è tranquillità
- la vita è semplice
- non c'è traffico, l'aria è pulita
- i prodotti sono genuini
. . .

Contro
- Si vive lontano da tutti, anche dagli amici
- la sera non si può fare niente
- bisogna perdere molto tempo per andare a lavorare
- ci sono pochi negozi per fare la spesa
. . .

ABITARE

A5 DOVE VORRESTE ABITARE?

Vorrei comprarmi una casa in collina, possibilmente vicino ad Urbino, con una bella terrazza e un po' di terra intorno.

Vorrei abitare in città, in un quartiere vicino al centro. Così potrei uscire quando voglio, andare alle mostre, alle manifestazioni ... Gli appartamenti, però, hanno dei prezzi incredibili!

Vorremmo comprarci un appartamento in periferia, lontano dai rumori della città. Ci piacerebbe in una zona comoda e con un po' di verde.

Dove | vorrebbe / vorreste | abitare **?**

Vorrei abitare vicino al centro.
Vorremmo comprarci un appartamento in periferia.
Ci piacerebbe avere una casa in campagna.

ESERCIZIO 5   LA CASA IDEALE

Che tipo di casa vorrebbe comprarsi?
E la sua famiglia?

ESERCIZIO 6   COMPLETATE

Completate le frasi con i verbi e i pronomi necessari.

Esempio: Ho deciso di comprarmi (comprarsi) una casa in montagna.

1. Se andate in montagna, dovete ... (portarsi) un maglione.
2. È da molto tempo che non li vediamo. Proviamo a ... (telefonare) stasera.
3. Se vuoi venire con noi, devi ... (alzarsi) presto.
4. Rosanna ha già tanti dischi, ma vorrebbe ... (avere) di più.
5. Oggi è il compleanno di Giancarlo e ci piacerebbe ... (fare) un regalo.
6. Signorina, vorrei telefonare a Potenza, può ... (dire) il prefisso?
7. Se venite anche voi al cinema, possiamo ... (incontrarsi) in Piazza Dante alle 8.
8. Il pane non basta. Bisogna ... (comprare) ancora un po'.

**CRISI DEGLI ALLOGGI
E GIOVANI COPPIE**

Sono una ragazza di 25 anni, insegnante, e in primavera dovrei sposarmi. Il mio problema è quello di tante giovani coppie e cioè la mancanza di un alloggio: non si trovano appartamenti in affitto e i pochi disponibili sono cari. Bisognerebbe comprare, ma all'inizio non si hanno molti soldi. I miei futuri suoceri hanno un appartamento abbastanza grande e sarebbero disposti a darci una stanza. Il mio ragazzo è d'accordo, io invece ho qualche dubbio.

Oggi non si	trova	facilmente un appartamento in centro.
	trovano	appartamenti in affitto.

ESERCIZIO 7   COME SI FA?

Cercate i verbi che mancano e completate.

Esempio: Se si hanno pochi soldi *si cerca* di risparmiare.

1. Se si hanno pochi soldi,   ...   le vacanze a casa.
2. Se si abita in periferia,   ...   la spesa al supermercato.
3. Se si è senza macchina,   ...   i mezzi pubblici.
4. Se si preferisce la tranquillità, ...   in campagna.
5. Se si ama la buona cucina,   ...   solo prodotti genuini.
6. Se si vuole vivere a lungo,   ...   molta verdura.

MILANO, ECCEZIONALE VERAMENTE?

Commercianti, professionisti, scienziati, industriali, banchieri e finanzieri che lavorano 12–14 ore al giorno. Tram, autobus e metropolitane che funzionano. Teatri, conferenze, mostre d'arte, cinema, sfilate di moda, manifestazioni popolari. Questa è Milano per chi la guarda da lontano, ma chi abita in questa città dà giudizi più emotivi:
Brutta, sporca, trascurata, inefficiente. Per Camilla Cederna sembra una Teheran con qualche ayatollah in meno e qualche grattacielo in più. Bella, bellissima, pulita, efficiente, sicura, un misto di Stoccolma e di Bologna, polemizza Giorgio Bocca.

ROMA: CHI ARRIVA NON VA PIÙ VIA

Nella città eterna tutto è „più": l'inquinamento e il rumore, la povertà e la ricchezza, la speculazione e il divertimento.
Qui può succedere di tutto e si possono vedere cose incredibili ad ogni angolo di strada. In questa città non ti senti mai solo perché c'è sempre qualcuno, il giornalaio, il barista, che parla con te, ma nello stesso tempo sei libero di fare quello che vuoi perché Roma è veramente democratica: una città internazionale aperta a tutti e dove tutti si sentono come a casa loro. Chi arriva a Roma non va più via perché al mondo non esiste città più bella.

NAPOLI, POVERTÀ E RICCHEZZA

È una città in crisi che deve risolvere problemi vecchi e nuovi, ma è anche una città di grandi ricchezze uguali a quelle di Milano e Roma. Via Filangeri, via Calabritto, via Chiaia sono il cuore di Napoli: qui signore eleganti entrano ed escono dai piccoli, raffinati negozi dove è possibile comprare le cose più esclusive. Ma dietro queste strade di lusso ecco i vicoli sporchi dove abitano i contrabbandieri, le prostitute e la gente che fa mille lavori per sopravvivere.
Questa è Napoli: una città dove povertà e ricchezza vivono accanto con indifferenza.

ESERCIZIO 8   QUAL È LA RISPOSTA GIUSTA?

Una sfilata di moda è
- a) un modo di mettersi in fila.
- b) una presentazione di vestiti.
- c) una fila di nuovi modelli di macchine.

Una manifestazione popolare è
- a) una riunione pubblica di persone.
- b) una mostra di lavori fatti a mano.
- c) una festa molto famosa.

Un grattacielo è
- a) una torre color grigio-blu.
- b) una grotta azzurra.
- c) una casa a molti piani.

La povertà è
- a) la mancanza di mezzi per vivere.
- b) un periodo della vita.
- c) una malattia.

Il giornalaio è
- a) una persona che scrive per un giornale.
- b) una persona che vende giornali.
- c) un negozio di giornali.

Un vicolo è
- a) un appartamento.
- b) una strada lunghissima.
- c) una piccola strada.

Una prostituta è
- a) una donna che protesta.
- b) una donna che vende amore.
- c) una donna che presta soldi.

Sopravvivere significa
- a) vivere in un grattacielo.
- b) vivere bene.
- c) continuare a vivere.

ESERCIZIO 9   LA VOSTRA OPINIONE

1. In quale delle tre città vi piacerebbe o non vi piacerebbe abitare e perché?
2. Se conoscete queste città o anche solo una di queste, qual è la vostra opinione? Siete d'accordo con quello che avete letto nel testo?
3. Nel testo c'è scritto „... si possono vedere cose incredibili...". Ne avete una conoscenza diretta? Raccontate.
4. Ci sono delle città italiane che vi fanno pensare a città tedesche?

ESERCIZIO 10   LA VOSTRA CITTÀ

Fate una breve descrizione scritta della vostra città (architettura, vita culturale, caratteristiche, problemi, ecc.)

ESERCIZIO 1 — I DESIDERI DEI VACANZIERI

Completate con le forme di tutto e l'articolo.

I vacanzieri sono felici se ... seggiovie funzionano, così possono andare dove vogliono, se ... piste sono aperte, anche quelle nere, se c'è abbastanza neve per ... tempo; se non devono mangiare nello stesso posto ... giorni, se ... sere possono fare qualcosa di diverso e se ... gruppo va d'accordo.

A₂

~ Sei già stato al Parco Nazionale d'Abruzzo?
≈ Sì, ci sono stato l'anno scorso, in inverno. È molto bello.
~ Davvero? Io non ci sono mai stata.
≈ Potremmo andarci insieme quest'anno.

```
Conosci                          No, non ci sono mai stato.
           l'Abruzzo?
Conosce                          Sì, ci sono stato l'anno scorso.
```

ESERCIZIO 2 — È GIÀ STATO A PISA?

~ È già stato a Pisa?
≈ Sì, ci sono andato l'anno scorso.
~ Quanto tempo c'è rimasto?
≈ 2 settimane.

Continuate.

Dove	Quando	Quanto tempo
Pisa	l'anno scorso	2 settimane
Orvieto	l'estate scorsa	3 giorni
Umbria	due anni fa	un mese e mezzo
Roma	in settembre	un paio di giorni
Lago Trasimeno	mai	–
Sardegna	nel 1982	15 giorni

~ La discesa libera è eccezionale!
≈ Sì, però io preferisco il fondo. È più rilassante della discesa. E poi si è più a contatto con la natura.

	più rilassante	
Il fondo è	meno pericoloso	della discesa.

ESERCIZIO 3   IL CALCIO O IL BASKET?

Fate delle frasi con più o meno.

Es. Il calcio è più popolare del basket.

tennis   nuoto   jogging   pattinaggio   judo

golf   windsurf   marcia   sci   boxe

popolare
pericoloso
interessante
rilassante
facile
difficile
monotono
faticoso
brutale

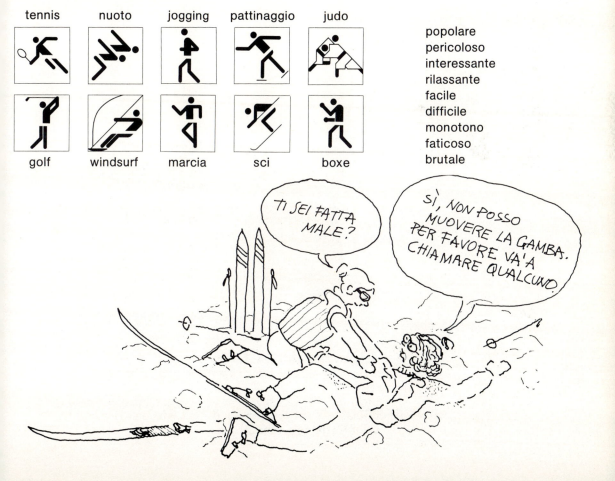

~ Che cosa hai fatto durante le vacanze di Pasqua?
≈ Sono stata qualche giorno al lago di Garda.
~ Ah sì? E dove?
≈ A Gardone. Sai, mi sono anche iscritta a un corso di vela per quest'estate.

Che cosa hai fatto durante le vacanze?
quest'estate?

Sono stato qualche giorno a sciare.
Ho passato qualche settimana al mare.

ESERCIZIO 4 COME SI PASSA IL TEMPO IN VACANZA.

Completate con qualche e qualcuno.

Si fa . . . passeggiat_,
si va a trovare . . . che si conosce,
si visita . . . post_ tipic_.
Poi si passa . . . or_ in discoteca
o si gioca a carte con . . .

A₅ PREVISIONI DEL TEMPO

E la temperatura riprende a diminuire

ESERCIZIO 5 VERO O FALSO?

Che tempo fa in Italia?

          vero   falso

1. Nevica in Toscana ed Emilia al di sopra dei 600 metri.
2. Nebbia sull'Appennino.
3. Nuvoloso in Val Padana.
4. Molto mosso il mar Tirreno.
5. Sereno sulla Sicilia e la Calabria.
6. Piove sulle regioni meridionali.

LE PIACE LO SPORT?

... Le piace lo sport?   A me lo sport piace molto, soprattutto il nuoto. Però dove abito io non ci sono piscine. Così per mantenermi in forma faccio il jogging.

Lei fa dello sport?   Sì, un po'. La domenica vengo qui con lui a giocare a bocce. A volte, quando non fa freddo, andiamo anche in bicicletta.

... e tu?   Io faccio pattinaggio. Mi alleno tutti i giorni. Il mio sogno è di vincere il prossimo campionato.

Che sport preferite?

A me piace il tennis, a lei piace il nuoto.

A noi piace lo sci.

ESERCIZIO 6   UNA PARTITA CON I PRONOMI

Completate le frasi con i pronomi al centrocampo.

1. Passo . . . verso le cinque, prima di andare a giocare a tennis.
2. Siamo andati . . . a fare la vela.
3. . . . il Giro d'Italia è la gara italiana più popolare.

   da te
   a noi
   con loro
   secondo lui
   per me
   senza di lei

4. . . . guardare le gare di sci piace tanto.
5. Oggi Lucia non c'è, dobbiamo giocare . . .
6. Giovanni fa il jogging. . . . aiuta a mantenersi in forma.

ESERCIZIO 7   SECONDO ME . . .

Dite la vostra opinione.

1. Per mantenersi in forma, bisogna andare in piscina ogni mattina.
2. Oggi fare dello sport è un lusso.
3. Lo sport è fatto per gli uomini e non per le donne.
4. Nello sport non esiste fantasia, esistono solo regole.

Il dopo-mondiale in Italia
UN SOGNO DI MEZZA ESTATE

Il trionfo di Madrid ha fatto impazzire di gioia gli italiani, ma il momento magico non è durato a lungo. Presto sono tornati i problemi di tutti i giorni: le tasse sempre più alte, i soldi che non bastano mai, l'inflazione che riprende e così via.

Ciclismo
UN „GIRO" DI MILIARDI

Il Giro d'Italia è un circo a due ruote che dal 1909 attraversa ogni anno l'Italia. Ancora oggi è una delle manifestazioni sportive più popolari del nostro paese. Costa miliardi, ma fa anche incassare miliardi.

Sport/perché si rischia tanto
COM'È BELLO QUESTO SPORT! MI PIACE DA MORIRE

Le competizioni diventano sempre più pericolose e gli atleti pagano a volte con la vita. Ma sono soltanto vittime o anche colpevoli?

Sport/campioni in erba
VINCA IL MINORE

Li scelgono al di sotto dei dieci anni e li trasformano in macchine per vincere. Sono le aspettative dei genitori e i soldi degli sponsor che spingono questi ragazzini a cercare il successo.

Il boom dell'abbigliamento sportivo
VIVERE IN TUTA

Scarpe, tute, pantaloncini da basket, calzettoni da tennis: gli italiani sembrano diventati un esercito di atleti. Vestirsi in tuta non è più un'esclusiva dello sportivo in attività, ma è entrato nella vita di tutti i giorni.

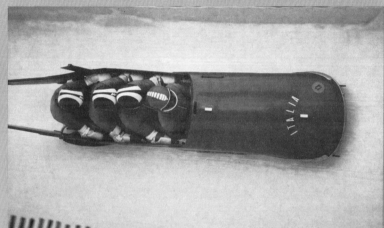

ESERCIZIO 8   SPORT COME...

Ecco cinque titoli. A quali articoli e a quali fotografie si riferiscono?

SPORT COME MAGIA   SPORT COME MODA
SPORT COME PERICOLO
SPORT COME INDUSTRIA   SPORT COME TECNICA

ESERCIZIO 9   DOMANDE SUL TESTO

1. Che cosa è stato un sogno per gli italiani e perché?
2. Quale può essere a volte il prezzo della vittoria? Perché?
3. In che modo gli italiani, secondo il testo, sembrano un esercito di atleti?
4. Secondo voi, perché il Giro d'Italia è un circo a due ruote?
5. Come mai ci sono anche tanti bambini tra i campioni sportivi?

ESERCIZIO 10   DI QUALE SPORT SI PARLA?

Ascoltate e dite di quale/quali sport si parla.

ESERCIZIO 11   CHE COSA DICE?

1. Lei ha due biglietti per la partita di calcio di domenica e vuole invitare una signorina che è nel Suo albergo. Cosa dice?
2. Che cosa chiede ad un Suo amico che è appena ritornato dalla montagna?
3. Alla spiaggia il Suo vicino legge le previsioni del tempo. Se anche per Lei sono interessanti, che cosa gli domanda?
4. A Lei non piace la boxe. Cosa dice ad un amico che La invita ad andare con lui a vedere un incontro di boxe?
5. Cosa risponde a un amico che Le chiede quali sono le possibilità di praticare dello sport in Germania?

A₁

~ Senti, perché non andiamo in collina domenica?
C'è la festa dell'uva.
≈ Mah, non so . . . c'è sempre tanta gente!
~ Sì, però è meglio andare fuori che restare in casa tutto il giorno.
E poi potremmo comprare un po' di frutta e del vino.

È meglio andare	in collina	che	restare in casa.
	a piedi		in macchina.

ESERCIZIO 1   PREFERENZE

È meglio partire subito che aspettare.
Il cinema mi piace di più della televisione.

Fate delle frasi come sopra.

1. andare al ristorante   –   fare da mangiare
2. stare in casa   –   andare fuori
3. la carne   –   il pesce
4. viaggiare di giorno   –   viaggiare di notte
5. la campagna   –   la città
6. alzarsi tardi   –   alzarsi presto
7. i musei   –   le gallerie d'arte moderna

A₂

~ Nonno! Chi sono quelli?
≈ Gli zampognari. Adesso si vedono solo per le strade, ma ai miei tempi, andavano anche di casa in casa, e tutti gli davano da mangiare e da bere.
Mi piaceva tanto sentirli suonare!

> Ai miei tempi gli zampognari andavano di casa in casa.
> Adesso si vedono solo per le strade.

ESERCIZIO 2   QUANDO ERO BAMBINO...

Come festeggiavate il Natale da bambini?

Guardate il disegno e raccontate.

I nonni venivano a casa nostra, il babbo preparava l'albero di Natale, la mamma...

ESERCIZIO 3   LE NONNE DI IERI

1. Come passavano la giornata?
2. Cosa facevano nel loro tempo libero?
3. Come vivevano? (da sole, con i figli, in case grandi, piccole ecc.)
4. Qual era il loro ruolo nella famiglia?

E le nonne di oggi?

Quando a Venezia era sempre carnevale

La tradizione di far festa è antichissima a Venezia. Lo sapevano i viaggiatori di un tempo e lo sanno i turisti d'oggi. Il canale era il centro dei festeggiamenti. Con cortei di barche e di gondole si celebravano le vittorie sui nemici, l'elezione del doge, l'arrivo di ambasciatori e di re.
Oggi la rappresentazione continua. Con le sue feste sull'acqua e il suo carnevale, Venezia è ancora un palcoscenico per il mondo.

LE FESTE IERI E OGGI

Non si può parlare di feste popolari senza guardare al passato, alla storia che c'è dietro quello che noi vediamo oggi. Prendiamo il carnevale: la sua storia è vecchia di secoli. I Romani celebravano il 17 dicembre il dio Saturno. In quel giorno il mondo era capovolto: gli schiavi avevano il diritto di mangiare con i padroni, le case erano aperte a tutti. Per le strade e per le piazze attori improvvisati rappresentavano gli spiriti dei morti: avevano il viso coperto da una maschera e portavano un abito bianco, il colore del lutto. L'anno moriva, così, in un clima di gioia misto ad angoscia.

Anche le feste religiose hanno origini molto antiche. I presepi viventi e le scene della passione di Cristo che noi oggi possiamo vedere in tante parti d'Italia, erano, durante il Medio Evo, la sola forma di teatro possibile.

Dietro le feste storiche c'è sempre una situazione o un personaggio del passato che si vuole fare rivivere. Ecco il ricordo che diventa realtà: Arezzo, grazie alla Giostra del Saracino, vince ogni anno la sua battaglia contro i pirati saraceni che portavano paura e morte lungo le coste dell'Italia. E Assisi, il primo maggio, fa un salto indietro nella storia e torna al Rinascimento; e festeggia come allora l'arrivo della primavera.

Ma quando si parla di feste non bisogna dimenticare le sagre paesane che sono un'occasione per ritrovarsi e divertirsi, e per far conoscere a chi viene da fuori i prodotti locali. Anche se hanno origini e tradizioni diverse, le sagre hanno molti elementi in comune: la gente che arriva dai paesi vicini per vedere e farsi vedere, le bancarelle dove si possono comprare tante cose, i tavoli all'aperto dove si mangia e si beve, le gare a premi, la banda, i fuochi artificiali e il ballo in piazza.

ESERCIZIO 4   CHE COSA È FALSO?

Einige Aussagen stimmen nicht mit den vorangegangenen Texten überein. Welche?

In molte città d'Italia tante feste di oggi hanno una tradizione antica.
Già i Romani festeggiavano il carnevale.
Il 17 dicembre non era un giorno come gli altri: i padroni, per esempio, avevano il diritto di mangiare con gli schiavi e, per le strade, gli spiriti dei morti, vestiti di bianco, il colore della gioia, davano una rappresentazione come attori improvvisati. Non solo il carnevale, ma anche le feste religiose hanno una storia vecchia di secoli: i presepi viventi erano una delle tante forme di teatro del 1200. Ma veniamo ad oggi.
Ad Arezzo ogni anno c'è una giostra dove un Saracino vince la battaglia contro i Turchi.
Ad Assisi, in primavera, si festeggia il Rinascimento con una gara di salti.
Molte poi sono le sagre in città, dove, in un clima di allegria, si provano i prodotti locali, si rivedono gli amici, si conosce gente nuova. Le banche sono aperte e vendono tante cose, c'è sempre una banda che organizza gare a premi e in piazza si balla intorno a fuochi artificiali.

ESERCIZIO 5   E ORA RACCONTATE VOI...

1. Certamente, quando siete stati in vacanza in Italia, avete visto qualche festa popolare: che tipo di festa era?
2. Avete visto anche qualche festa organizzata da partiti politici?
3. Avete notato qualche differenza fra le feste popolari italiane e quelle tedesche? È vero, come dice qualcuno, che l'allegria degli italiani, in queste occasioni, è più spontanea e naturale?
4. In Italia alle feste partecipano anche molti bambini e non solo di giorno, ma anche di sera. Cosa ne pensate?
5. Anche il carnevale è fra le grandi feste dell'anno. Come lo festeggiate voi? Vi piace mascherarvi?

Testblock 1 Nach Lektion 4

Die farbigen Kästchen dienen zur Auswertung Ihres Testergebnisses. Vergleichen Sie Ihre Arbeit mit den Lösungen am Ende des Buches, und tragen Sie für jede übereinstimmende Antwort 1 Punkt in das farbige Kästchen ein.

Testaufgabe 1

Hören Sie folgende Sätze. Achten Sie auf die Satzmelodie und kreuzen Sie an, ob es sich um eine Frage oder Aussage handelt. Die ersten beiden Beispiele sind vorgegeben.

	1.	2.	3.	4.	5.
Frage	X				
Aussage		X			

	6.	7.	8.	9.	10.
Frage					
Aussage					

Summe: ☐

Testaufgabe 2

Sie hören jeweils zwei Lautkombinationen. Ist die Aussprache gleich (=) oder nicht gleich (≠)? Kreuzen Sie an.

	=	≠
1.		
2.		
3.		
4.		

	=	≠
5.		
6.		
7.		
8.		

Summe: ☐

Testaufgabe 3

Sie hören 4 kleine Dialoge mit Zahlen. Kreuzen Sie unter den angegebenen Zahlen die jeweils richtigen an.

1. a) 1500 ☐
   b) 2500 ☐
   c) 2000 ☐

2. a) 02 ☐
   b) 06 ☐
   c) 060 ☐

3. a) 221166 ☐
   b) 22116 ☐
   c) 221176 ☐

4. a) 40.000 ☐
   b) 60.000 ☐
   c) 70.000 ☐

Summe: ☐

Testaufgabe 4

Sie hören 6 verschiedene Fragen. Kreuzen Sie die jeweils dazu passende Antwort an. Trifft keine der vorgeschlagenen Antworten zu, kreuzen Sie d) an.

1. a) Stai bene, grazie. ☐
   b) Sto bene, grazie. ☐
   c) Sta bene, grazie. ☐
   d) Keine Antwort trifft zu. ☐

2. a) Sono a Napoli. ☐
   b) Sono di Napoli. ☐
   c) Abita a Napoli. ☐
   d) Keine Antwort trifft zu. ☐

3. a) Un momento, signore. ☐
   b) Ecco il numero del bar. ☐
   c) No, grazie, non ho sete. ☐
   d) Keine Antwort trifft zu. ☐

4. a) Sì, prendiamo il treno. ☐
   b) Sì, prende un succo di pompelmo. ☐
   c) Sì, prendiamo una pizza. ☐
   d) Keine Antwort trifft zu. ☐

5. a) È all'hotel „Riviera". ☐
   b) Siamo alla pensione „Arena". ☐
   c) Siamo di qui. ☐
   d) Keine Antwort trifft zu. ☐

6. a) È libera. ☐
   b) È vicino al centro. ☐
   c) È grande. ☐
   d) Keine Antwort trifft zu. ☐

Summe: ☐

Testaufgabe 5

Sie hören die Telefonnummern der unten angegebenen Personen. Schreiben Sie die Nummern neben die Adressen der jeweiligen Personen.

Mario Rossi
Via Emanuele Filiberto 33, Roma   Tel. _____

Michele Riboni
Corso Romita 15, Alessandria   Tel. _____

Giovanni Roncaldi
Corso Bolzano 6, Torino   Tel. _____

Carmine Rubiello
Via Pignatelli 27, Napoli   Tel. _____

Summe: ☐

Testaufgabe 6

Kreuzen Sie den in die Lücke passenden Ausdruck an.

1. ..., signora Steni, come sta?
   - Ciao ☐
   - Buongiorno ☐
   - Arrivederci ☐

2. Il signor Micheli è ... Germania per lavoro.
   - di ☐
   - a ☐
   - in ☐

3. Prendiamo ... aperitivo?
   - un' ☐
   - uno ☐
   - un ☐

4. Hai il numero di telefono ... signora Bruni?
   - di ☐
   - della ☐
   - per ☐

5. ..., un cappuccino per favore!
   - Signor cameriere ☐
   - Cameriere ☐
   - Signore ☐

6. Siete ...
   - francese? ☐
   - francesi? ☐
   - straniero? ☐

Summe: ☐

Testaufgabe 7

Sie hören einen kurzen Text zweimal: das erste Mal in normalem Sprechtempo, das zweite Mal zum Mitschreiben. Ergänzen Sie den nachstehenden Lückentext aufgrund des Gehörten.

_____ Globo
Via Cavour 3
Bologna

Avete ancora _____ liberi a Riccione per il mese di _____ ?

Siamo una _____ di quattro persone, due adulti e due bambini

e _____ un appartamento _____ grande, con

garage, in un posto _____ , _____ al mare.

Quanto costa al mese, _____ compreso?

Grazie e Cordiali Saluti

_____ Neri

Summe: ☐

Testblock 2 Nach Lektion 8

Testaufgabe 1

Sie hören 6 kurze Dialoge, die in verschiedenen Situationen spielen. Schreiben Sie die Nummer der Dialoge jeweils neben die richtige Situationsangabe.

All'edicola _____ ☐
Al bar _____ ☐
Al telefono _____ ☐
In autobus _____ ☐
Al supermercato _____ ☐
In salumeria _____ ☐   Summe: ☐

Testaufgabe 2

Sie hören 6 Wörter. Kreuzen Sie die richtige Schreibweise an. Das erste Beispiel ist angegeben.

	1	2	3	4	5	6
ce						
chi						
ghi						
ge	X					
sce						
gi						

Summe: ☐

Testaufgabe 3

*Zeichnen Sie die Uhrzeit, die Sie hören, in die Uhren ein.
Das erste Beispiel ist angegeben.*

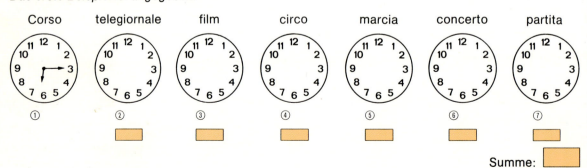

Summe: ☐

Testaufgabe 4

Sie hören 6 verschiedene Fragen. Kreuzen Sie die zwei jeweils möglichen Antworten an.

1. a) In casa ci sono tutti. ☐
   b) Mancano gli spaghetti. ☐
   c) Manca solo lo zucchero. ☐

4. a) È di fronte al supermercato. ☐
   b) Prego. ☐
   c) È lì. ☐

2. a) Sono stata a casa. ☐
   b) Sono andato al cinema. ☐
   c) Ho guardato la televisione. ☐

5. a) No, abita con una sua amica. ☐
   b) Sì, perchè preferisce rimanere libera. ☐
   c) Sì, abita con sua sorella. ☐

3. a) Mi dispiace, non lo so. ☐
   b) Sì, in via Mazzini. ☐
   c) Sì, è lontano. ☐

6. a) Grazie, ma non posso. ☐
   b) Grazie, ma prendo un taxi. ☐
   c) Grazie, ma sono venuta in macchina. ☐

Summe: ☐

Testaufgabe 5

Ergänzen Sie den Text mit den Formen des passato prossimo.

Un sabato diverso.

Oggi la signora Bianchi _____ (passare) un sabato diverso:

suo marito _____ (rimanere) a casa con i bambini e così lei

_____ (avere) un po' di tempo libero. _____ (andare)

in centro a piedi e _____ (fare) una bella passeggiata.

In Corso Vittorio Emanuele _____ (incontrare) la sua amica

Cristina e insieme _____ (guardare) un po' i negozi e poi

_____ (andare) a prendere qualcosa al bar.

Più tardi la signora Bianchi _____ (andare) alla Rinascente e

_____ (comprare) un disco di musica classica per suo marito. Poi

_____ (prendere) la Metropolitana e _____ (tornare)

a casa. Quando _____ (arrivare)

_____ (trovare) la cena già pronta.

Summe: ☐

Testaufgabe 6

Vervollständigen Sie die Sätze mit dem passenden Wort/Ausdruck.

1. In piazza Garibaldi _____ il museo d'Arte Moderna.

2. Quanto _____ le banane al kg?

3. Non sono _____ alla tua festa perché ho dovuto accompagnare mia moglie all'ospedale.

4. In centro i prezzi _____ appartamenti sono molto alti.

5. Franca adesso abita con _____ amica Teresa.

6. Ingegnere, _____ telefono verso le 7.

Summe:

Testaufgabe 7

Lesen Sie den nachstehenden Text.

Lo sai?

Lo sai che gli alberghi famosi sono quasi sempre grandi, cari, e che tu sei solo un numero, la stanza[1] 320? In un albergo piccolo non sei un numero, però ti mancano tante cose[2]: non sempre c'è il telefono in camera, la segretaria parla solo l'italiano, la cucina non è come vuoi tu. Ma non è sempre così. Se cerchi il comfort del grande albergo, ma desideri anche le attenzioni che hai nel piccolo albergo, devi venire al Bellotel. Qui non sei un numero e trovi camerieri gentili, la segretaria che parla anche il tedesco e la cucina che preferisci.

[1] Zimmer – [2] Dinge

Lesen Sie den Text noch einmal und kreuzen Sie an, ob die folgenden Aussagen dem Inhalt des Textes entsprechen.

	Vero	Falso
1. Gli alberghi famosi sono sempre piccoli.	☐	☐
2. In un grande albergo diventi un numero.	☐	☐
3. Anche in un albergo piccolo diventi un numero.	☐	☐
4. I camerieri del Bellotel sono gentili.	☐	☐
5. Al Bellotel mangi bene.	☐	☐
6. Il Bellotel ha 320 camere.	☐	☐
7. Al Bellotel la segretaria non parla solo l'italiano.	☐	☐

Summe:

Testblock 3   Nach Lektion 12

Testaufgabe 1

Sie hören 6 italienische Sätze. Kreuzen Sie den jeweils entsprechenden deutschen Satz an.

1. a) Kommt ihr morgen um 8? Ich warte auf euch!
   b) Kommt morgen um 8! Ich warte auf euch!

2. a) Nimmst du einen Kaffee oder einen Cappuccino?
   b) Nimm einen Kaffee oder einen Cappuccino.

3. a) Schreib mir bitte eine Karte.
   b) Schreiben Sie mir bitte eine Karte.

4. a) In der Stadt fahre ich nicht gern Auto.
   b) In die Stadt fahre ich nicht gern.

5. a) Wohin fährt Roberto dieses Jahr in Urlaub?
   b) Wohin fährst du dieses Jahr in Urlaub, Roberto?

6. a) Seit 2 Tagen bin ich in Rom.
   b) In 2 Tagen bin ich in Rom.

Summe:

Testaufgabe 2

Sie hören 4 kleine Dialoge. Nach jedem Dialog lesen Sie die entsprechende Frage und kreuzen Sie die jeweils dazu passende Antwort an.

1. La signora Martelli parla con la signora Chiari?
   a) Sì.
   b) No, perché la signora Chiari non è in casa.
   c) No, perché la signora Martelli ha fatto un altro numero.

2. Anna va a casa di Carla stasera?
   a) Sì.
   b) No, perché Carla va al cinema con il suo ragazzo.
   c) No, perché Carla ha invitato Gigi a cena.

3. Perché telefona la signora?
   a) Perché vuole andare in tassì in via Verdi.
   b) Perché fra tre minuti deve essere dalla signora Viola.
   c) Perché ha bisogno di un tassì.

4. Dove deve girare la signora?
   a) Al secondo semaforo.
   b) Al primo semaforo.
   c) Non deve girare.

Summe:

Testaufgabe 3

Sie hören einige Sätze. Achten Sie auf die Intonation und auf den Satzzusammenhang, und versuchen Sie zu erkennen, welche Gefühle die Sprecher ausdrücken.

1. a) Gleichgültigkeit ☐ b) Bedauern ☐
2. a) Überraschung ☐ b) Ärger ☐
3. a) Mitleid ☐ b) Enttäuschung ☐
4. a) Gefallen ☐ b) Gleichgültigkeit ☐
5. a) Entsetzen ☐ b) Staunen ☐
6. a) Ärger ☐ b) Gleichgültigkeit ☐

Summe:

Testaufgabe 4

Kreuzen Sie den jeweils passenden Ausdruck an.

1. I Rossi sono andati in montagna con ... figlio.
   a) i loro ☐
   b) loro ☐
   c) il loro ☐

2. Ragazzi, come ... in Germania?
   a) ti trovi ☐
   b) vi trovate ☐
   c) si trovano ☐

3. Stasera faccio i petti di pollo al vino bianco. Mio marito ... mangia molto volentieri.
   a) lo ☐
   b) le ☐
   c) li ☐

4. Se sei nervoso e stanco, ... con noi.
   a) venga ☐
   b) vieni ☐
   c) viene ☐

5. Andrea, puoi andare ... signora Ravera?
   a) dalla ☐
   b) alla ☐
   c) da ☐

6. Non vedo Piero da due giorni. Stasera ... telefono.
   a) lo ☐
   b) gli ☐
   c) le ☐

Summe:

Testaufgabe 5

Kreuzen Sie das richtige Wort an.

La mattina a casa di / da ☐ Gigi

la sveglia suona dalle / alle ☐ sei.

Gigi preferisce restare ancora un po' a / in ☐ letto.

e continua di / a ☐ dormire, ma dopo dieci minuti

si alza, va a / in ☐ bagno e si lava. Fa colazione

con sua moglie e poi va nell' / in ☐ ufficio

a / in ☐ piedi.   Summe: ☐

Testaufgabe 6

Lesen Sie den nachstehenden Text.

Le città d'Italia – Modena

Dove trovarsi?

Come in quasi tutta l'Italia, anche a Modena il bar rimane il posto ideale per gli incontri. In questa città c'è molta vita notturna[1], i locali chiudono tardissimo ed è quasi impossibile[2] andare a dormire prima delle tre del mattino. E questo perché qui ci sono moltissimi studenti. Il bar Diana è il bar più „in" del momento, dove, se vuoi essere veramente alla moda, devi andare la sera. Ma chi preferisce bere una buona birra si incontra alla birreria[3] S. Paolo, la classica birreria dove a tutte le ore servono panini caldi. I giovanissimi vanno all'Osteria[4] del Teatro, dove i panini sono buonissimi, e dove, senza spendere troppo, si può avere anche una cena completa. Il bar Piccadilly invece è il locale riservato agli innamorati[5] che cercano un' atmosfera romantica. Naturalmente è sempre pieno di gente.

---

1 Nachtleben; 2 unmöglich; 3 Bierlokal; 4 Weinstube; 5 reserviert für Liebespaare.

Lesen Sie den Text noch einmal und kreuzen Sie an, ob die Aussagen dem Inhalt des Textes entsprechen.

	vero	falso
1. Solo a Modena il bar è il posto ideale per gli incontri.	☐	☐
2. I locali a Modena non chiudono presto.	☐	☐
3. Gli studenti preferiscono andare a letto presto.	☐	☐
4. Per essere alla moda devi andare al bar Diana al mattino.	☐	☐
5. Alla birreria S. Paolo è possibile mangiare qualcosa.	☐	☐
6. Una cena completa all'Osteria del Teatro non costa molto.	☐	☐
7. Al bar Piccadilly c'è sempre poca gente.	☐	☐

Summe: ☐

Testblock 4   Nach Lektion 17

Testaufgabe 1

Sie hören einige Fragen. Kreuzen Sie die jeweils dazu passenden Antworten an.

1. a) Regalale un quadro.
   b) A lui non regalerei niente.
   c) Perché non le regali un libro?

2. a) No, non fumo mai.
   b) Grazie, ma ne ho già fumate troppe.
   c) Non mi fare fumare troppo.

3. a) Mi dispiace, ma non posso venire perché ho un forte mal di gola.
   b) Accidenti! Proprio stasera ho già un appuntamento.
   c) Ti ringrazio per l'invito, allora ci vediamo domani.

4. a) A Roma penso che ci vivrei volentieri.
   b) Le piacerebbe abitare a Roma.
   c) Abiterei volentieri a Roma.

5. a) Sì, non si portano più.
   b) No, si portano ancora.
   c) Sì, le portano tutte.

Summe:

Testaufgabe 2

Sie hören einen kurzen Text zweimal, das erste Mal in normalem Sprechtempo, das zweite Mal zum Mitschreiben. Ergänzen Sie den nachstehenden Lückentext aufgrund des Gehörten.

Siamo nel Medioevo. Il vescovo[1] _____ Johannes Fugger fa un

_____ in Italia per provare i vini di _____ paese. Il viaggio è

_____. Per non perdere tempo, il vescovo manda avanti una persona

al suo _____. Ogni volta che il servitore[2] trova un buon vino

deve _____ la parola latina „est"[3] sulla porta dell'osteria.

Il servitore _____ gli ordini[4] del vescovo fino a quando,

un _____ non arriva a Montefiascone, nel Lazio. Qui beve un vino

_____ e questa volta scrive sulla porta dell'osteria „est – est – est".

_____ il vescovo arriva a Montefiascone, prova questo vino

e lo trova _____, e ne beve tanto e tanto che … alla fine muore.

Summe:

1 Bischof; 2 Diener; 3 ist; 4 Anweisungen

Testaufgabe 3

Kreuzen Sie das richtige Wort an.

1. Ti piace la carne cruda?
   ~ Non lo so. Non l'ho mai (mangiato ☐, mangiata ☐, mangiate ☐)
2. Scusi, (potresti ☐, potrebbe ☐, potrei ☐) telefonarmi alle 8?
3. Chi hai incontrato in centro?
   ~ Non ho incontrato (mai ☐, niente ☐, nessuno ☐)
4. Le sigarette (comprano ☐, si comprano ☐, si compra ☐) anche al supermercato.
5. Cosa ti ha detto il dottore?
   ~ (Non sono ancora stato. ☐
     Non sono ancora stato lì. ☐
     Non ci sono ancora stato. ☐)

Summe:

Testaufgabe 4

Lesen Sie den nachstehenden Text.

Nei giorni di ferragosto[1] ci sono anche delle persone che restano in città. Per loro in quei giorni la vita non è certo facile. Se l'ascensore[2] improvvisamente non funziona, si corre il rischio[3] di rimanerci chiusi per molte ore, perché nel palazzo non c'è nessuno e anche il portiere[4] è al mare. I giornali tutti i giorni portano l'elenco[5] dei negozi aperti, ma per andare a fare la spesa bisogna fare lunghi giri. Non parliamo poi della benzina: trovare un distributore aperto è una vera fortuna. E chi vuole andare a mangiare al ristorante deve fare la coda come dal dottore, perché i pochi locali aperti sono pieni di gente. In quel periodo si desidera il ritorno alla vita normale, ma quando riaprono il salumiere e il distributore sotto casa, vediamo che purtroppo in città ci sono di nuovo due milioni di persone.

1 Ferientage Mitte August; 2 Aufzug; 3 läuft man Gefahr; 4 Hausmeister; 5 Liste

Lesen Sie den Text noch einmal, und kreuzen Sie an, ob die Aussagen dem Inhalt des Textes entsprechen.

	Vero	Falso
1. Molta gente resta in città a ferragosto.	☐	☐
2. In quei giorni la vita è comoda.	☐	☐
3. Anche il portiere è andato in vacanza.	☐	☐
4. Per sapere quali sono i negozi aperti, bisogna leggere i giornali.	☐	☐
5. Molti distributori sono chiusi.	☐	☐
6. Nei ristoranti non c'è molta gente.	☐	☐
7. Chi è rimasto in città, è contento di veder ritornare due milioni di persone.	☐	☐

Summe:

Grammatik pro Lektion

LEZIONE 1

1 Die Verben *essere*, *chiamarsi*, *stare* (Präsens Singular)

		essere	sein	
io	ich	Sono Rita.	Ich bin Rita.	
tu	du	Chi sei?	Wer bist du?	
lui	er	Chi è?	Wer ist das?	
lei	sie			
Lei	Sie	Chi è Lei?	Wer sind Sie?	

Im Italienischen wird das Verb gewöhnlich ohne Subjektpronomen (*io, tu,* usw.) gebraucht.

Bei der höflichen Anrede an eine einzelne Person verwendet man das Verb in der 3. Person Singular.

	chiamarsi	heißen		stare	sich befinden
	Mi chiamo Rita.	Ich heiße Rita.		Sto bene.	Es geht mir gut.
Come	ti chiami?	Wie heißt du?	Come	stai?	Wie geht es dir?
Come	si chiama?	Wie heißt er/sie?	Come	sta?	Wie geht es ihm/ihr?
		Wie heißen Sie?			Wie geht es Ihnen?

Hinweis:
Chiamarsi (wörtlich „sich nennen") ist ein reflexives Verb.
Die reflexiven Verben werden in einer späteren Lektion behandelt.

2 Der Gebrauch von Subjektpronomen

1. Chi è Roberto? – (Sono) **io**. (Das bin) **ich**.
   Come ti chiami? – Antonella, e **tu**? ..., und **du**?
   Come si chiama? – Carlo Neri, e **Lei**? ..., und **Sie**?

2. **Io** mi chiamo Paolo, e **tu**?   **Ich** heiße Paolo, und **du**?
   Lui si chiama Mario,   **Er** heißt Mario,
   e **lei** si chiama Rita.   und **sie** heißt Rita.
   È **Lei** il signor Pugi?   Sind **Sie** Herr Pugi?

Subjektpronomen sind im Italienischen immer stark betont.
Man verwendet sie
1. ohne Verb;
2. beim Verb nur zur Hervorhebung der Person, sonst werden sie weggelassen.

3 Der bestimmte Artikel im Singular (I)

Sie wissen, daß es im Deutschen drei grammatische Geschlechter gibt:
Maskulinum (*der* Herr), Femininum (*die* Dame) und Neutrum (*das* Kind).
Im Italienischen gibt es hingegen nur zwei grammatische Geschlechter:
Maskulinum und Femininum.

Maskulinum			Femininum		
il	signore	der Herr	la	signora	die Dame
il	libro	das Buch	la	sera	der Abend

Der bestimmte Artikel im Singular hat die Formen
– *il* für das Maskulinum,
– *la* für das Femininum.
(Weitere Formen werden später behandelt.)

Im Italienischen wird der bestimmte Artikel im allgemeinen wie im Deutschen gebraucht.
Beachten Sie jedoch folgende Abweichung:

È	il	signor Rodari?	Ist das	Herr Rodari?
È Lei	la	signorina Lega?	Sind Sie	Fräulein Lega?
No, sono	la	signora Spiga.	Nein, ich bin	Frau Spiga.

Aber: Buongiorno,	signora (Spiga).	Guten Tag,	Frau Spiga.
Come sta,	signor Rodari?	Wie geht es Ihnen,	Herr Rodari?

Vor *signor/signora/signorina* + Name steht der bestimmte Artikel, außer bei der Anrede.

Beachten Sie:

o
il signore	
il signor	Rodari

Signore wird vor einem Namen zu *signor* verkürzt.

o Frauen werden oft nur mit *signora* bzw. *signorina* angeredet: Buongiorno, signora.

LEZIONE 2

4 Örtliche Beziehungen: *di, a, in*

1.	Paolo è	di	Bologna.	von/aus Bologna			
	Monika è	di	Berlino.				

2.	Adesso Monika è	a	Bologna.	in Bologna	Monika è	in	Italia.
	Paolo abita	a	Ravenna.		Ravenna è	in	Emilia-Romagna.

1. Will man angeben, woher jemand ist, so verwendet man vor dem Namen der betreffenden Stadt oder Ortschaft die Präposition *di*.
2. Will man angeben, wo sich jemand/etwas befindet, so verwendet man
   – vor Namen von Städten und Ortschaften die Präposition *a*,
   – vor Namen von Ländern und Regionen die Präposition *in*.

5 Verben auf -are (Präsens Singular)

	lavorare		abitare		studiare
io		Lavor**o** in banca.		Abit**o** a Roma.		Studi**o**.
tu	Dove	lavor**i**?	Dove	abit**i**?	Che cosa	stud**i**?
lui/lei/Lei	Dove	lavor**a**?		Abit**a** qui?	Che cosa	studi**a**?

Beachten Sie:
- Einige Verben auf -are (z.B. abitare, telefonare) werden im Präsens Singular auf der drittletzten Silbe betont: tel**e**fono, tel**e**foni, tel**e**fona
- Bei Verben, die ein *i* vor der Infinitivendung -are haben (z.B. studiare), fällt das (unbetonte) *i* mit der Endung -i zusammen: studi

6 Das Verb *fare* (Präsens Singular)

io		Faccio	il caffè.
tu	Che cosa	fai	qui?
lui/lei/Lei	Che cosa	fa	a Urbino?

7 Substantive und Adjektive (I)

1. Substantive

Mask.	il post**o**	
	il tren**o**	il signor**e**
Fem.	la signor**a**	la class**e**
	la banc**a**	

Fast alle Substantive auf *-o* sind männlich.
Fast alle Substantive auf *-a* sind weiblich.
Substantive auf *-e* sind entweder männlich oder weiblich.

2. Adjektive

Nationalitätsbezeichnungen sind im Italienischen Adjektive:
Roberto è italiano. Roberto ist Italiener (wörtlich „italienisch").

Mask.	Daniele: Sono	italian**o**.
Fem.	Maria: Sono	italian**a**.

È liber**o** quest**o** posto? – No, è occupat**o**. besetzt
È liber**a** quest**a** sedia? Stuhl – No, è occupat**a**.

Es gibt Adjektive, die für Maskulinum und Femininum verschiedene Endungen haben: *-o* für das Maskulinum und *-a* für das Femininum. Diese Adjektive richten sich immer nach dem Geschlecht der Person bzw. des Substantivs, auf das sie sich beziehen.

Mask.	Peter: Sono	ingles**e**.
Fem.	Mary: Sono	

Darüber hinaus gibt es Adjektive, die für Maskulinum und Femininum nur eine Form haben.
Die meisten dieser Adjektive enden auf *-e*.

8 Der bestimmte Artikel (II)

Maskulinum	Femininum
l' italiano l' hotel	l' architettura

Der bestimmte Artikel im Singular hat vor Vokalen und vor (stummem) *h* die Form *l'*.

Beachten Sie folgende Abweichung vom Deutschen beim Gebrauch des Artikels:

Sono qui per imparare	l'	italiano.	Ich bin hier, um	Italienisch zu lernen.
Carlo impara	il	tedesco.	Carlo lernt	Deutsch.

9 Aussagesatz und Fragesatz

1. Aussagesatz und Fragesatz ohne Fragewort

Subjekt	Verb	Ergänzung		Satzmelodie	
Bruno	è	tedesco.		↘	Aussage
Bruno	è	tedesco?		↗	Frage
	È	tedesco	**Bruno?**	↗	

Der Fragesatz ohne Fragewort unterscheidet sich vom Aussagesatz durch die steigende Satzmelodie bzw. das Fragezeichen.
Er hat meist dieselbe Satzstellung wie der Aussagesatz: Subjekt – Verb – Ergänzung.
Das Subjekt des Fragesatzes kann aber auch dem Verb und dessen Ergänzung nachgestellt werden:
È tedesco **Bruno?**

Beachten Sie:

È libero questo posto?
Ist   dieser Platz   frei?

Die Gruppe Verb + Ergänzung wird im Italienischen nicht getrennt.

2. Fragesätze mit Fragewort

Chi è Lei?	wer?		
Che cosa fa qui Rita?	was?		
Dove abita?	wo?	**Di dov'**è Maria?	von wo/woher?
Come si chiama la signora?	wie?	**Come mai** è qui?	wieso?

In Fragesätzen mit Fragewort ist die Satzstellung meist: Fragewort – Verb – Subjekt.
Das Subjekt kann aber auch vor dem Fragewort stehen: Maria di dov'è?

Beachten Sie:
Dove wird vor è zu *dov'* verkürzt: Dov'è Paolo?

LEZIONE 3

10 Verben auf -ere und -ire (Präsens Singular)

Zum Vergleich:

	-ere	-ire		-are
	prendere	sentire	preferire	lavorare
io	prendo	sento	preferisco [-isko]	lavoro
tu	prendi	senti	preferisci [-iʃʃi]	lavori
lui/lei/Lei	prende	sente	preferisce [-iʃʃe]	lavora

Bei den Verben auf -ire gibt es
– eine Gruppe vom Typ *sentire*,
– eine Gruppe vom Typ *preferire*.
Bei letzteren wird im Präsens Singular vor der Endung die Silbe *-isc-* eingefügt.
(Achten Sie auf die Aussprache von *sc* vor -o und vor -i, -e.)

11 Das Verb in der 1. Person Plural

noi wir	Prend**iamo**	qualcosa?
	And**iamo**	in questo bar?
	Prefer**iamo**	stare fuori.
	St**iamo**	qui fuori?

In der 1. Person Plural des Präsens haben alle Verben die Endung *-iamo*.

Hinweise:
○ *Fare* hat die Sonderform *facciamo*: Che cosa facciamo?
○ *Essere* hat die Sonderform *siamo*: Siamo al bar Mazzini.

12 Der unbestimmte Artikel

Maskulinum			Femininum	
Io prendo	**un**	caffè	e **una**	pasta.
Io	**un**	amaro	e **un'**	acqua minerale.
E io	**uno**	stravecchio.		

1. Der **männliche** unbestimmte Artikel heißt *un*.
   Vor Wörtern, die mit s+Konsonant (z.B. *st, sc*) oder mit *z* beginnen, heißt er jedoch *uno*: uno stravecchio, uno zero
2. Der **weibliche** unbestimmte Artikel heißt *una*.
   Vor Wörtern, die mit einem Vokal beginnen, wird *una* jedoch zu *un'* verkürzt (mit Apostroph): un'aranciata

13 Grundzahlen (I)

0	zero	10	dieci	20	venti	1000	mille
1	uno	11	undici		...	2000	due**mila**
2	due	12	dodici	50	cinquanta	3000	tremila
3	tre	13	tredici		...	5650	cinquemila-seicentocinquanta
4	quattro	14	quattordici				
5	cinque	15	quindici	100	cento		
6	sei	16	sedici	200	duecento		
7	sette	17	diciassette	300	trecento		
8	otto	18	diciotto	450	quattrocento-cinquanta		
9	nove	19	diciannove				

Grundzahlen sind männlich: un due
Uno ist sowohl Zahlwort als auch unbestimmter Artikel (vgl. § 12).

LEZIONE 4

14 Das Substantiv: Singular und Plural

	Singular	Plural
1.	un lett**o**	due lett**i**
	un mes**e**	due mes**i**
	una nott**e**	due nott**i**
2.	una camer**a**	60 camer**e**

1. Substantive, die im Singular auf -o oder -e enden, bilden den Plural auf -i.
2. Weibliche Substantive, die im Singular auf -a enden, bilden den Plural auf -e.
(Ausnahmen lernen Sie später kennen.)

15 Grundzahlen (II)

20	venti	30	trenta	40	quaranta	240	duecentoquaranta
21	**vent**uno	31	**trent**uno	50	cinquanta	999	novecentonovantanove
22	ventidue	32	trentadue	60	sessanta	16.000	sedicimila
23	ventitré	33	trentatré	70	settanta	21.000	**ventun**mila
24	ventiquattro	34	trentaquattro	80	ottanta	25.500	venticinquemila-cinquecento
25	venticinque	35	trentacinque	90	novanta		
26	ventisei	36	trentasei	101	centouno		
27	ventisette	37	trentasette	102	centodue		un milione
28	**vent**otto	38	**trent**otto	103	centotré		due milion**i**
29	ventinove	39	trentanove	108	centootto		

Ventuno, trentuno, usw. verlieren den Endvokal, wenn eine weitere Zahl oder ein Substantiv folgt: ventunmila, ventun minuti − Aber: ventuno studenti
Ein auf *milione* folgendes Substantiv wird mit der Präposition *di* angeschlossen: due milioni di lire

16 Die Verben *avere* und *essere* (Präsens)

	avere	
io	Ho	sete.
tu	Hai	la chiave?
lui/lei/Lei	Ha	un documento?
noi	Abbiamo	solo una camera singola.
voi	Avete	tempo stasera?
loro	Hanno	tre bambini.

		essere	
		Sono	Paolo.
		Sei	in vacanza?
		È	inglese?
		Siamo	al bar.
	Dove	siete?	
	Rita e Mario	sono	a Roma.

	Avete	tempo stasera?	Habt ihr/Haben Sie …?
Dove	siete?		Wo seid ihr?/Wo sind Sie?

Bei der Anrede an mehrere Personen verwendet man das Verb in der 2. Person Plural – unabhängig davon, ob man die betreffenden Personen duzt oder siezt. Man verwendet diese Form auch gegenüber einem Betrieb (z. B. Hotel): Avete una camera singola?

17 Die Verneinung (I)

	non	Verb		

	non		Verb			
L'albergo è caro? – No,	non		è	caro.	Nein, es ist **nicht** teuer.
La doccia	non		funziona.		… funktioniert nicht.
La camera	non	mi	piace.		… gefällt mir nicht.
	Non		abbiamo	tempo.	Wir haben **keine** Zeit.

Bei der Verneinung steht *non* vor dem Verb.
Objektpronomen *(mi, ti)* stehen zwischen *non* und dem Verb.

18 Die Präpositionen *di* und *a* mit dem bestimmten Artikel (Singular)

Qual è il numero	di	Franca?
	del	signor Croce?
	della	pensione Rosa?
	dell'	agenzia Ferri?

Siamo	a	Venezia.
Andiamo	al	ristorante.
	alla	pensione Rosa.
	all'	albergo Arena.

Die Präpositionen *di* und *a* verbinden sich mit dem bestimmten Artikel zu einem Wort:

	il	la	l'
di	del	della	dell'

	il	la	l'
a	al	alla	all'

19 Das Adjektiv (II)

		beim Verb		beim Substantiv	
Maskulinum	L'albergo	è bell**o**.			
		È ideal**e**	per un	soggiorno tranquill**o**.	
Femininum	La pensione	è bell**a**.			
		È ideal**e**	per una	vacanza tranquill**a**.	

1. Das Adjektiv steht entweder bei einem Verb oder direkt bei seinem Beziehungswort. Die italienischen Adjektive stimmen in beiden Fällen mit dem Geschlecht ihres Beziehungswortes überein.
2. Im Italienischen wird das Adjektiv dem Substantiv meist nachgestellt.

Beachten Sie:

> Ti piace la cucina **italiana/francese/spagnola/inglese**?
> Avete una camera **singola/doppia/matrimoniale/libera**?

Adjektive, die eine unterscheidende Eigenschaft (z. B. Nationalität) bezeichnen, werden immer nachgestellt.

Hinweis:
Manche Adjektive (z. B. *grande*) können sowohl vor als auch nach dem Substantiv stehen. (Näheres in einer späteren Lektion)

Was Sie vielleicht sonst noch wissen wollen...

○ **nel centro storico – in centro:**
Nel ist die Verbindung der Präposition *in* mit dem bestimmten Artikel *il*.
– Bei vielen Orts- und Zeitangaben mit der Präposition *in* steht gewöhnlich kein Artikel: in centro, in treno, in vacanza, in banca, in agosto
– Wenn diese Angaben jedoch näher bestimmt werden, haben sie den bestimmten Artikel bei sich: nel centro storico, nel centro di Gubbio

○ **per la Germania – in Germania:**
Ländernamen haben gewöhnlich den bestimmten Artikel bei sich, außer nach der Präposition *in*. (Näheres in einer späteren Lektion)

○
> la chiesa **di** S. Francesco   una camera **a** due letti   60 posti letto
> il mese **di** agosto   la camera **da** letto   un divano letto
> un succo **di** pompelmo   la sala **da** pranzo

Zwei Substantive werden meist durch die Präposition *di*, zuweilen auch durch die Präpositionen *a* bzw. *da* verbunden. Verbindungen ohne Präposition sind im Gegensatz zum Deutschen selten.

○ **Che numero? – Quale appartamento? – Qual è ...?**
– Mit *che...?* was für ein(e) ...? fragt man nach Sachen/Personen ganz allgemein.
– Mit *quale?* welche(r)? fragt man nach Sachen/Personen aus einer bestimmten Anzahl; *quale* wird vor *è* zu *qual* verkürzt.

LEZIONE 5

20 Ort und Richtung

Abito **qui**.	Andiamo **qui**?	hier(hin)
Abito **lì**.	**lì**?	da, dort(hin)
Via Verdi è **a destra**.	**a destra**?	(nach) rechts

Siamo **da** Gianni.	Andiamo **da** Gina.	bei, zu *(Person)*

Siamo **in** Italia.	Andiamo **in** Italia.	in, nach *(Land)*
in centro.	**in** centro.	in
in via Dante.	**in** piazza Diaz.	in, zu

Siamo **a** Roma.	Andiamo **a** Milano.	in, nach *(Stadt)*
al mare.	**alla** stazione.	an, zu
all'albergo.	**all'**albergo.	in, zu

L'hotel è **vicino al** centro.	nahe (bei)
accanto all'edicola.	neben
di fronte al cinema.	gegenüber
Andiamo **fino a** piazza Amore.	bis (zu)
fino alla stazione.	

Qual è la strada **per** Gubbio?	nach, zu *(Ziel,*
C'è un autobus **per** il centro?	*Bestimmungsort)*
Per piazza Diaz dove devo scendere?	

21 *C'è…?* und *Dov'è…?*

Scusi,	c'è	una banca qui vicino? Gibt es…?
		– Sì, in via Verdi.
Scusi,	c'è	un tram o un autobus per il centro?
		– Sì, c'è il tram, il 19.

Dov'	è	la fermata?
La fermata	è	in piazza Dante.
Dov'	è	il parcheggio?
–	(È)	qui a destra.

Will man wissen, ob etwas existiert/vorhanden ist, fragt man: *C'è…?*

Will man wissen, wo sich etwas befindet, fragt man: *Dov'è…?*

Beachten Sie:
o Nach *c'è* kann nur ein Substantiv im Singular stehen.
o

Qui, a destra,	c'è	un parcheggio.
Lì	c'è	l'Ente per il Turismo.
A Roma	c'è	il Colosseo.

Nach Ortsbestimmungen wird „ist/befindet sich/gibt es" mit *c'è* wiedergegeben.

22 Ordnungszahlen: 1° – 5°

1°	il primo	2°	il secondo	3°	il terzo	4°	il quarto	5°	il quinto
1ª	la prima	2ª	la seconda	3ª	la terza	4ª	la quarta	5ª	la quinta

Ordnungszahlen richten sich nach ihrem Beziehungswort: la terza strada a destra
Sie stehen gewöhnlich vor dem Substantiv.

23 Das Verb in der 2. Person Plural

	-are	-ere	-ire
	andare	prendere	preferire
voi ihr/Sie	and**ate**	prend**ete**	prefer**ite**

Alle Verben bilden die 2. Person Plural des Präsens wie im Schaubild dargestellt.
Sonderform: essere – siete

Hinweise:

○ Aus Übungsanweisungen kennen Sie die 2. Person Plural bereits als Imperativ (Befehlsform):
Continuate. Macht/Machen Sie weiter!

○ Aus der Lektion kennen Sie eine Wegbeschreibung im Indikativ (Wirklichkeitsform):

Dunque ... ora e	prendete / prende andate / va	questa strada fino a ...	Also, Sie nehmen jetzt ... und gehen/fahren bis ...

Solche Anweisungen kann man natürlich auch im Imperativ geben.
(Näheres in späteren Lektionen)

24 Infinitivsätze

Non vorrei	uscire.	Andiamo	**a**	vedere il castello?
Dove devo	scendere?	Mario va	**a**	lavorare.
Rita desidera	uscire.	Ho voglia	**di**	uscire.
Paolo preferisce	stare a casa.	Non ho tempo	**di**	venire.
Mi piace	leggere.	È in Italia	**per**	imparare l'italiano.

Es gibt Verben und Ausdrücke, die den Infinitiv
– direkt anschließen, z.B. *volere (vorrei), dovere, desiderare, preferire, piacere*
– mit einer Präposition anschließen, z.B. *andare a ..., avere voglia/tempo di ...*

Was Sie vielleicht sonst noch wissen wollen ...

Alla gente piace ...:

– Das Substantiv *gente* wird nur im Singular gebraucht.
– Mit der Präposition *a* wird ein indirektes Objekt („Dativ-Objekt") eingeleitet:
  Alla gente piace ... Den Leuten gefällt es ... (Näheres in einer späteren Lektion)

25 Mengenangaben mit *di*

Per 4 persone:		
4 fettine	di	vitello
50 grammi	di	burro
1 bicchiere	di	marsala
...		
e un po'	di	sale

Nach Substantiven, die eine Menge oder ein Maß bezeichnen, z. B.

grammo   chilo   pacco
etto   litro   bicchiere

sowie nach *un po'* wird das nachfolgende Substantiv mit der Präposition *di* angeschlossen.

Beachten Sie:
o Dem deutschen „ein Pfund" entspricht *mezzo chilo* (ohne Artikel):
  Mi dia **mezzo chilo di** ciliegie. Geben Sie mir ein Pfund Kirschen.
o Dem deutschen „hundert Gramm" entspricht *un etto*:
  Mi dia **due etti e mezzo di** prosciutto. ... 250 Gramm Schinken.

26 Der bestimmte Artikel (III): Singular und Plural

Maskulinum		Femininum	
Singular	Plural	Singular	Plural
il bicchiere	**i** bicchieri	**la** pizza	**le** pizze
lo scontrino	**gli** scontrini		
lo zucchino	**gli** zucchini		
l' antipasto	**gli** antipasti	**l'** oliva	**le** olive

1. Der **männliche** bestimmte Artikel heißt:
   – im Singular *il* und im Plural *i*;
   – im Singular *lo* und im Plural *gli*, wenn *s*+Konsonant oder *z* folgt;
   – im Singular *l'* und im Plural *gli*, wenn ein Vokal folgt.
2. Der **weibliche** bestimmte Artikel heißt:
   – im Singular *la* und im Plural *le*;
   – im Singular *l'* und im Plural *le*, wenn ein Vokal folgt.

Beachten Sie folgende Abweichung vom Deutschen beim Gebrauch des Artikels:

C'è	il	sale?	Ist	Salz da?
Mi piace	il	vino.	Ich mag/trinke gern	Wein.
	La	birra non mi piace.		Bier mag ich nicht.
Mangi volentieri	gli	spaghetti?	Ißt du gern	Spaghetti?

In dieser Verwendung hat der bestimmte Artikel eine verallgemeinernde Funktion.

27 esserci: c'è – ci sono

Che cosa c'è in casa?	C'è	il pane?	Ist … da?	– Sì, (il pane) c'è.
	Ci sono	i pomodori?	Sind … da?	– No, non ci sono.
Scusi,	c'è	Paolo?		– No, (Paolo) non c'è.
	ci sono	Rita e Paolo?		– Sì, ci sono.
Andiamo in centro? – Sì,	c'è	un concerto.	da ist/gibt es …	
No,	ci sono	solo turisti.	da sind …	

Esserci bedeutet „dasein, vorhanden/anwesend sein". Es hat im Präsens
- in der 3. Person Singular die Form *c'è*,
- in der 3. Person Plural die Form *ci sono*.

Beachten Sie:

In casa	c'è	solo un po' di pane.
In centro	ci sono	due ristoranti.
A Roma	ci sono	molti musei.

Nach Ortsbestimmungen wird „ist" mit *c'è* und „sind" mit *ci sono* wiedergegeben.

28 Das Präsens der Verben

Neu ist für Sie nur noch die 3. Person Plural.

	-are	-ere	-ire	
	lavorare	prendere	sentire	preferire
io	lavoro	prendo	sento	preferisco [-isko]
tu	lavori	prendi	senti	preferisci [-iʃʃi]
lui/lei/Lei	lavora	prende	sente	preferisce [-iʃʃe]
noi	lavoriamo	prendiamo	sentiamo	preferiamo
voi	lavorate	prendete	sentite	preferite
loro	lav**o**r**ano**	pr**e**nd**ono**	s**e**nt**ono**	prefer**isc**ono [-iskono]

In der 3. Person Plural wird dieselbe Silbe wie im Singular betont:
lav**o**ro – lav**o**rano, tel**e**fono – tel**e**fonano
Bei den Verben vom Typ *preferire* wird nicht nur im Singular, sondern auch in der 3. Person Plural vor der Endung die Silbe *-isc-* eingefügt: preferiscono

Verben mit Sonderformen

andare	stare	fare	dire	piacere	venire	
vado	sto	faccio	dico		vengo	
vai	stai	fai	dici		vieni	Vgl. auch die
va	sta	fa	dice	mi piace	viene	Formen von
andiamo	stiamo	facciamo	diciamo		veniamo	*avere* und
andate	state	fate	dite		venite	*essere* (§ 16).
vanno	stanno	fanno	dicono	mi piacciono	vengono	

29 Die Präposition *da* mit dem bestimmten Artikel (Singular)

Sono	da	Roberto.
Vado	dal	macellaio.
Andiamo	dalla	signora Neri.

	il	lo	la	l'
da	dal	dallo	dalla	dall'

30 Das Adjektiv (III): Singular und Plural

		Singular			Plural		
Mask.	1.	Il caffè	italiano	è buono.	I vini	italiani	sono buoni.
Fem.		La cucina	italiana	è buona.	Le arance	italiane	sono buone.
Mask.	2.	Il tè	inglese	è buono.	I crackers	inglesi	sono buoni.
Fem.		La cucina		è buona?	Le caramelle		sono buone.

Das Adjektiv richtet sich nicht nur nach dem Geschlecht, sondern auch nach der Zahl (Singular bzw. Plural) seines Beziehungswortes.
1. Adjektive, die im Singular auf *-o* bzw. *-a* enden, haben eine männliche Pluralform auf *-i* und eine weibliche Pluralform auf *-e*.
2. Adjektive, die im Singular auf *-e* enden, haben für Maskulinum und Femininum die Pluralendung *-i*.

Beachten Sie:
- Bezieht sich ein Adjektiv auf zwei Substantive verschiedenen Geschlechts, bekommt es die männliche Pluralform: Le olive e i carciofini sono car**i**.
- Adverbien sind im Gegensatz zu Adjektiven unveränderlich: La carne è **molto** cara.

31 Die Steigerung: Der absolute Superlativ

Il prosciutto è	molto buono.	È	buon**issimo**.	Der absolute Superlativ bezeichnet den sehr hohen Grad einer Eigenschaft (ohne Vergleich).
La pizza è	molto buona.	È	buon**issima**.	
I fagiolini sono	molto buoni.	Sono	buon**issimi**.	
Le scaloppine sono	molto buone.	Sono	buon**issime**.	

Der absolute Superlativ wird gebildet, indem man *-issimo* (*-a*, *-i*, *-e*) an das um den Endvokal gekürzte Adjektiv anhängt:

grande	bello	fresco	caro
grand**issimo**	bell**issimo**	fresch**issimo**	car**issimo**
sehr groß, riesig	wunderschön	ganz frisch	unwahrscheinlich teuer

Was Sie vielleicht sonst noch wissen wollen ...

funghi – tedeschi – prodotti freschi – freschissimo: Bei vielen Substantiven und Adjektiven auf *-go* und *-co* wird vor der Pluralendung sowie vor *-issimo* ein *h* geschrieben, um den [g]- bzw. [k]-Laut zu erhalten.

32 Das *Passato prossimo* (I)

Das *Passato prossimo* ist eine Zeitform der Vergangenheit.
Es wird (wie das deutsche Perfekt) mit einem Hilfsverb und dem Partizip Perfekt des jeweiligen Verbs gebildet.

1. Das *Passato prossimo* mit *avere*

Oggi	ho	lavorato	molto.
Dove	hai	mangiato?	
Non	ha	avuto	tempo.
Ieri	abbiamo	sentito	un concerto.
Non	avete	trovato	la chiave?
Molti	hanno	visitato	la mostra.

Die meisten Verben bilden das *Passato prossimo* mit dem Hilfsverb *avere*.

Non steht vor dem Hilfsverb.
Ergänzungen stehen nach dem Partizip.

2. Das *Passato prossimo* mit *essere* (Singular)

Maskulinum				Femininum			
Carlo, dove	sei	stato	ieri?	Rita, dove	sei	stata	ieri?
–	Sono andato		a Pisa.	–	Sono andata		a Pisa.
Paolo	è	nato	nel 1960.	Nel 1935	è	nata	la televisione.
A Pisa	c'è	stato	un congresso.	Nel 1980	c'è	stata	la Mostra dei Medici.

Einige Verben bilden das *Passato prossimo* mit dem Hilfsverb *essere*.
Dabei richtet sich ihr Partizip – wie ein Adjektiv – nach dem Subjekt.

Hinweis:
Wo im Deutschen das Hilfsverb „sein" gebraucht wird, ist das entsprechende Hilfsverb im Italienischen in der Regel *essere*; für „haben" und *avere* gilt analog dasselbe:
È arrivato. Er ist angekommen. – Ha mangiato. Er hat gegessen.

3. Die Bildung des Partizip Perfekt

	-are	-ere	-ire
Infinitiv	andare	avere	preferire
Partizip	and**ato**	av**uto**	prefer**ito**

Verben mit regelmäßigem Partizip Perfekt bilden ihr Partizip wie im Schaubild dargestellt.
Beachten Sie: conoscere – conosciuto

Verben mit Sonderformen (vgl. auch § 38)

Infinitiv	dire	essere/stare	fare	leggere	mettere	nascere
Partizip	detto	stato	fatto	letto	messo	nato

Infinitiv	prendere	rispondere	scrivere	succedere	vedere	venire
Partizip	preso	risposto	scritto	successo	visto	venuto

33 Die Präposition *di* mit dem bestimmten Artikel (Plural)

la Mostra	dei	Medici
la protesta	degli	studenti
la città	delle	donne

di	i	gli	le
	dei	degli	delle

34 Das Jahr, die Monate und das Datum

1. Das Jahr

| | Il 1979 | è stato l'anno del bambino. | (das Jahr) 1979 |
| Sono nato | nel 1955. | (millenovecentocinquantacinque) | (im Jahre) 1955 |

Bei Jahresangaben steht der bestimmte Artikel.
(*Nel* ist die Verbindung der Präposition *in* mit dem bestimmten Artikel *il*.)

Beachten Sie:
Das Alter wird mit *avere ... anni* ausgedrückt: Ho 30 anni. (trent'anni)

2. Die Monate und das Datum

		Agosto ha 31 giorni.			Oggi è	il	3 ottobre 1983.
	In	agosto siamo al mare.			Rita è nata	il	20 ottobre (del) 1950.
	Nel mese di	agosto siamo a Roma.			Io sono nato	il	1° ottobre.

Monatsnamen stehen gewöhnlich ohne Artikel.
Beim Datum steht der bestimmte Artikel + Grundzahl. Ausnahme: il 1° (il primo)

35 Das Possessivpronomen (I) – L'aggettivo possessivo

„Besitzer"	„Besitz": Maskulinum			Femininum	
io		Dov'è	il **mi**o passaporto?	Dov'è	la **mi**a borsa? Tasche
tu		Dov'è	il **tu**o passaporto?	Dov'è	la **tu**a borsa?
lui	Paolo }	cerca	il **su**o passaporto.	Paolo } cerca	la **su**a borsa.
lei	Rita			Rita	
Lei		Dov'è	il **Su**o passaporto?	Dov'è	la **Su**a borsa?

Possessiva richten sich nach dem Geschlecht ihres Beziehungswortes. Sie haben im Italienischen gewöhnlich den bestimmten Artikel bei sich.
(Sonderfälle wie *mio marito, mia moglie* werden später behandelt.)

Beachten Sie:
In der 3. Person Singular wird zwischen männlichem und weiblichem Besitzer nicht unterschieden: il suo passaporto sein/ihr Paß

36 *molto, tanto, troppo, poco*

als Adverb (unveränderlich)			als Adjektiv (veränderlich)		
Viaggio	molto.		Non ha	molt**o**	tempo.
Rita è	molto	simpatica.	Conosce	molt**a**	gente.
Roma mi piace	tanto.		Ha	tant**i**	amici.
Le ciliegie sono	troppo	care.	Fuma	tropp**e**	sigarette.
Mangia	troppo	poco.	Mangia	poc**a**	frutta.

37 Der Infinitiv nach unpersönlichen Ausdrücken

Bisogna	risparmiare.		È difficile	trovare lavoro oggi.
Basta	mangiare poco.		È bello	avere una famiglia.
Mi piace	leggere.		È triste	non avere amici.

An unpersönliche Ausdrücke wird der Infinitiv ohne Präposition angeschlossen.

38 Das Verb *rimanere*

rimango	rimaniamo	
rimani	rimanete	sono rimasto/rimasta
rimane	rimangono	

39 Maskulinum und Femininum bei Personenbezeichnungen

1. Maskulinum und Femininum haben verschiedene Formen

Viele Personenbezeichnungen/Namen haben eine weibliche Form auf -a.

un ragazzo	una ragazz**a**	un signore	una signor**a**	*Aber:*
un commesso	una commess**a**	un cameriere	una camerier**a**	Nicola Klaus
Roberto	Robert**a**	Daniele	Daniel**a**	Andrea Andreas

Hinweise:
o Eine Reihe von Personenbezeichnungen enden im Femininum auf *-trice* bzw. *-essa*:
   un attore – un'at**trice**, un autore – un'au**trice**; uno studente – una stud**entessa**
o In einigen Fällen sind Maskulinum und Femininum ganz verschieden: un uomo – una donna

2. Maskulinum und Femininum haben dieselbe Form

Eine Reihe von Personenbezeichnungen (meist auf *-ista, -ante, -ente*) werden sowohl für männliche als auch für weibliche Personen verwendet:

un/una turista	Tourist/Touristin	un/una rappresentante	Vertreter/Vertreterin
un/una collega	Kollege/Kollegin	un/una cliente	Kunde/Kundin

40 Die Pluralbildung (Zusammenfassung)

	-i		-e		–
il libro	i libri	la casa	le case	la città	le città
la chiave	le chiavi			un caffè	due caffè
il programma	i programmi			il film	i film
il regista	i registi	la regista	le registe	il bar	i bar

Beachten Sie:

○ Substantive, die mit einem betonten Vokal oder mit einem Konsonanten enden, sind unveränderlich: le città, le possibilità, i film, i bar
Unveränderlich sind auch *cinema, auto, foto*: i cinema, le auto, le foto

○ Bei den meisten Substantiven und Adjektiven, die im Singular auf *-co/-ca* oder *-go/-ga* enden, wird vor der Pluralendung ein *h* eingefügt, um den [k]- bzw. [g]-Laut zu erhalten:
il pac**co**   l'ami**ca**   tedes**co**   tedes**ca**   l'alber**go**   la colle**ga**
i pac**chi**   le ami**che**   tedes**chi**   tedes**che**   gli alber**ghi**   le colle**ghe**

Zu den Ausnahmen gehören fast alle Substantive und männlichen Adjektive auf *-ico*:
l'ami**co**   simpa̱**tico**
gli ami**ci**   simpa̱**tici**

LEZIONE 8

41 Die Uhrzeit (I)

Che ora è? Che ore sono?	(1.00) (13.00)	È l'una.	(10.00) (10.10) (10.15) (10.30) (10.35) (10.40) (10.45) (10.55) (11.00)	Sono le dieci. le dieci **e** dieci. le dieci e un quarto. Viertel le dieci e mezzo/mezza. le dieci e trentacinque. Sono le undici **meno** venti. le undici meno un quarto. le undici meno cinque. le undici.
	(8.00) (20.00)	Sono le otto.		
	(12.00) (24.00)	È mezzogiorno. È mezzanotte.		
A che ora?	(14.00) (12.00)	Alle due. A mezzogiorno.	(11.00) (8.15)	Alle undici. Alle otto e un quarto.

Bei Zeitangaben in Stunden verwendet man den bestimmten Artikel:
  Sono   **le** (ore) due e venti (minuti). Es ist zwanzig nach zwei.
Vengo al**le** due e mezzo/mezza.   … um halb drei.

42 Die Wochentage

| Oggi è | domenica. | Sonntag | La | domenica mi piace uscire. | sonntags |
| Veniamo | sabato. | am Samstag | Il | sabato vado a pescare. | samstags |

Wochentage stehen gewöhnlich ohne Artikel.
Sie haben jedoch den bestimmten Artikel bei sich,
wenn ein Tag gemeint ist, an dem regelmäßig etwas geschieht.

43 Die Verben *potere, volere, dovere*

potere	volere	dovere
posso	voglio	devo
puoi	vuoi	devi
può	vuole	deve
possiamo	vogliamo	dobbiamo
potete	volete	dovete
possono	vogliono	devono
potuto	voluto	dovuto

Beachten Sie:

- Statt *voglio* ich will wird oft *vorrei* gebraucht:
  Vorrei un caffè. Ich möchte ...

- *Dovere* bedeutet „müssen" und „sollen":
  Devo andare alla stazione. Ich muß zum Bahnhof.
  Quando devo venire? Wann soll ich ...?

- *Potere* bedeutet „können" und „dürfen":
  Può venire domani? Können Sie ...?
  Posso telefonare? Kann/Darf ich ...?

44 Das *Passato prossimo* mit *essere* (II)

Neu sind für Sie nur noch die Pluralformen.

	Singular		Plural	
Fem.	Maria, come mai		Ragazze, come mai	
	non sei **venuta** ieri?		non siete **venute** ieri?	
	– Sono and**ata**	a una festa.	– Siamo and**ate**	a una festa.
	– È arriv**ata**	la mia amica.	– Sono arriv**ate**	Maria e Rita.
Mask.	Paolo, come mai		Ragazzi, come mai	
	non sei **venuto** ieri?		non siete **venuti** ieri?	
	– Sono and**ato**	a una festa.	– Siamo and**ati**	a una festa.
	– È arriv**ato**	il mio amico.	– Sono arriv**ati**	Paolo e Franca.

In Verbindung mit *essere* richtet sich das Partizip Perfekt in Geschlecht und Zahl nach dem Subjekt.

Beachten Sie:
Besteht das Subjekt aus mehreren Personen bzw. Substantiven verschiedenen Geschlechts,
bekommt das Partizip Perfekt die männliche Pluralform:
Laura e Franco: Siamo tornat**i** stanchi.
Marito e moglie: Siamo stat**i** molto contenti della Sua visita.

45 Das Possessivpronomen (II) – L'aggettivo possessivo

Sabato viene	la	mia	amica.	meine Freundin
Lunedì viene	una	mia	amica.	eine meiner Freundinnen, eine Freundin von mir
Carlo viene con	un	suo	collega.	

Possessiva werden sowohl mit dem bestimmten als auch mit dem unbestimmten Artikel verwendet.

Beachten Sie folgende Wendung:
a casa mia	bei mir (zu Hause),	zu mir (nach Hause)
a casa nostra	bei uns	zu uns
a casa Sua	bei Ihnen	zu Ihnen

46 Örtliche Beziehungen: *da*

Partenza	da	Piazza Grande.	Ort, von dem aus man „startet"
Sono appena tornata	da	Parigi.	von dem man (gerade) kommt
	dall'	ufficio.	

Da dove torni? –	Dalla	nonna.	Person, von der man (gerade) kommt
Dove sei? –	Da	Roberto.	bei der man sich befindet
Dove vai? –	Dal	signor Croce.	zu der man geht

47 Die Objektpronomen *mi, ti, Le, La*

	Mi	presenti la tua amica?	mir		Non	mi	accompagni?	mich
Roberto,	ti	presento Claudia.	dir		Chi	ti	ha accompagnato?	dich
Signor Pugi, Signora,	**Le**	presento il mio amico.	Ihnen			**La**	posso accompagnare?	Sie

Objektpronomen stehen unmittelbar vor dem konjugierten Verb.
Die Verneinung *non* steht vor der Gruppe Pronomen+Verb.

Beachten Sie:
Manche Verben haben ein anderes Objekt als die entsprechenden deutschen Verben:

Signor Pugi, Signora,	Le	telefono domani.		La	ringrazio per l'invito.

48 Die reflexiven Verben

1. Präsens

Reflexive Verben haben die Objektpronomen *mi, ti, si, ci, vi* bei sich.

Reflexivpronomen beziehen sich auf das Subjekt:
Mario si lava.   M. wäscht sich.
Luisa si fa un caffè. L. macht sich einen Kaffee.

Die Pronomen stehen vor dem konjugierten Verb. *Non* steht vor dieser Gruppe.
Beim Infinitiv werden die Pronomen angehängt: lavare – lavar**si**, vedere – veder**si**

2. Passato prossimo

	Mi	sono	svegliat**o** / svegliat**a**	alle 6.
Quando	ti	sei	alzat**o** / alzat**a**?	
Non	si	è	fermat**o** / fermat**a**	qui?
	Ci	siamo	abituat**i** / abituat**e**	al clima.
Come	vi	siete	trovat**i** / trovat**e**	a Torino?
Non	si	sono	sentit**i** / sentit**e**	bene.

Das *Passato prossimo* der reflexiven Verben wird immer mit *essere* gebildet. Das Partizip Perfekt richtet sich also in Geschlecht und Zahl nach dem Subjekt.

Beachten Sie:
Die meisten reflexiven Verben werden auch nicht-reflexiv gebraucht (zum Teil mit anderer Bedeutung) und bilden dann das *Passato prossimo* mit *avere*:

Laura **si è svegliata** alle 7,   ist ... aufgewacht
  poi **ha svegliato** i bambini.   hat ... geweckt

49 Die Tageszeiten

La mattina	mi alzo presto e vado a lavorare.	morgens
Il pomeriggio	mi occupo dei bambini.	nachmittags
La sera	vado fuori con gli amici.	abends
Domani mattina	devo andare a Milano.	morgen vormittag
Sabato sera	vengono i Picone.	am Samstag abend

Mattina, pomeriggio, sera stehen
– mit dem bestimmten Artikel zur Kennzeichnung regelmäßiger Wiederholungen (vgl. § 42);
– ohne Artikel, wenn sie ein Zeitadverb (*domani, ieri*) oder den Namen eines Wochentags näher bestimmen.

Beachten Sie folgende Wendungen:
stamattina heute morgen   stasera heute abend   nel pomeriggio am Nachmittag

50 Das Possessivpronomen (III) – L'aggettivo possessivo

Mask. Singular		Mask. Plural		Fem. Singular		Fem. Plural	
il mio	amico	i **miei**	amici	la mia	amica	le mie	amiche
il tuo	bambino	i **tuoi**	...	la tua	lettera	le tue	...
il suo	libro	i **suoi**		la sua	macchina	le sue	
il nostro	cane	i nostri		la nostra	...	le nostre	
il vostro	...	i vostri		la vostra		le vostre	
il loro		i lor**o**		la lor**o**		le lor**o**	

1. Possessiva richten sich in Geschlecht und Zahl nach ihrem Beziehungswort.
   Nur *loro* bleibt unverändert: Vengono le mie amiche con i loro bambini.
2. Bei der höflichen Anrede verwendet man
   – gegenüber einer Person die Formen von *suo*: la Sua lettera Ihr Brief
   – gegenüber mehreren Personen die Formen von *vostro*: la vostra/Vostra lettera
3. Possessiva haben gewöhnlich den bestimmten Artikel bei sich. Beachten Sie jedoch folgende Besonderheit:

Singular			Plural		
Vengo con		mio marito?	Sono arrivati	i	miei parenti di Pisa.
Come sta		Sua madre?	Come stanno	i	Suoi genitori?
Dove sta		tuo fratello?	Che fanno	i	tuoi fratelli?
Questa è		nostra figlia.	Queste sono	le	nostre figlie.
I Pugi vengono con	il	loro figlio.	I Pugi vengono con	i	loro figli.

Vor *marito, moglie* und vor Verwandtschaftsbezeichnungen im Singular sind Possessiva (außer *loro*) artikellos.

Ausnahmen bilden Verwandtschaftsbezeichnungen
– familiärer Art: il mio papà/babbo, la mia mamma
– mit einem Suffix: il tuo fratell*ino* Brüderchen
– mit einer näheren Bestimmung (z. B. Adjektiv): il mio caro fratello

51 Besonderheiten bei Verben: Aussprache und Schreibung

cercare		pagare			conoscere		leggere	
cerco	[-ko]	pago	[-go]	*Ebenso:*	conosco	[-sko]	leggo	[-ggo]
cer**chi**	[-ki]	pa**ghi**	[-gi]	giocare	conosci	[-ʃʃi]	leggi	[-ddʒi]
cerca		paga		litigare	conosce		legge	
cer**chi**amo		pa**ghi**amo			conosciamo		leggiamo	
cercate		pagate			conoscete		leggete	
cercano		pagano			conoscono	[-skono]	leggono	[-ggono]

1. Bei Verben auf *-are*, die ein *c* oder *g* vor der Endung haben, wird die Aussprache von *c* [k] und *g* [g] immer beibehalten. Zur Kennzeichnung der Aussprache wird vor den Endungen *-i* und *-iamo* ein *h* geschrieben.
2. Bei Verben auf *-ere* und *-ire*, die ein *c, sc* oder *g* vor der Endung haben, wird die Aussprache vom nachfolgenden Vokal der Endung bestimmt. (Vgl. auch *dire*, § 28)

52 Die Objektpronomen *lo, la, li, le*

Prendi tu **il pacco**?	–	Sì,	**lo**	prendo io.	ihn/es
Conosci **la signora Croce**?	– No, non		**la**	conosco.	sie
Quando vedi **i Rossi**?	–		**Li**	vedo stasera.	sie *Plur. Mask.*
Prepari tu **le scaloppine**?	–	No,	**le**	prepara Anna.	sie *Plur. Fem.*

Die Pronomen *lo, la, li, le* ersetzen in ihrem Satz ein vorerwähntes direktes Objekt („Akkusativ-Objekt"), mit dem sie in Geschlecht und Zahl übereinstimmen.

Beachten Sie:
- *Lo* kann sich auch auf einen Sachverhalt beziehen: Dov'è? – Non lo so.
- *Lo* und *la* werden vor Vokal bzw. *h* apostrophiert:
  Chi accompagna Rita? – **L'**accompagno io.
  Hai visto Giancarlo? – Sì, **l'**ho visto ieri.

53 Örtliche Beziehungen

1. Wendungen ohne Artikel

a scuola	in der/die Schule	in città	in der/die Stadt
a letto	im/zu Bett	in campagna	auf dem/das Land
a casa	zu/nach Hause	in casa	im/ins Haus
a teatro	im/ins Theater	in ufficio	im/ins Büro
Aber: al cinema	im/ins Kino	in banca	auf der/die Bank
al mercato	auf dem/den Markt	in panetteria	in der/die Bäckerei

2. andare a ... / venire a ...

Chi	va	a prendere gli zii?	**andare** a prendere	(ab)holen (gehen)
– Li	vado	a prendere io.		
Quando mi	vieni	a prendere?	**venire** a prendere	(ab)holen (kommen)
– Ti	vengo	a prendere alle 8.		

	Vado	a trovare un amico.	**andare** a trovare	besuchen (gehen)
Quando mi	vieni	a trovare?	**venire** a trovare	besuchen (kommen)

54 Der Imperativ (I)

	-are		-ere		-ire	
	cominciare		prendere		dormire	finire
tu	Comincia! Fang an!		Prendi un taxi!		Dormi!	Finisci presto!
voi	Cominciate! Fangt an! / Fangen Sie an!		Prendete un taxi!		Dormite!	Finite presto!
noi	Cominciamo! Fangen wir an!		Prendiamo un taxi!		Dormiamo!	Finiamo presto!

Die Imperativformen der 2. Person Singular/Plural und der 1. Person Plural sind mit den entsprechenden Präsensformen identisch – mit einer Ausnahme:
Der Imperativ der 2. Person Singular hat bei den Verben auf -are die Endung -a:
Perché non cominci? Comincia! Fang an!

Verben mit Sonderformen

	andare		stare	fare	dire
tu	vai *oder* va'	geh!	stai/sta'	fai/fa'	di'
voi	andate!	geht!	state	fate	dite
noi	andiamo!	gehen wir!	stiamo	facciamo	diciamo

Der verneinte Imperativ

tu	**Non fumare** tanto!	Rauch nicht so viel!
voi	Non fumate tanto!	Raucht nicht so viel!

Der verneinte Imperativ wird in der 2. Person Singular durch *non* + Infinitiv ausgedrückt.

55 Die Präpositionen *in* und *a* mit dem bestimmten Artikel (Singular und Plural)

Venite	nel	Lazio.	Hai scritto	al	nonno?
Non lasciare rifiuti	nei	prati!	Sei già stato	ai	Musei Vaticani?
Sei già stato	negli	USA?		agli	Uffizi di Firenze?
C'è il riscaldamento	nelle	camere?		alle	Isole Tremiti?

	il	lo	la	l'	i	gli	le
in	nel	nello	nella	nell'	nei	negli	nelle
a	al	allo	alla	all'	ai	agli	alle

56 Der bestimmte Artikel bei Ländernamen

	Femininum			Maskulinum	
Qual è il prefisso per	l'	Italia?	Qual è il prefisso per	il	Belgio?
Conoscete	la	Puglia?	Conoscete	il	Lazio?
La sua famiglia viene	dalla	Calabria.	La sua famiglia viene	dal	Friuli.
Palermo è il capoluogo	della	Sicilia.	Qual è il capoluogo	del	Molise?
Hauptstadt					– Campobasso.

Vor den Namen von Ländern und Regionen steht gewöhnlich der bestimmte Artikel, auch in Verbindung mit Präpositionen.

Beachten Sie jedoch folgende Besonderheit:

Singular:	Siamo	in	Italia,	Venite	nel	Lazio.
		in	Toscana.			
Plural:	Venite	nelle	Marche.	Quando sei andato	negli	Stati Uniti?

In Verbindung mit der Präposition *in* entfällt der Artikel bei weiblichen Ländernamen im Singular.

Beachten Sie:
- In Verbindung mit *in* entfällt der Artikel gewöhnlich auch bei einigen männlichen Namen, z.B. *Piemonte, Belgio, Brasile, Canada, Giappone:* in Piemonte
- Namen mit einer näheren Bestimmung haben immer den bestimmten Artikel bei sich: **nell'**Italia del Sud in Süditalien
- Vor den Namen kleinerer Inseln verwendet man die Präposition *a*: **a** Ischia, **a** Capri, **all'**isola d'Elba – Aber: **in** Sardegna/Sicilia/Corsica

57 Zeitliche Beziehungen: *fra, fa, da*

Quando arrivi? –	**Fra**	15 giorni.		in	
Sono arrivato		15 giorni	**fa.**	vor	14 Tagen
Sono qui	**da**	15 giorni.		seit	

Beachten Sie folgende Wendungen:
| quindici giorni | vierzehn Tage | quanto (tempo)? | wie lange? |
| tre mesi | ein Vierteljahr | sei mesi | ein halbes Jahr |

58 Das *Passato prossimo* von *piacere*

| Vi | è piaciut**a** | la Puglia? | Ti | sono piaciut**e** | le grotte? |
| Sì, ci | è piaciut**a** | molto. | No, non mi | sono piaciut**e**. | |

Das Verb *piacere* bildet das *Passato prossimo* mit *essere*.
Sein Partizip Perfekt richtet sich also nach dem Subjekt.
Ebenso:
costare: Quanto **è** costato? cambiare: I tempi **sono** cambiat**i**.
bastare: Mi **è** bastato. sich ändern

59 Der Plural des unbestimmten Artikels

C'è	una	spiaggia bellissima.	Da gibt es	einen	herrlichen Strand.
Ci sono	delle	spiagge bellissime.	Da gibt es		herrliche Strände.

Die Verbindung di + bestimmter Artikel im Plural dient auch als Plural des unbestimmten Artikels, für den es im Deutschen keine Entsprechung gibt. Sein Gebrauch ist nicht obligatorisch.

60 Das direkte und das indirekte Objekt

1. Das direkte Objekt und das indirekte Objekt mit *a*

Verb	direktes Objekt	indirektes Objekt	
Ho visto	Mario.		(Wen?)
Scrivo	una cartolina.		(Was?)
Scrivo	una cartolina	a Donatella.	(Wem?)
Hai telefonato		ai nonni?	

Das direkte Objekt („Akkusativ-Objekt") steht unmittelbar nach dem Verb.
Das indirekte Objekt („Dativ-Objekt") wird mit der Präposition *a* angeschlossen.
Es steht in der Regel nach dem direkten Objekt.

2. Die indirekten Objektpronomen *gli* und *le*

| Che cosa hai comprato | **a Francesco?** | – | **Gli** | ho comprato un disco. | ihm |
| | **alla nonna?** | – | **Le** | ho comprato un dolce. | ihr |

| Che cosa hai scritto | **ai nonni?** | – | **Gli** | ho scritto che tutto va bene. | ihnen |
| | **alle tue sorelle**? | | | | |

Die indirekten Objektpronomen *gli* und *le* stehen für ein indirektes Personenobjekt mit *a*.

3. Direkte und indirekte Objektpronomen (Zusammenfassung)

	Direkte Objektpronomen			Indirekte Objektpronomen		
Singular	non	mi accompagni?	mich	non	mi scrivi?	mir
		ti accompagno	dich		ti scrivo	dir
		lo conosco	ihn/es		gli scrivo	ihm
		la conosco	sie		le scrivo	ihr
		La conosco	Sie		Le scrivo	Ihnen
Plural	non	ci accompagni?	uns	non	ci scrivi?	uns
		vi accompagno	euch/Sie		vi scrivo	euch/Ihnen
		li conosco	sie *mask.*		gli scrivo	ihnen
		le conosco	sie *fem.*			

Diese Objektpronomen werden nur in Verbindung mit einem Verb verwendet.

61 Die Uhrzeit (II)

Sono le (ore) 12.30. (dodici e trenta) C'è il diretto delle 20.45. (venti e quarantacinque)
C'è un rapido alle 13.15. (tredici e quindici)

Bei offiziellen Zeitangaben (Radio, Fahrplan) werden die Stunden von 0 bis 24 und die Minuten von 1 bis 59 durchgezählt. (Vgl. dagegen § 41.)

62 Die Steigerung: Komparativ und relativer Superlativ

	Komparativ		Relativer Superlativ	
Va in macchina? – No, vado in treno. È	più sicuro e meno caro.	È il mezzo	più sicuro e meno caro	per viaggiare.
Lucca è bella. Ma Siena e Firenze sono	più belle.	Sono le città	più belle	della Toscana.
Lisa e Rita sono carine. Ma Laura è	più simpatica.	È la	più simpatica	di tutte.

1. Beim Komparativ wird ein höherer Grad durch *più* mehr und ein niedrigerer Grad durch *meno* weniger ausgedrückt:
   più sicuro   sicherer   più caro   teurer
   meno sicuro   weniger sicher meno caro   billiger
2. Der relative Superlativ ist die höchste Steigerungsstufe beim Vergleich. Er wird im Italienischen durch die Komparativform mit dem bestimmten Artikel ausgedrückt.

63 Die Verben *dare, salire, scegliere*

do	diamo
dai	date
dà	danno

salgo	saliamo
sali	salite
sale	salgono

scelgo	scegliamo
scegli	scegliete
sceglie	scelgono

dato

salito

scelto

64 Die Präposition *su* mit dem bestimmten Artikel

Salgono	sul	treno.
	sull'	autobus.
	sulla	macchina.
Traffico intenso	sulle	autostrade.

Hinweis:
Sie kennen nun alle Präpositionen, die mit dem bestimmten Artikel verbunden werden:
a, da, di, in, su. (Vgl. Tabelle S. 204.)

65 Der Imperativ (II)

Lei	-are	-ere	-ire	
	aspettare	prendere	sentire	finire
	Aspetti! Warten Sie! Non mi aspetti!	Prenda un taxi!	Senta!	Finisca presto!

Beim Imperativ der 3. Person Singular haben die Verben auf *-are* die Endung *-i*, die Verben auf *-ere* und *-ire* hingegen die Endung *-a*.
Vergleichen Sie dagegen den Imperativ der 2. Person Singular (§ 54).

Beachten Sie:
Bei Verben, die auf *-care* oder *-gare* enden, wird vor der Imperativendung ein *h* eingefügt:
cercare: Cer**ch**i di dormire.
Bei Verben, die auf *-cere* oder *-gere* enden, richtet sich die Aussprache nach dem Vokal der Endung: leggere [ddʒ]: Legga. [gga]

Verben mit Sonderformen
- *dare:* Mi **dia** una birra. Geben Sie mir ...
- *stare:* **Stia** tranquillo. Seien Sie unbesorgt.

	andare	dire	fare	rimanere	salire	scegliere	venire
Präsens (io)	vado	dico	faccio	rimango	salgo	scelgo	vengo
Imperativ (Lei)	vada	dica	faccia	rimanga	salga	scelga	venga

LEZIONE 12

66 Die *si*-Konstruktion (I)

Da Mario	si mangia	bene	... ißt man
e	si spende	poco.	

Das unpersönliche Subjekt „man" wird im Italienischen durch *si* + Verb in der 3. Person ausgedrückt.

67 Die Verben *bere* und *sapere*

bevo	beviamo		so	sappiamo	
bevi	bevete	bevuto	sai	sapete	saputo
beve	bevono		sa	sanno	

68 Der unbestimmte Artikel und der Teilungsartikel

	Unbestimmter Artikel	Teilungsartikel
Singular	Abbiamo comprato **un** pollo.	Abbiamo mangiato **del** pollo.
Plural	Abbiamo comprato **dei** polli.	

Der Plural des unbestimmten Artikels (§ 59) und der Teilungsartikel werden mit der Verbindung *di* + bestimmter Artikel gebildet.

1. Der unbestimmte Artikel unterscheidet zwischen einem und mehreren Exemplaren:
   Ho comprato **un** pollo.   Ich habe ein Hähnchen gekauft.
   Ho comprato **dei** polli.   Ich habe Hähnchen gekauft. (unbestimmte Anzahl)
2. Der Teilungsartikel bezeichnet hingegen eine unbestimmte Menge:
   Ho mangiato **del** pollo.   Ich habe Hähnchen gegessen.
   Ci porti **della** frutta.   Bringen Sie uns (etwas) Obst.

Beachten Sie:
Anstelle des Teilungsartikels wird oft *un po' di* verwendet:
Ci porti del pane / un po' di pane.   etwas Brot

LEZIONE 13

69 Objektpronomen bei *ecco*

Il passaporto, prego. –	E̩cco**lo**.	
Hai trovato la chiave? – Sì,	e̩cco**la**.	Objektpronomen werden an *ecco* angehängt.
Dove sono i biglietti? –	Ecco**li**.	Die Betonung von *ecco* ändert sich dabei nicht.
E le chiavi? –	Ecco**le**.	

70 Weitere Bedeutungen der Präposition *da*

Ho pagato con due banconote/biglietti **da** 50.000 lire. zu (jeweils) Vorrei provare la gonna **da** 40.000 lire che è in vetrina.	Wert
Abiti **da** uomo e **da** donna a prezzi favolosi! Herren- und Damenkleidung Che cosa hai comprato? – Una borsa **da** viaggio. Reisetasche	Bestimmung, Zweck

Unterscheiden Sie:
un abito **da** sera   (bestimmt für ...)
un abito **di** lana   (bestehend aus ...)
un abito **a** righe   (mit ...)

71 Farbadjektive

1. una camicetta	**bianca**	2. una camicetta	blu
un paio di pantaloni	**grigi**	dei pantaloni	marrone
un paio di calze	**verdi**	due paia di calze	verde scuro

Im Italienischen gibt es
1. veränderliche Farbadjektive:
   bianco, rosso, giallo, azzurro, nero, verde, grigio, celeste
2. unveränderliche Farbadjektive. Dazu gehören:
   - *blu, beige, turchese, arancione* (letzteres hat auch die Pluralform *arancioni*);
   - *marrone, rosa, lilla, viola* und andere als Farbadjektive gebrauchte Substantive;
   - Zusammensetzungen mit *scuro* dunkel und *chiaro* hell und sonstige Zusammensetzungen wie *celeste pastello, verde bottiglia*, usw.

72 questo und quello

1. Formen

	Mask. Singular	Plural	Fem. Singular	Plural
als Pronomen	questo der/das hier quello der/das da	questi quelli	questa quella	queste quelle
als Adjektiv	questo vestito quest' abito quel vestito quello scialle quell' abito	questi vestiti questi abiti quei vestiti quegli scialli quegli abiti	questa gonna quest' idea quella gonna quell' idea	queste gonne queste idee quelle gonne quelle idee

Für das Adjektiv *quello* gelten dieselben Regeln wie für den bestimmten Artikel (vgl. § 26).

2. Gebrauch

als Pronomen	È **questa** la tua macchina? – No, è **quella** lì.	das hier das da/dort
als Adjektiv	Come mi stanno **questi** pantaloni? Vorrei provare **quei** pantaloni che sono in vetrina.	diese Hosen die Hosen, die ...

Questo verweist auf Sachen/Personen in unmittelbarer Nähe (des Sprechers).
Quello verweist auf Sachen/Personen, die vergleichsweise weiter entfernt sind.

Beachten Sie:
- Bei Gegenüberstellungen verwendet man zuerst *questo*, dann *quello*:
  Queste (scarpe) sono comode, ma **quelle** sono più belle.
- Will man ein zuvor genanntes Substantiv nicht wiederholen, verwendet man als Ersatzwort das Pronomen *quello*: Ti piace questo **maglione**? – Sì, ma **quello rosso** ti sta meglio. der rote

73 Objektpronomen beim Imperativ

Lei tu voi noi	Questo libro è proprio bello! Perché non lo compra? lo compri? lo comprate? lo compriamo?	**Lo** compri! Compra**lo**! Comprate**lo**! Compriamo**lo**!	Kaufen Sie es! Kauf es! Kauft es! Kaufen wir es!
Lei tu voi noi	Bisogna scrivere al signor Neri. Perché non gli scrive? gli scrivi? gli scrivete? gli scriviamo?	**Gli** scriva! Scrivi**gli**! Scrivete**gli**! Scriviamo**gli**!	Schreiben Sie ihm! Schreib ihm! Schreibt ihm! Schreiben wir ihm!
Lei tu voi	Perché non si riposa? ti riposi? vi riposate?	**Si** riposi! Ripos**ati**! Riposate**vi**!	Ruhen Sie sich aus! Ruhe dich aus! Ruht euch aus!

Die Objektpronomen werden
- beim Imperativ der 3. Person Singular (Lei) dem Verb vorangestellt;
- beim Imperativ der übrigen Personen an das Verb angehängt; die Betonung der Verbform ändert sich dabei nicht.

Verben mit Sonderformen

	fare	dare	dire
Lei tu	faccia: Mi faccia vedere. fa': **Fammi** vedere.	dia: Mi dia una birra. da': **Dammi** una birra.	dica: Mi dica. di': **Dimmi.**

In Verbindung mit einsilbigen Imperativformen wie *fa'*, *di'* oder *da'* verdoppelt sich der Konsonant des angehängten Pronomens (außer bei *gli*): Di**mm**i! Di**ll**o! – Digli ...!

74 Fragesätze mit *che, che cosa, chi*

Che macchina è? Che taglia ha?	Was für ein Auto ...? Welche Größe ...?		
Che cosa c'è? Che cosa dice? A che cosa pensi? Di che cosa parlate?	Was gibt's? Was sagt er? Woran? Wovon ...?	Chi è? Chi cerca? A chi scrivi? Con chi hai parlato?	Wer ...? Wen ...? An wen/Wem ...? Mit wem ...?

Beachten Sie:
o *Che* wird auch bei Ausrufen verwendet: Che bello! / Che bellezza! Wie schön!
o Anstelle von *che cosa* wird häufig nur *cosa* bzw. nur *che* verwendet:
  Cosa vuoi? / Che vuoi? Was willst du?

LEZIONE 14

75 Adverbien auf -mente

Es gibt ursprüngliche Adverbien, z. B. *oggi, fuori, quasi, bene, male,* und von Adjektiven abgeleitete Adverbien mit der Endung *-mente*.

Questo è un locale	tipico.	
È un locale	tipica**mente**	italiano.
Ha una macchina	veloce.	
Il tempo è passato	veloce**mente**.	
Viene? – È	probabile.	
Viene? –	Probabil**mente**	sì.

Das Adverb wird gebildet durch Anhängen von *-mente* an die weibliche Form des Adjektivs:

tipico/tipic**a** – tipica**mente**
veloce – veloce**mente**

Adjektive auf *-le* und *-re* verlieren das *e* vor der Adverbendung *-mente*.

Beachten Sie:
○ Dem Adjektiv *buono* entspricht das Adverb *bene*:
Questo ristorante è **buono**. – In questo ristorante si mangia **bene**.
Bene wird vor einem Adjektiv/Partizip meist zu *ben* verkürzt: ben proporzionato
○ Neben den ursprünglichen Adverbien und den Adverbien auf *-mente* gibt es viele adverbiale Ausdrücke, z. B.
di solito   in genere   con cura   per tempo   in modo semplice
di nuovo   a lungo   con calma   per fortuna   in modo raffinato

76 Das Partizip Perfekt in Verbindung mit *avere*

Hai comprato il giornale?	–	Sì,	l' ho comprat**o**	alla stazione.
la carne?	–	Sì,	l' ho comprat**a**	stamattina.
i pomodori?	–	Sì,	**li** ho comprat**i**	ieri.
le olive?	–	No, non	**le** ho comprat**e**.	
Prenda questa medicina.	–	Questa	l' ho già pres**a**.	
Prenda questi confetti. Tabletten	–	Questi	**li** ho già pres**i**.	

In Verbindung mit *avere* wird das Partizip Perfekt nur verändert, wenn dem Verb ein direktes Objekt in Form der Pronomen *l' (= la), li, le* vorangeht.

Beachten Sie:

Questo film		l'	ho già visto.
Questa rivista	non	la	conosco.
Le olive		le	mangio volentieri.
Oder auch		L'	ho già visto
umgekehrt:	Non	la	conosco
		Le	mangio volentieri

questo film.
questa rivista.
le olive.

Das Objekt wird – vor allem im gesprochenen Italienisch – oft zweifach ausgedrückt.

77 Das Konditional Singular (I):

1. Formen

	-are	-ere	-ire	Die Endungen des Konditionals sind für alle Verben gleich: -ei, -esti, -ebbe. Sie werden an die um den Endvokal gekürzte Infinitivform angehängt. Bei den Verben auf -are wird das a der Infinitivendung dabei zu e.
	restare	prendere	finire	
io	rest**e**rei	prenderei	finirei	
tu	resteresti	prenderesti	finiresti	
lui/lei/Lei	resterebbe	prenderebbe	finirebbe	

Verben mit Sonderformen (I)

dare	fare	stare	andare	dovere	potere	volere
darei	farei	starei	andrei	dovrei	potrei	vorrei

2. Gebrauch

a) Mario ti	potrebbe	aiutare.	M. könnte dir helfen.	Annahme
Lo	farebbe	senz'altro.	Er würde es ... tun.	
b) Io	vorrei	una macchina comoda,	Ich möchte/hätte gern ...,	Wunsch
lui	preferirebbe	una macchina sportiva.	er hätte lieber ...	
Mi	daresti	il tuo indirizzo?	Würdest du mir ... geben?	höfliche
	Avrebbe	un gettone, per favore?	Hätten Sie ..., bitte?	Bitte,
	Potrebbe	venire alle 9?	Könnten Sie ...?	Frage,
	Dovresti	smettere di fumare.	Du solltest ...	Aufforderung

a) Das Konditional steht zum Ausdruck einer Annahme.
b) Es dient oft zur Abschwächung von Aussagen: Wünsche, Bitten, Fragen oder Aufforderungen klingen im Konditional zurückhaltender und höflicher als im Präsens.

78 *Ne* als Mengenausdruck

Ho ancora **un po' di vino**.	**Ne** vuoi?		davon
Vorrei telefonare, ma non ho **gettoni**.	**Ne** hai tu?		welche
– No, non	**ne** ho.		keine

Che **belle arance**!	**Ne** prendo	un chilo.	ein Kilo (davon)
Hai **dei dischi di Milva**? – Sì,	**ne** ho	molti.	viele (davon)
Quanti	**ne** hai?		wie viele (davon)?
	Ne ho	10.	10 (davon)

Ne nimmt Bezug auf zuvor genannte Sachen und bezeichnet eine Teilmenge („davon"). Es steht oft in Verbindung mit einem weiteren Mengenausdruck (z.B. *un chilo di, quanto?, molto, poco*) sowie mit Zahlen. *Ne* kann sich auch auf Personen beziehen: Hai molti **amici**? – No, **ne** ho pochi.

79 Die Verneinung (II): *non…niente, non…nessuno*

	non	Verb	Ergänzung	
Prendi qualcosa? – No, grazie,	non	prendo	niente.	nichts
È venuto qualcuno? – No,	non	è venuto	nessuno.	niemand
	Non	lo dica	a nessuno.	

Hinweise:
- Anstelle von *niente* wird auch *nulla* verwendet:
  Non abbiamo comprato **niente.**/**Non** abbiamo comprato **nulla.**
- *Nessuno, niente/nulla* werden ohne *non* verwendet, wenn sie am Satzanfang bzw. ohne Verb stehen: **Nessuno** gli crede. – Chi lo sa? – **Nessuno.**

LEZIONE 15

80 Die Stellung des Adjektivs

1. Nachgestellte Adjektive

Die meisten Adjektive stehen nach dem Substantiv.

una macchina rossa	un giornale italiano	un albergo tranquillo
sportiva	milanese	rumoroso
veloce	liberale	centrale

Nach dem Substantiv stehen:
- Adjektive, die eine unterscheidende Eigenschaft (z. B. Farben) bezeichnen;
- adjektivisch gebrauchte Partizipien: una camera ammobiliata/ben arredata
- mehrsilbige Adjektive, besonders wenn sie sich auf ein kurzes Substantiv beziehen: un film meraviglioso

2. Voran- oder nachgestellte Adjektive

L'appartamento ha un	grande	soggiorno		e due camere.
Noi prendiamo la		camera	grande	perché siamo in tre.
L'appartamento ha una		cucina	molto grande.	

Einige häufig gebrauchte kurze Adjektive stehen gewöhnlich vor dem Substantiv, z. B.
| bello | grande | lungo | giovane | buono |
| brutto | piccolo | breve | vecchio | bravo |

Sie werden dem Substantiv jedoch nachgestellt,
- wenn die Eigenschaft als Unterscheidungsmerkmal hervorgehoben werden soll;
- wenn sie durch eine Beifügung besonderes Gewicht erhalten.

Hinweis:
Für die Stellung der Adjektive gibt es keine absolute Regel. Bei der Wahl zwischen Voran- oder Nachstellung sind oft rein subjektive Gründe des Sprechers ausschlaggebend.

81 Das Adjektiv *bello*

Mask. Singular	Plural		Fem. Singular	Plural
un bel film	che bei sandali!		una bella casa	che belle case!
un bello spettacolo	che begli scialli!			
un bell' appartamento	che begli abiti!		una bella/bell'idea	che belle arance!

Wenn *bello* vor dem Substantiv steht, verhält es sich wie der bestimmte Artikel
(vgl. § 26 sowie *quello*, § 72).
Che **bell'** appartamento! – Sì, è molto bello.
Che **bei** quadri! – Sì, sono molto belli.

82 Das Konditional (II): Singular und Plural

	-are	-ere	-ire
	restare	prendere	finire
io	resterei	prenderei	finirei
tu	resteresti	prenderesti	finiresti
lui/lei/Lei	resterebbe	prenderebbe	finirebbe
noi	resteremmo	prenderemmo	finiremmo
voi	restereste	prendereste	finireste
loro	resterębbero	prenderębbero	finirębbero

Beachten Sie:
o Bei Verben auf -*care* und -*gare* wird ein *h* eingefügt:
  cercare – cer**ch**erei, pagare – pa**gh**erei
o Bei Verben auf -*ciare*, -*sciare*, -*giare* entfällt das *i*:
  cominciare – comin**ce**rei, lasciare – la**sce**rei, mangiare – man**ge**rei

Verben mit Sonderformen (II)

essere	rimanere	sapere	vedere	venire
sarei	rimarrei	saprei	vedrei	verrei

83 Das Verb *uscire*

esco	usciamo	
esci	uscite	uscito
esce	escono	

84 Objektpronomen beim Infinitiv

Signor Pugi, che piacere	river**La**!	
Oggi è il compleanno di Mario. Ci piacerebbe	far**gli**	un regalo.
Vorrei	comprar**mi**	una piccola casa in collina.
Carlo, potresti	aiutar**ci**	domani?
Il pane non basta. Bisogna	comprar**ne**	ancora un po'.

Objektpronomen werden in der Regel an den Infinitiv angehängt.
Bei *dovere/potere/sapere/volere* + Infinitiv sowie bei *andare/venire a* + Infinitiv können die Objektpronomen auch vor dem konjugierten Verb stehen:
Devo far**lo**.   *oder:* **Lo** devo fare.
Vado a prender**li**.   *oder:* **Li** vado a prendere.

85 Die *si*-Konstruktion (II)

Se	si mangia	molta	verdura,
se	si **mangiano**	solo	prodotti genuini
	si vive		meglio.

Das unpersönliche Subjekt „man" wird im Italienischen durch die *si*-Konstruktion ausgedrückt (§ 66).

Bei der *si*-Konstruktion steht das Verb
– in der 3. Person Singular, wenn das substantivische Beziehungswort ein Singular ist;
– in der 3. Person Plural, wenn das Beziehungswort ein Plural ist.
Fehlt ein derartiges Substantiv, steht das Verb in der 3. Person Singular.

Hinweis:
In Annoncen wird *si* häufig an das Verb angehängt:
Affittasi camera, ... Zimmer zu vermieten

86 Relativsätze mit *che* und *chi*

Vorrei provare la gonna	che	è in vetrina.	den Rock, der ...
Non trovo più i libri	che	mi hai prestato.	die Bücher, die ...
Aumenta il numero degli italiani	che	lasciano la città.	die Zahl der Italiener, die ...

Che steht für Personen und Sachen im Singular und Plural.

Chi	cerca trova.	Wer sucht, der findet.
Chi	sceglie la campagna ama la vita semplice.	Wer sich für das Land entscheidet, ...

Chi steht nur für Personen in der Bedeutung „wer", „jeder, der".

87 Weitere Ortsangaben

Dov'è il bagno?			Dov'è la valigia?	
Sopra.	oben		Sopra l'armadio.	auf/über dem Schrank
Sotto.	unten		Sotto il letto.	unter dem Bett
(Là,) in fondo.	(da)hinten			

Dov'è previsto il garage?			Dov'è previsto il giardino?	
Dietro.	hinten		Dietro la casa.	hinter dem Haus
Davanti.	vorne		Davanti alla casa.	vor dem Haus

Il supermercato è ...			Giovanna abita ...	
a 100 metri.	100 m (entfernt)		a 100 metri da qui.	100 m von hier
a due passi.	ganz in der Nähe		a due passi dal Duomo.	gleich beim Dom
lontano.	weit (entfernt)		lontano dal centro.	weit (entfernt) von ...

Unterscheiden Sie:
Ecco, **qui** c'è la cucina,   hier   (wo sich der Sprecher befindet)
lì, a sinistra il soggiorno.   da   (vergleichsweise weiter entfernt)
Quella porta **là**, dove dà?   dort   (noch weiter entfernt)

LEZIONE 16

88 tutto, ogni

Pronomen	Hai trovato	tutto?		alles
		Tutti	sono invitati.	alle
Adjektiv	Piove	tutto	**il** tempo.	die ganze Zeit
	su	tutta	**l'**Italia.	in ganz Italien
	Ho scritto	tutte	queste cartoline.	alle diese Karten
	a	tutti	**i** miei amici.	an alle meine Freunde
	Io mi alleno	tutte	**le** settimane.	jede Woche
	Carlo si allena	tutti	**i** giorni.	jeden Tag
	Io mi alleno	ogni	settimana.	jede Woche
	Carlo si allena	ogni	giorno.	jeden Tag
		ogni	due giorni.	jeden 2. Tag/alle 2 Tage

1. *Tutto* richtet sich in Geschlecht und Zahl nach seinem Beziehungswort.
2. *Ogni* ist unveränderlich.

Beachten Sie folgende Wendung:
tutti e due (i fratelli)   alle beide
tutte e tre (le sorelle)   alle drei

89 qualche, qualcuno, qualcosa

Adjektiv	Mi fermo	**qualche giorno.**	einige Tage
		qualche settimana.	einige Wochen
	Fa	**qualche sport?**	irgendeinen Sport

Pronomen	Ha telefonato	**qualcuno?**	(irgend)jemand
	C'è stato anche	**qualcuno** di voi?	jemand von euch
	È successo	**qualcosa?**	(irgend)etwas

Auf *qualche* folgt immer ein Substantiv im Singular; *qualche* ist unveränderlich.

Unterscheiden Sie:
- È successo **qualcosa**? (irgend)etwas
  Devo dirti **una cosa**. etwas (Bestimmtes)
- C'è qualcosa **di** nuovo? etwas Neues *(Adjektiv)*
  C'è qualcosa **da** mangiare? etwas zu essen *(Infinitiv)*

90 Das Pronominaladverb *ci*

Sei già stato **a Napoli**?	–	**Ci** sono stato l'anno scorso.	dort
in Sardegna?	–	**Ci** sono andato due anni fa.	dorthin
Non conoscete **l'Abruzzo**?	Potremmo andar**ci** insieme.	
Quando vai **dal medico**?	–	**Ci** vado domani.	

Das Pronominaladverb *ci* bezieht sich auf zuvor genannte Ortsangaben und bedeutet „dort(hin)".

Hinweis:
In Verbindung mit Verben wie *pensare, credere* kann *ci* auch Ergänzungen vertreten, die keine örtliche Bedeutung haben:
Hai comprato il giornale? – No, non **ci** ho pensato. daran

91 (non . . .) mai

| Sei **mai** stato a Bari? | je | – No, **non** ci sono **mai** stato. | nie |
| | | – No, **mai.** | nie |

Beachten Sie ferner:

| Carlo | **non** | è | **ancora** | arrivato. | noch nicht |
| | **Non** | è | **più** | venuto. | nicht mehr |

92 Vergleichssätze (I)

Roberto è alto	come	te.	so groß wie du
Maria è più giovane	di	Rita.	jünger als ...
Queste scarpe sono più comode	di	quelle.	bequemer als ...
Il fondo è meno pericoloso	della	discesa.	weniger gefährlich als ...

93 Die betonten Personalpronomen

1. Formen

Subjekt			Objekt/Präpositionale Ergänzung						
Chi è? –	Sono	io.	ich	Cerca	**me**?	mich	Scrivi anche a	me?	mir
	Sei	tu?		Ha cercato	**te**.		Vengo con	te.	
	È	lui?		Ho visto	lui.		Scrivo a	lui.	
–	No, è	lei.		e	lei.		e a	lei.	
	Chi è	Lei?		Questo è per	Lei.		Vengo da	Lei.	
				È sicuro di	sé.	sich	Parla con	sé	stesso.
Chi è? –	Siamo	noi.		Questo è per	noi.		Vieni con	noi?	
	Siete	voi?		Ho bisogno di	voi.		Ha telefonato a	voi?	
	Sono	loro.		Ho visto anche	loro.		Non so niente di	loro.	

2. Gebrauch der betonten Objektpronomen

Chi cerca?	Me?		Mich?
Perché guardi sempre	me?		... immer **mich** ... ?
Lo sport non mi piace. –	A me	piace molto.	**Mir** gefällt er ...
Rita ci scrive spesso. –	A noi	non scrive mai.	**Uns** schreibt sie nie.
Li ho visti ieri:	Lui	e sua moglie.	... ihn und seine Frau.
Non sappiamo niente	di loro.		... von ihnen.
	Vengo	da voi.	... zu euch.

Die betonten Objektpronomen werden gebraucht, wenn das Objekt besonders hervorgehoben werden soll. Sie werden (im Gegensatz zu den unbetonten Objektpronomen) auch gebraucht:
– in Fragen und Antworten ohne Verb;
– nach Präpositionen (*a, di, da, ...*)

Beachten Sie:
Die betonten Objektpronomen werden an die Präpositionen *senza, dopo, dietro, sopra, sotto* mit *di* angeschlossen:

senza **di** noi	ohne uns	sopra **di** noi	über uns	dietro **di** te	hinter dir
dopo **di** Lei	nach Ihnen	sotto **di** noi	unter uns		

LEZIONE 17

94 Vergleichssätze (II)

Gina è più alta	di	me.	größer als ich
Oggi fa più freddo	di	ieri.	kälter als gestern
Questo quadro è più bello	degli	altri.	schöner als die anderen
È durato meno	di	due ore.	weniger als zwei Stunden
Meglio *oggi*	che	*domani.*	besser heute als gestern
È meglio *andare fuori*	che	*restare in casa.*	
Fa meno caldo *al mare*	che	*in città.*	

Dem deutschen „als" im Vergleichssatz entspricht gewöhnlich *di*. Es wird jedoch mit *che* wiedergegeben, wenn die beiden Vergleichsglieder derselben Wortart angehören (z.B. Adverb – Adverb; Verb – Verb, usw.).

95 Das *Imperfetto*

1. Formen

	-are	-ere	-ire		
	andare	avere	venire	essere	esserci
io	andavo	avevo	venivo	ero	
tu	andavi	avevi	venivi	eri	
lui/lei/Lei	andava	aveva	veniva	era	c'era
noi	andavamo	avevamo	venivamo	eravamo	
voi	andavate	avevate	venivate	eravate	
loro	andavano	avevano	venivano	erano	c'erano

Die Endungen des Imperfetto (*-vo, -vi, -va, -vamo, -vate, -vano*) sind für alle Verben (außer *essere*) gleich. Sie werden an die um die Endsilbe *(-re)* gekürzte Infinitivform angehängt.

Sonderformen: fare – facevo, facevi, ... ; dire – dicevo, dicevi, ...

2. Gebrauch

Imperfetto			Präsens		
Dieci anni fa	**vivevo**	in campagna.	Oggi	**vivo**	in città.
Prima	**prendevo**	l'autobus.	Adesso	**prendo**	la metropolitana.
Ieri	**stava**	male.	Oggi	**sta**	meglio.

Das Imperfetto beschreibt Zustände und gewohnheitsmäßige Handlungen der Vergangenheit.

Anhang zur Grammatik

Die Pluralbildung der Substantive

	o → i e → i a → i	il ragazz**o** i ragazz**i** il balcon**e** i balcon**i** il problem**a** i problem**i**	la chiav**e** – le chiav**i**
feminin	a → e	la ragazz**a** le ragazz**e**	

Besonderheiten

maskulin	io → i	il neg**o**z**io** i neg**o**z**i** l'uff**i**c**io** gli uff**i**c**i**	Aber: lo z**i**o – gli z**i**i
	co → chi go → ghi	il pac**co** i pac**chi** il la**go** i la**ghi**	Aber: l'ami**co** – gli ami**ci**
	co → ci go → gi	il m**e**di**co** i m**e**di**ci** lo psic**o**lo**go*** gli psic**o**lo**gi**	(wenn die drittletzte Silbe betont ist – Aber: v**a**lichi)
feminin	ca → che ga → ghe	l'ami**ca** le ami**che** la ri**ga** le ri**ghe**	
	cia → ce gia → ge	l'aran**cia** le aran**ce** la spiag**gia** le spiag**ge**	Aber: la farma**ci**a – le farma**ci**e
	cia → c(i)e gia → g(i)e	la cami**cia*** le cami**c(i)e** la vali**gia** le vali**g(i)e**	(wenn ein Vokal vorangeht)
unver- änderlich	betonter Vokal Konsonant	il caffè i caffè la città le città il film i film	Unveränderlich sind auch: il cinema, l'auto, la foto
	Sing. *m* → Plur. *f*	l'uomo gli uomini il braccio le braccia il dito le dita il paio le paia l'uovo* le uova	

	Nur im Singular
	Nur im Plural
		la gente
		la roba
		     gli sp**i**ccioli
		     i pantaloni
		     gli occhiali*	

* psicologo Psychologe   uovo Ei   camicia Hemd   occhiali Brille

Präpositionen mit dem bestimmten Artikel

	il	lo	la	l'	i	gli	le
a	al	allo	alla	all'	ai	agli	alle
da	dal	dallo	dalla	dall'	dai	dagli	dalle
di	del	dello	della	dell'	dei	degli	delle
in	nel	nello	nella	nell'	nei	negli	nelle
su	sul	sullo	sulla	sull'	sui	sugli	sulle

Die Präposition *con* wird nur gelegentlich mit dem bestimmten Artikel verbunden: **col** treno, **coi** libri.

Die Zeitformen

1. Das Präsens

lavorare	prendere	partire	finire
lavoro	prendo	parto	finisco
lavori	prendi	parti	finisci
lavora	prende	parte	finisce
lavoriamo	prendiamo	partiamo	finiamo
lavorate	prendete	partite	finite
lavorano	prendono	partono	finiscono

2. Das *Imperfetto*

lavorare	prendere	finire
lavoravo	prendevo	finivo
lavoravi	prendevi	finivi
lavorava	prendeva	finiva
lavoravamo	prendevamo	finivamo
lavoravate	prendevate	finivate
lavoravano	prendevano	finivano

3. Das *Passato prossimo*

mit *avere*		mit *essere*	
ho	mangiato	sono	andato, -a
hai	saputo	sei	arrivato, -a
ha	finito	è	partito, -a
abbiamo	scritto	siamo	arrivati, -e
avete	deciso	siete	venuti, -e
hanno	vinto	sono	partiti, -e

Die Konjugation der Verben

Infinitiv	Präsens Singular	Plural	*Imperfetto*	Konditional	Partizip	Ebenso:
accendere	accendo		accendevo	accenderei	acceso	
andare*	vado vai va	andiamo andate vanno	andavo	andrei	andato	
aprire	apro		aprivo	aprirei	aperto	coprire offrire
avere	ho hai ha	abbiamo avete hanno	avevo	avrei	avuto	
bere	bevo bevi beve	beviamo bevete bevono	bevevo	berrei	bevuto	
cercare	cerco cerchi cerca	cerchiamo cercate cercano	cercavo	cercherei	cercato	giocare indicare mancare praticare
chiedere	chiedo		chiedevo	chiederei	chiesto	richiedere
chiudere	chiudo		chiudevo	chiuderei	chiuso	
cominciare	comincio cominci comincia	cominciamo cominciate cominciano	cominciavo	comincerei	cominciato	
conoscere	conosco conosci conosce	conosciamo conoscete conoscono	conoscevo	conoscerei	conosciuto	riconoscere
dare	do dai dà	diamo date danno	davo	darei	dato	
decidere	decido		decidevo	deciderei	deciso	

*Diese Verben bilden das *Passato prossimo* mit *essere*.

Infinitiv	Präsens Singular	Plural	*Imperfetto*	Konditional	Partizip	Ebenso:
dire	dico dici dice	diciamo dite dicono	dicevo	direi	detto	
discutere	discuto		discutevo	discuterei	discusso	
dovere	devo devi deve	dobbiamo dovete devono	dovevo	dovrei	dovuto	
essere*	sono sei è	siamo siete sono	ero eravamo eri eravate era erano	sarei	stato	
fare	faccio fai fa	facciamo fate fanno	facevo	farei	fatto	
finire	finisco finisci finisce	finiamo finite finiscono	finivo	finirei	finito	capire preferire tossire
lasciare	lascio lasci lascia	lasciamo lasciate lasciano	lasciavo	lascerei	lasciato	
leggere	leggo leggi legge	leggiamo leggete leggono	leggevo	leggerei	letto	
mangiare	mangio mangi mangia	mangiamo mangiate mangiano	mangiavo	mangerei	mangiato	viaggiare danneggiare noleggiare
mettere	metto		mettevo	metterei	messo	smettere trasmettere
morire*	muore	muoiono	moriva	morirebbe	morto	
muovere	muovo		muovevo	muoverei	mosso	

Infinitiv	Präsens Singular	Plural	Imperfetto	Konditional	Partizip	Ebenso:
nascere*	nasce		nasceva		nato	
pagare	pago paghi paga	paghiamo pagate pagano	pagavo	pagherei	pagato	litigare
partire*	parto parti parte	partiamo partite partono	partivo	partirei	partito	divertirsi* dormire seguire sentire servire vestirsi*
perdere	perdo		perdevo	perderei	perso	
piacere*	piaccio piaci piace	piacciamo piacete piacciono	piaceva	piacerebbe	piaciuto	dispiacere*
piangere	piango		piangevo	piangerei	pianto	
potere	posso puoi può	possiamo potete possono	potevo	potrei	potuto	
prendere	prendo		prendevo	prenderei	preso	riprendere
rimanere*	rimango rimani rimane	rimaniamo rimanete rimangono	rimanevo	rimarrei	rimasto	
risolvere	risolvo		risolvevo	risolverei	risolto	
rispondere	rispondo		rispondevo	risponderei	risposto	
rivolgersi*	mi rivolgo		mi rivolgevo	mi rivolgerei	rivolto	
salire*	salgo sali sale	saliamo salite salgono	salivo	salirei	salito	

Infinitiv	Präsens Singular	Plural	*Imperfetto*	Konditional	Partizip	Ebenso:
sapere	so sai sa	sappiamo sapete sanno	sapevo	saprei	saputo	
scegliere	scelgo scegli sceglie	scegliamo scegliete scelgono	sceglievo	sceglierei	scelto	
scendere*	scendo		scendevo	scenderei	sceso	
scrivere	scrivo		scrivevo	scriverei	scritto	descrivere iscriversi* prescrivere
spendere	spendo		spendevo	spenderei	speso	
spingere	spingo		spingevo	spingerei	spinto	
stare*	sto stai sta	stiamo state stanno	stavo	starei	stato	
succedere*	succede		succedeva	succe- derebbe	successo	
uscire*	esco esci esce	usciamo uscite escono	uscivo	uscirei	uscito	
vedere	vedo		vedevo	vedrei	visto	
venire*	vengo vieni viene	veniamo venite vengono	venivo	verrei	venuto	
vincere	vinco		vincevo	vincerei	vinto	
vivere*	vivo		vivevo	vivrei	vissuto	
volere	voglio vuoi vuole	vogliamo volete vogliono	volevo	vorrei	voluto	

Italienisch-deutsches Vokabular

Espressioni utili Nützliche Redewendungen

Scusi, non ho capito.	Wie bitte? Ich habe nicht verstanden.
Può ripetere, per favore?	Können Sie bitte wiederholen?
Può parlare più lentamente, per favore?	Können Sie bitte langsamer sprechen?
Che cosa significa ... ? / Che cosa vuol dire ... ?	Was bedeutet ... ?
Come si dice ... in italiano?	Wie sagt man/Was heißt ... auf italienisch?
Posso aprire la finestra?	Kann ich das Fenster aufmachen?
La prossima volta non posso venire.	Das nächste Mal kann ich nicht kommen.
Mi dispiace, ma devo andare.	Ich muß jetzt leider gehen.
Alla prossima volta!	Bis zum nächsten Mal!

Aussprache:
Die Aussprache der einzelnen Wörter wird in der alphabetischen Wortliste angegeben.

Betonung:
Die Betonung liegt im Italienischen in der Regel auf der vorletzten Silbe. Im Vokabular wird die Betonung in Sonder- und Zweifelsfällen mit einem Punkt unter dem betonten Vokal gekennzeichnet: svizzero

Lernwortschatz:
Alle durch **Fettdruck** hervorgehobenen Wörter gehören zum verbindlichen **Lernwortschatz**. Sie werden in den folgenden Lektionen als bekannt vorausgesetzt. Alle anderen Wörter gehören nicht zum verbindlichen Lernwortschatz. Sie sind zwar zur Durchführung einzelner Lektionsabschnitte notwendig, brauchen aber in den folgenden Lektionen nicht aktiv beherrscht zu werden. Treten solche Wörter zu einem späteren Zeitpunkt dennoch wieder auf, so sind sie an dieser Stelle erneut ins Wörterverzeichnis aufgenommen. (Leicht erschließbare Wörter sowie Wörter aus Übungsanweisungen werden nicht wiederholt.)

Abkürzungen:

Adv Adverb	*Part Perf* Partizip Perfekt	*Relativpron* Relativpronomen
f feminin/weiblich	*Pers* Person	*Sing* Singular
Inf Infinitiv	*Plur* Plural	*ugs* umgangssprachlich
m maskulin/männlich	*qc* (= *qualcosa*) etwas	*uv* unveränderlich
od oder	*qu* (= *qualcuno*) jemand	

LEZIONE 1

A 1
buonasera	guten Abend!
mi chiamo . . .	ich heiße . . .
Inf: chiamarsi	heißen („sich nennen")
e Lei?	und Sie?
Lei *Anrede 3. Pers Sing*	Sie
come si chiama?	wie heißen Sie?
come?	wie?

A 2
chi è il signor Bach?	wer ist Herr Bach?
chi è . . . ?	wer ist . . . ?
Inf: essere	sein
il signor Bach	Herr Bach
il signore	der Herr
sono io	das bin ich
io	ich
la signora Kessler	Frau Kessler
la signora	die Dame

A 3
è Lei il signor S.?	sind Sie Herr S.?
sì	ja
è Lei la signorina M.?	sind Sie Fräulein M.?
no, sono . . .	nein, ich bin . . .
come si chiama, scusi?	wie war doch bitte Ihr Name?
scusi	entschuldigen Sie!

A 4
buongiorno, signora	guten Tag (Frau X)!
come sta?	wie geht es Ihnen?
Inf: stare	sich befinden
bene *Adv*	gut
grazie	danke
non c'è male	nicht schlecht
allora	dann, also
arrivederci	auf Wiedersehen!

A 5
ciao	grüß dich! tschüß!
come stai?	wie geht's dir?
tu	du
sto abbastanza bene	mir geht's ganz gut
abbastanza *Adv*	ziemlich

A 6
come ti chiami?	wie heißt du?

A 7
chi è?	wer ist das?
è la signora Galli	das ist Frau Galli
come si chiama?	wie heißt sie/er?
	wie heißen Sie?

ESERCIZIO 1
continuate	Übung 1 macht/machen Sie weiter!
sig. . . . *(signor . . .)*	
sig.ra *(signora)*	
sig.na *(signorina)*	

ESERCIZI 2–4
che cosa dicono?	was sagen sie?
che cosa?	was?
fate la conversazione	führt/führen Sie das Gespräch!
in classe	in der Klasse, im Unterricht

LEZIONE 2

A 1
Lei di dov'è?	woher sind Sie?
di	von
dove?	wo?
sono di Napoli	ich bin von/aus Neapel
Roma	Rom

A 2
di dove sei?	woher bist du?
Pescara	*Stadt in der Region „Abruzzo" (am Adriatischen Meer)*
ma	aber
abito a Verona	ich wohne in Verona
abitare	wohnen

ESERCIZIO 1
Francoforte, Monaco	Frankfurt, München
Amburgo, Stoccarda	Hamburg, Stuttgart
Messina, Palermo	*Städte in Sizilien*
Perugia	*Hauptstadt von Umbrien*

A 3
pronto!	hallo! *(am Telefon)*
in Germania	in Deutschland
la Germania	Deutschland
anch'io	ich auch
anche	auch

ESERCIZIO 2
adesso telefonate voi	jetzt telefoniert ihr/ telefonieren Sie
Inf: telefonare	
voi *Anrede 2. Pers Plur*	ihr, Sie

Karte:
l'Austria	Österreich
la Francia	Frankreich
l'Italia	Italien
la Spagna	Spanien
la Svizzera	die Schweiz
Berlino, Berna	Berlin, Bern
Parigi, Vienna	Paris, Wien
Zurigo	Zürich

A 4
fuma?	rauchen Sie?
fumare	rauchen
Lei è straniera?	Sie sind Ausländerin?
sono tedesca	ich bin Deutsche
come mai?	wieso? weshalb?
Urbino	Stadt in den Marken (Mittelitalien)
sono qui per lavoro	ich bin beruflich hier
qui	hier
per	für; wegen
il lavoro	Arbeit

A 5
sei tedesco?	bist du Deutscher?
tedesco, tedesca	deutsch; Deutsche(r)
sono inglese	ich bin Engländer
inglese *m/f*	englisch; Engländer(in)
italiano, -a	italienisch; Italiener(in)
vero?	nicht wahr?
vero	wahr, richtig
che cosa fai qui?	was machst du hier?
Inf: fare	
che cosa?	was?
in vacanza	in Ferien
per imparare l'italiano	um Italienisch zu lernen
per	um . . . zu
imparare	lernen

Kästchen:
austriaco, -a	österreichisch
francese *m/f*	französisch
spagnolo, -a	spanisch
svizzero, -a	Schweizer

ESERCIZIO 4
completate i dialoghi	ergänzt/ergänzen Sie die Dialoge
Inf: completare	
Lecce	Stadt in Apulien

B
in treno	im Zug
è libero questo posto?	ist der Platz (hier) frei?
il posto	Platz; Ort
questo, -a	diese(r, s)
libero, -a	frei

prego	bitte! *(wenn man etwas anbietet)*
Ravenna, Bologna	Städte in der Emilia-Romagna
studio architettura	ich studiere Architektur
studiare	studieren
lavoro in banca	ich arbeite bei einer Bank
lavorare	arbeiten
senti . . .	hör/sag mal . . .
Inf: sentire	hören
questa è Bologna?	ist das Bologna? (Städtenamen sind im Ital. weiblich)
eh sì	tja

ESERCIZI 5–7
vero o falso?	richtig oder falsch?
falso	unwahr, unrichtig
trovate . . .	findet/finden Sie . . . !
Inf: trovare	
la risposta giusta	die richtige Antwort
giusto, -a	richtig, passend

ESERCIZIO 8
il nome	Name; Vorname
il cognome	Familienname
il luogo di nascita	Geburtsort
la data di nascita	Geburtsdatum
la firma	Unterschrift
il corso	Kurs

LEZIONE 3

A 1
ho sete *Inf:* avere	ich habe Durst
la sete	Durst
prendiamo qualcosa?	gehen wir was trinken?
prendere	nehmen
qualcosa	etwas
volentieri	gern
andiamo in questo bar?	gehen wir in diese „Bar"?
Inf: andare	
il bar	Stehcafé
va bene *Inf:* andare	gut, nichts dagegen
d'accordo	einverstanden

Zeichnung:
scontrino	(Kassen-)Bon
alla cassa	an der Kasse
la cassa	Kasse

A 2

che cosa prende?	was nehmen Sie? was nimmt er/sie?
prendo un caffè	ich nehme einen Kaffee
il caffè	Kaffee *(Espresso)*; Café
preferisco un tè	ich möchte/nehme lieber einen Tee
preferire	vorziehen
due caffè	zwei Kaffee

Kästchen:

un'acqua minerale *od* una minerale	Mineralwasser
una birra	Bier
un'aranciata	Orangenlimonade
un cappuccino	*Kaffee mit aufgeschäumter Milch*
un succo di pompelmo	Grapefruitsaft
il pompelmo	Grapefruit, Pampelmuse
un amaro	(Magen-)Bitter
un crodino	*alkoholfreier Aperitif*
uno stravecchio	*ital. Kognakmarke*

ESERCIZI 2–3

che numero è?	was für eine/welche Zahl ist das?
il numero	Zahl; Nummer
quanto fa?	wieviel macht/ist das?
quanto?	wieviel?
più	mehr; plus

A 4

la pasta	Gebäck(stück)
Quant'è? – 1200 lire.	Wieviel macht das? – 1200 Lire.

ESERCIZIO 4

al bar	in der „Bar"
il listino prezzi	Preisliste
la cioccolata	Schokolade *(Getränk)*
la spremuta	Fruchtsaft *(frisch hergestellt)*

A 5

cameriere!	Herr Ober!
il cameriere	Kellner
desidera?	Sie wünschen?
desiderare	wünschen
subito	sofort
un momento ...	(einen) Moment bitte!
vorrei *Inf:* volere	ich möchte
mangiare	essen
una pizza, un toast o un panino?	eine Pizza, einen Toast oder ein Brötchen?
il panino	(belegtes) Brötchen

A 6

a casa di Franco	bei Franco zu Hause
la casa	Haus; Wohnung
con ghiaccio	mit Eis
il ghiaccio	Eis(würfel)
senza	ohne

ESERCIZIO 7

la grappa	*Traubenschnaps*

B

stiamo qui fuori *Inf:* stare	bleiben wir hier draußen!
fuori	draußen
toh	nanu
ecco Paolo	da ist Paolo
Questa è Monika. – Piacere.	Das ist Monika. – Freut mich.
il gelato	(Speise-)Eis
il cornetto	*(abgepacktes) Eis in Waffeltüte*

ESERCIZIO 9

qual è la risposta giusta?	welche Antwort ist richtig?

LEZIONE 4

A 1

l'albergo	Hotel
il ristorante	Restaurant
„3 Ceri"	„3 Wachslichter"
la camera da letto	Schlafzimmer
la camera	Zimmer
il letto	Bett
il bagno	Bad
la sala da pranzo	Speisesaal; Eßzimmer
stile 300	Stil 14. Jahrhundert (1300 ff)
nel centro storico	im mittelalterlichen Stadtzentrum
il centro	Zentrum; Stadtmitte
storico, -a	historisch
Gubbio	*Stadt in Umbrien*
vicino alla chiesa di S. *(San)* Francesco	in der Nähe der St. Franziskus-Kirche
vicino (a)	in der Nähe (von)
la chiesa	Kirche
ideale *m/f*	ideal
il soggiorno	Aufenthalt
tranquillo, -a	ruhig
30 *(trenta)* camere	30 Zimmer

il telefono	Telefon
60 (sessanta) posti letto	60 Betten
il riscaldamento	Heizung
l'aria condizionata	Klimaanlage
il banchetto	Bankett, Festessen
la cucina	Küche
tipico, -a	typisch
umbro, -a	umbrisch
la pensione	Pension
per persona	pro Person
il prezzo	Preis
tutto incluso	alles inbegriffen
tutto	alles

A 2

una camera singola	Einzelzimmer
singolo, -a	Einzel-
per una settimana	für eine Woche
la doccia	Dusche
quanto costa?	wieviel kostet es?
25.000 (venticinquemila)	
al giorno	am/pro Tag
il giorno	Tag
ha un documento?	haben Sie einen
Inf: avere	Ausweis?
per favore	bitte
ecco il passaporto	hier ist mein Paß

Kästchen:
una camera a un letto	Einzel-/Einbettzimmer
una camera doppia,	Doppel-/Zweibett-
una camera a 2 letti	zimmer
doppio, -a	Doppel-; doppelt
una camera	Zimmer mit Doppelbett
matrimoniale	
matrimoniale *m/f*	Ehe-
il balcone	Balkon

A 3

avete due camere	haben Sie zwei Zimmer
per questa notte?	für diese Nacht?
avere	haben
mi dispiace	(es) tut mir leid
abbiamo solo ...	wir haben nur ...
solo *Adv*	nur
per una notte va bene	für eine Nacht geht das
la chiave	Schlüssel

Fumetto Sprechblase(n)
non funziona	es funktioniert nicht
funzionare	funktionieren
vengo *Inf:* venire	ich komme

A 4

telefonare a	telefonieren nach/mit
1. Pers: telefono	
la cabina	Kabine
qual è il prefisso	wie ist die Vorwahl
per la Germania?	für Deutschland?
qual è ...? *m/f*	welche(r, s) ist ...?

Zahlen s. S. 169

Kästchen:
il prefisso di Venezia	Vorwahl von Venedig
il numero del soccorso	Notruf
pubblico di emergenza	
il numero dell'ACI	Nummer des ACI
(Automobile Club	(ital. Automobilclub)
d'Italia)	
il numero della segre-	Nummer der Telefon-
teria telefonica	auskunft

Foto:
il gettone (telefonico)	Telefonmünze

A 5

mio marito	mein Mann
il marito	Ehemann
dove siete?	wo seid ihr?
siamo all'albergo	wir sind im Hotel
all'albergo	im/zum Hotel
com'è la camera?	wie ist das Zimmer?
bello, -a	schön
grande *m/f*	groß
mi piace *Inf:* piacere	es gefällt mir
ma il posto non è	aber ist es dort
troppo rumoroso?	nicht zu laut?
rumoroso, -a	laut
senti, ...	hör/sag mal ...
hai tempo stasera?	hast du heute abend
	Zeit?
certo *Adv*	gewiß! sicher!
a stasera!	bis heute abend!

Kästchen:
Padova	Padua *(Stadt in*
	Venetien)
all'hotel	im/zum Hotel
in centro	im/ins Zentrum

Fumetto
perché?	warum?
perché è troppo caro	weil es zu teuer ist
caro, -a	teuer; lieb

Kästchen:
brutto, -a	häßlich
piccolo, -a	klein

ESERCIZIO 3

la città	Stadt
andiamo a vedere	gehen wir und sehen
la camera	uns das Zimmer an!
vedere	sehen

A 6

l'agenzia	Agentur
Cortina d'Ampezzo, Madonna di Campiglio, Corvara	Urlaubsorte in den ital. Ostalpen
l'appartamento	Appartement, Wohnung
(in) luglio	(im) Juli
agosto	August
2 adulti	2 Erwachsene
2 bambini	2 Kinder
il bambino, la bambina	Kind
il soggiorno	Aufenthalt; Wohnzimmer
il garage	Garage

ESERCIZIO 4

fate le domande	stellen Sie die Fragen!
la domanda	Frage
ancora	noch
bellissimo, -a	sehr schön

B

l'impiegato	der Angestellte
cercare	suchen
la villetta	hier: Ferienhaus
Senigallia	Stadt in den Marken (am Adriatischen Meer)
per il mese di agosto	für den Monat August
il mare	Meer
mah	na (skeptisch)
quanti siete?	wie viele/zu wievielt sind Sie?
siamo in sette	wir sind zu siebt
il divano letto	Schlafcouch
comodo, -a	bequem
purtroppo non abbiamo altro	wir haben leider nichts anderes
purtroppo	leider
altro, -a	**andere(r, s)**
il dépliant	Prospekt
ti piace?	gefällt es dir?
beh	na ja, na gut
un milione	eine Million
tutto compreso	alles inbegriffen
la luce	Licht
il gas	Gas
però è cara, eh!	das ist aber teuer!
però	aber
eh, caro signore	tja, mein lieber Herr
alta stagione f	Hochsaison
sentiamo che cosa dicono Paolo e Anna	hören wir, was Paolo und Anna sagen
tornare	zurück-/wiederkommen
domani	morgen
benissimo Adv	gut!

ESERCIZI 6–8

il biglietto	Karte; Zettel
tombola	Art Lottospiel
la famiglia	Familie
quale appartamento?	welche Wohnung?
quale? m/f	welche(r, s)?

LEZIONE 5

A 1

scusi, c'è una banca qui vicino?	entschuldigen Sie, gibt es hier in der Nähe eine Bank?
in via Verdi	in der Verdi-Straße
la seconda strada	die zweite Straße
secondo, -a	zweite(r, s)
a destra	rechts, nach rechts
Tante grazie. – Prego.	Vielen Dank! – Bitte.

Kästchen:

primo, -a	erste(r, s)
terzo, -a	dritte(r, s)
quarto, -a	vierte(r, s)
a sinistra	links, nach links

Plan:

il corso	Korso (breite, repräsentative Straße)
il parcheggio	Parkplatz
il distributore	Tankstelle
la cabina telefonica	Telefonzelle
la farmacia	Apotheke
la fermata	Haltestelle
l'ufficio postale P.T. (poste e telegrafi)	Postamt
l'edicola	Kiosk
il giornale	Zeitung
la trattoria	Gastwirtschaft
„Da Gianni"	„Bei Gianni"
da	bei/zu (Person)
il cinema	Kino
il supermercato	Supermarkt
la Banca Commerciale	Handelsbank
commerciale m/f	Handels-
il teatro comunale	Stadttheater
il teatro	Theater
comunale m/f	kommunal, Stadt-

A 2
il tram	Straßenbahn
l'autobus *m*	Bus
per	in Richtung, zu, nach
accanto a	neben
di fronte a	gegenüber

Fumetto
dov'è via Vico?	wo ist die Vico-Straße?
non lo so *Inf:* sapere	ich weiß es nicht

A 3
per il Duomo ...	zum Dom ...
dove devo scendere?	wo muß ich aussteigen?
Inf: dovere	
scendere	aussteigen
deve scendere alla stazione	Sie müssen am Bahnhof aussteigen
lì	dort
poi	dann
Grazie. – Non c'è di che.	Danke! – Keine Ursache.
in piazza Duomo	am/zum Domplatz
la piazza	Platz

Fumetto
Oh, scusi! – Prego!	Oh, Entschuldigung! – Bitte.

ESERCIZIO 4
la metropolitana	U-Bahn, Metro
che linea?	welche Linie?
che ... ? *uv*	was für ein(e) ... ?
la (linea) numero 1	die (Linie) 1
Largo ...	*Straße, die sich zu einem Platz verbreitert*
P.za *(Piazza)*	
P.ta *(Porta)*	(Stadt-)Tor
P.le *(Piazzale) m*	*großer Platz*
la Centrale F.S. *(Ferrovie dello Stato)*	Hauptbahnhof *(Staatliche Eisenbahnen)*
Garibaldi F.S.	Garibaldi-Bahnhof
V.le *(Viale) m*	*breite Straße, Allee*
C.so *(Corso)*	Korso

A 4
andiamo a vedere il castello?	gehen wir das Schloß besichtigen?
andare a fare qc	gehen, um etwas zu tun
andiamo a piedi?	gehen wir zu Fuß?
il piede	Fuß
lontano	weit (entfernt)
(non) avere voglia di fare qc	(keine) Lust haben, etwas zu tun
camminare	zu Fuß gehen, laufen
andare in macchina	mit dem Auto fahren
la macchina	Maschine; Auto

ESERCIZI 5–6
dove andiamo?	wohin gehen wir?
il palazzo ducale	Herzogspalast
il palazzo	Palast
il museo d'arte moderna	Museum der modernen Kunst
il museo	Museum
la ruota	Rad
domandare	fragen

A 5
l'Ente per il Turismo	Verkehrsamt
dunque ...	also ...
ora prendete questa strada e andate dritto ...	Sie gehen/fahren jetzt diese Straße geradeaus ...
dritto	geradeaus
fino a	bis zu
attraversare	überqueren
girare	abbiegen
continuare	weitergehen
sempre	immer
ecco lì ... c'è ...	und dort ... ist ...
molto *Adv*	sehr
va *Inf:* andare	Sie gehen, er/sie geht

B
la domenica	der Sonntag; sonntags
che cosa facciamo oggi? *Inf:* fare	was machen wir heute?
oggi	heute
non mi piace stare tutto il giorno in casa	ich mag nicht den ganzen Tag zu Hause sein/bleiben
leggere	lesen
un po'	ein bißchen
ma se tu preferisci uscire ...	aber wenn du lieber ausgehen möchtest ...
Como	*Stadt in der Lombardei (am „Comersee")*
mangiare il pesce	Fisch essen
ho un'idea	ich habe eine Idee
ma dai!	ach was!
leggi qui	lies hier!
alla gente piace andare in piazza	die Leute gehen gern auf den Platz
la gente	die Leute
Milano	Mailand
vietato alle macchine	verboten/gesperrt für Autos
guardare	schauen
Milano ai Milanesi	Mailand den Mailändern
la musica	Musik
il ballo	Tanz
il risotto	*Reisgericht*
tutti	alle

il concerto	Konzert	il sale	Salz
che *uv Relativpron*	der/die/das, welche(r, s)	il pepe	Pfeffer
		infarinare	mit Mehl bestreuen
ah sì, è vero	ach ja, stimmt	**la carne**	Fleisch
pronto, -a	fertig, bereit	mettere il burro in una padella	die Butter in eine Pfanne geben
l'aperitivo	Aperitif	**mettere**	legen, setzen, stellen
il programma	Programm	fare dorare le fettine	die Schnitzel kurz anbraten („bräunen lassen")

ESERCIZI 8–12

rispondete alle domande *Inf:* rispondere	antworten Sie auf die Fragen!	aggiungere	hinzufügen
con i verbi seguenti	mit den folgenden Verben	fare cuocere	kochen/garen lassen
		per 5 minuti	5 Minuten (lang)
classico, -a	klassisch	il minuto	Minute
fresco, -a	frisch	mettere sale e pepe	salzen und pfeffern
il mausoleo	Mausoleum, Grabmal	servire *1. Pers:* servo	servieren
Galla Placidia	römische Kaiserin (gestorben im Jahre 450)	**la verdura**	Gemüse
		vario, -a	verschieden(artig)

A 2

la discoteca	Diskothek	**facciamo le scaloppine?** *Inf:* fare	machen wir (die) Kalbsschnitzel?
andare in bicicletta	radfahren	**che cosa bisogna comprare?**	was müssen wir einkaufen?
la bicicletta	Fahrrad	**bisogna**	man muß
		comprare	kaufen
		quasi	fast
		la farina c'è	Mehl ist da

LEZIONE 6

		manca la carne	das Fleisch fehlt
		mancare	fehlen
		ci sono le patate?	sind Kartoffeln da?
		mancano i fagiolini	es sind keine Bohnen da

A 1

basta	es genügt/reicht	**lo zucchero**	Zucker
poco	wenig	**gli spaghetti**	Spaghetti
preparare	zubereiten; vorbereiten		
un pranzo diverso	*hier:* ein nicht alltägliches Essen	**ESERCIZIO 1**	
il pranzo	(Mittag-)Essen	**il pomodoro**	Tomate
diverso, -a	anders, verschieden	**il formaggio**	Käse
l'antipasto	Vorspeise	**l'insalata**	Salat
il prosciutto	Schinken	**l'olio**	Öl
carciofini	Artischockenherzen		
il primo	erster Gang	**ESERCIZIO 2**	
ravioli al burro	Ravioli mit Butter	la pizza „4 stagioni"	Pizza „4 Jahreszeiten"
il burro	Butter	l'olio d'oliva	Olivenöl
la salvia	Salbei	l'oliva	Olive
il secondo	zweiter Gang	i funghi	Pilze
la scaloppina	Schnitzel	sott'olio	in Öl eingelegt
il marsala	*Süßwein (aus Sizilien)*	sotto	unter
4 fettine di vitello	4 Kalbsschnitzel	il lievito	Hefe
la fettina	Schnitzel	l'origano	Oregano
il vitello	Kalb(fleisch)		
50 gr. *(grammi)* di burro	50 Gramm Butter	**Fumetto**	
il grammo	Gramm	**dove vai?** *Inf:* andare	wo gehst du hin?
1 bicchiere di marsala	1 Glas Marsala	**vado dal salumiere**	ich gehe zum *salumiere* (Wurstwarenverkäufer)
il bicchiere	Glas		
un po' di farina	etwas Mehl		

A 3

in salumeria	im Wurstwarengeschäft
mi dia . . . *Inf:* dare	geben Sie mir . . .
due etti di prosciutto	200 Gramm Schinken
un etto	100 Gramm
cotto, -a	gekocht
crudo, -a	roh
un etto e mezzo	150 Gramm
mezzo, -a	halb
sono buoni	sie sind gut
buono, -a	gut

A 4

dal macellaio	beim Metzger
quattro fettine di vitello tenere	vier zarte Kalbsschnitzel
tenero, -a	zart
altro?	sonst noch etwas?
mezzo chilo di carne macinata	ein Pfund Hackfleisch
mezzo chilo	ein Pfund
il chilo	Kilo
magro, -a	mager
per piacere	bitte
pagare	zahlen

A 5

andare a fare la spesa	einkaufen gehen
prima . . . poi	zuerst . . . dann
un negozio di generi alimentari	Lebensmittelgeschäft
il negozio *Plur:* negozi	Geschäft, Laden
il pacco *Plur:* pacchi	Packung; Paket
un litro di latte	ein Liter Milch
il latte	Milch
la mela	Apfel
l'arancia *Plur:* arance	Orange
la panetteria	Bäckerei
il pane	Brot

Foto:

la pasta	Teigwaren; Teig
fresco, -a *Plur:* freschi, fresche	frisch

A 6

al mercato	auf dem Markt
la ciliegia	Kirsche
buonissimo, -a	sehr gut, ausgezeichnet
la gente quando viene a fare la spesa	wenn die Leute zum Einkaufen kommen
la gente	die Leute
quando	(immer) wenn
venire a fare qc	kommen, um etwas zu tun
meno	weniger
risparmiare	sparen
vivere	leben

ESERCIZI 6–7

la banana	Banane
parmigiano-reggiano	*Parmesankäse aus der Gegend von Reggio*
pomodori pelati	geschälte Tomaten
la scatola	Dose; Schachtel
vino da tavola	Tafelwein
il vino	Wein

B 1

spendere	ausgeben
la famiglia-tipo milanese	die Mailänder Durchschnittsfamilie
il prodotto	Erzeugnis, Produkt
la frutta	Obst

B 2

cosa vuoi, . . . *Inf:* volere	was will man machen, . . . („was willst du?")
cosa? (*ugs für:* che cosa?)	was?
ci sono certi prezzi!!	die haben aber auch Preise!!
certo, -a	gewisse(r, s)
carissimo, -a	sündhaft teuer
mia sorella che vive a Stoccarda	meine Schwester, die in Stuttgart lebt
la vita	Leben
il lusso	Luxus
lo stipendio	Gehalt
ed è un problema arrivare a fine mese	und es ist ein Problem, damit bis zum Monatsende auszukommen
ed	und (*vor Vokal wird* e *oft zu* ed)
il problema	Problem
arrivare	ankommen
il fine mese	Monatsende
i ragazzi	die Jungen/Kinder
cosa dice?	was sagt er?
dire	sagen
scusa	entschuldige!
il suo onomastico	sein/ihr Namenstag
speciale *m/f*	besondere(r, s)
che cosa fai di buono?	was kochst du Gutes?
tanti auguri (a)	herzliche Glückwünsche (an)
grazie mille	vielen Dank!

ESERCIZI 10–12

la frase	Satz
il puzzle	Puzzle
però	aber
tanto tempo	(so) viel Zeit
di prima qualità	erstklassig

la qualità	Qualität
con l'aiuto delle parole sottostanti	mit Hilfe der untenstehenden Wörter
l'aiuto	Hilfe
la parola	Wort
mia moglie	meine Frau
la moglie	Ehefrau

LEZIONE 7

A 1

quando è successo?	wann war das?
quando?	wann?
succedere	geschehen, passieren
nel 1980	(im Jahre) 1980
il/la regista	Regisseur(in)
ha avuto successo	er hat Erfolg gehabt
il successo	Erfolg
il film *uv*	Film
la morte	Tod
l'uomo *Plur:* uomini	Mensch; Mann
sulla luna	auf dem/den Mond
su	auf
nascere *Part Perf:* nato, -a	geboren werden; entstehen
la televisione	Fernsehen
Firenze	Florenz
visitare	besuchen
la mostra dei Medici	die Medici-Ausstellung
la mostra	Ausstellung
i Medici	Patriziergeschlecht, das Florenz von 1434 bis 1737 (mit Unterbrechungen) regierte
in molte città d'Europa	in vielen Städten Europas
molto, -a	viel
c'è stato, -a ...	(da) ist ... gewesen/ hat es ... gegeben
Inf: esserci	
la protesta	Protest
lo studente	Student
sposare	heiraten
l'Inghilterra	England
Pertini	Sandro Pertini, Abgeordneter der Sozialistischen Partei, Staatspräsident seit 1978
diventare	werden
il presidente	Präsident
la Repubblica	Republik

ESERCIZIO 1

raccontate	erzählt!
Inf: raccontare	erzählen Sie!
Rimini	Stadt am Adriatischen Meer (Emilia-Romagna)
il ragazzo	Junge
famoso, -a	berühmt
l'attrice	Schauspielerin
per esempio	zum Beispiel
dolce *m/f*	süß
la donna	Frau

A 2

che cosa hai fatto?	was hast du gemacht?
Inf: fare	
ieri	gestern
la festa	Fest
veramente *Adv*	wirklich
una bella giornata	ein schöner Tag
sai ... *Inf:* sapere	weißt du ...
ho conosciuto ...	ich habe ... kennengelernt
conoscere	kennen(lernen)
simpatico, -a	sympathisch, nett
fare amicizia	Freundschaft schließen
sono rimasto/ rimasta ...	ich bin ... geblieben
rimanere	bleiben
ho letto *Inf:* leggere	ich habe gelesen
dopo	nachher, später
l'amica	Freundin
la passeggiata	Spaziergang
insieme	zusammen
come al solito	wie gewöhnlich
la partita	(Fußball-)Spiel

ESERCIZIO 2

ho scritto una lettera	ich habe einen Brief geschrieben
scrivere	schreiben

A 3

quanti anni hai?	wie alt bist du?
quanti?	wie viele?
l'anno	Jahr
il tuo compleanno	dein Geburtstag
il 20 ottobre	der/am 20. Oktober

gennaio, febbraio	Januar, Februar
marzo, aprile	März, April
maggio, giugno	Mai, Juni
luglio, agosto	Juli, August
settembre, ottobre	September, Oktober
novembre, dicembre	November, Dezember

Kästchen:
il Suo compleanno	Ihr Geburtstag

A 4
incontrare qualcuno	jemanden treffen
venire a trovare qu	jemanden besuchen (kommen)
la sua famiglia	ihre/seine Familie
lasciare	(ver)lassen
l'università *uv*	Universität
vuole *Inf:* volere	sie/er will
il suo ragazzo	ihr Freund
l'amico *Plur:* amici	Freund

ESERCIZIO 4
tutti i giorni	alle Tage, jeden Tag
vivere da solo/sola	allein leben

A 5
l'elettricista	Elektriker
lavorare in proprio	selbständig sein
proprio, -a	eigene(r, s)
indipendente *m/f*	unabhängig
il/la rappresentante	Vertreter(in)
viaggiare	reisen
nuovo, -a	neu
che	daß
il/la ragioniere, -a	Buchhalter(in)
disoccupato, -a	arbeitslos
difficile *m/f*	schwierig
il/la commesso, -a	Verkäufer(in)
il disco *Plur:* dischi	Schallplatte
la possibilità *uv*	Möglichkeit
giovane *m/f*	jung
guadagnare	verdienen
due anni fa	vor zwei Jahren
proprio *Adv*	wirklich
contento, -a	zufrieden
l'ospedale *m*	Krankenhaus
l'infermiera	Krankenschwester
faticoso, -a	anstrengend

ESERCIZIO 5
descrivete... *Inf:* descrivere	beschreibt/ beschreiben Sie...!
l'informazione *f*	Information
il meccanico	Mechaniker
l'ingegnere	Ingenieur
l'impiegato, -a	der/die Angestellte
la segretaria	Sekretärin
l'operaio, -a	Arbeiter(in)
interessante *m/f*	interessant
monotono, -a	eintönig, monoton
abbastanza	genug

B
Genova	Genua *(Hauptstadt von Ligurien)*
siciliano, -a	sizilianisch; Sizilianer(in)
Trapani	Stadt in Sizilien
e basta	und sonst nichts
la ragazza	Mädchen; Freundin
il Nord	Norden; Norditalien
il Sud	Süden; Süditalien
così	so
solo come un cane	mutterseelenallein
il cane	Hund
poco tempo fa	vor kurzem
la Rinascente	*ital. Kaufhauskette (Firmennamen sind im Ital. weiblich)*
genovese *m/f*	Genueser
carino, -a	hübsch, nett
dopo	nach; nachher, später
l'incontro	Treffen
triste *m/f*	traurig
non so come fare a...	ich weiß nicht, was ich machen soll, um...
il pregiudizio	Vorurteil
scusa lo sfogo	entschuldige, daß ich dir mein Herz ausgeschüttet habe
l'attenzione *f*	Aufmerksamkeit
la solitudine	Einsamkeit
comune *f/m* (a)	gemeinsam
la malattia	Krankheit
tante persone	(so) viele Menschen
tanto, -a	(so) viel
il coraggio	Mut
il passo	Schritt
importante *m/f*	wichtig
il proverbio	Sprichwort
tanti saluti	viele Grüße
il saluto	Gruß

ESERCIZIO 7
parlare (di)	sprechen (von)
raccontare qc a qu	jmdm etwas erzählen

ESERCIZIO 8
arrivare	ankommen
il programma	Programm
cinese *m/f*	chinesisch
la torre della televisione	Fernsehturm

il circo	Zirkus
jugoslavo, -a	jugoslawisch
l'espressione f	Ausdruck
utile m/f	nützlich

ESERCIZIO 9

| ecc. (eccetera) | usw. |
| la mentalità | Mentalität |

LEZIONE 8

A 1

che ore sono?	wieviel Uhr ist es?
l'ora	Stunde
sono le nove e venti	es ist neun Uhr zwanzig/zwanzig nach neun
un quarto	Viertel
è mezzogiorno	es ist (12 Uhr) mittag
è mezzanotte	es ist Mitternacht

A 2

il biglietto	(Eintritts-)Karte
l'Amleto	Hamlet
vuoi venire?	willst du (mit)kommen?
volere	wollen
a che ora?	um wieviel Uhr?
cominciare	anfangen, beginnen
alle nove	um neun Uhr
mi vieni a prendere?	holst du mich ab?
venire a prendere	abholen (kommen)
finire 1. Pers: finisco	aufhören, (be)enden

ESERCIZIO 2

| la Coppa del Mondo di sci | Skiweltcup |
| il telegiornale | Tagesschau |

ESERCIZIO 3

l'invito	Einladung
invitare	einladen
il/la collega Plur: -ghi, -ghe	Kollege, Kollegin

A 3

sabato	am Samstag/Sonnabend
se	wenn, falls
possiamo andare a pescare	wir können angeln/fischen gehen
potere	können
già	schon
l'impegno	Verpflichtung; Verabredung

un mio collega	ein Kollege von mir
voglio partecipare alla corsa campestre	ich will am Geländelauf/Volkslauf teilnehmen
partecipare a	teilnehmen an/bei
la corsa	Lauf, Rennen
andare a teatro	ins Theater gehen
lunedì, martedì m	Montag, Dienstag
mercoledì, giovedì m	Mittwoch, Donnerstag
venerdì m	Freitag

ESERCIZIO 4

| il/la vostro, -a | euer, Ihr(e) |

Plakat:

Comune di Pavia	Stadt Pavia (in der Lombardei)
il comune	Gemeinde, Stadt
il chilometro	Kilometer
la marcia	Gang; Marsch
la partenza	Start; Abfahrt
da	ab, von
sportivi e non	Sportler und Nicht-sportler
sportivo, -a	sportlich; Sportler
il premio	Prämie, Preis
la medaglia	Medaille
la bottiglia	Flasche

A 4

dovere	müssen
accompagnare	begleiten, bringen
la nonna	Großmutter
in campagna	auf dem/aufs Land
la campagna	Land (Ggs: Stadt)
divertente m/f	unterhaltsam, amüsant
stanco, -a Plur: -chi, che	müde
passare	verbringen

Kästchen:

andare a trovare qu	jmdn besuchen (gehen)
fino alle dieci	bis um zehn Uhr
giocare (a tennis)	(Tennis) spielen

A 5

che piacere rivederLa!	wie schön, Sie wiederzusehen!
il piacere	Vergnügen
rivedere	wiedersehen
sono appena tornata da Parigi	ich bin gerade erst aus Paris zurückgekehrt
appena	kaum, gerade
che bello!	wie schön!
senta, ...	hören/sagen Sie ...

a cena	zum Abendessen	**B**	
la cena	Abendessen	stamattina	heute morgen
a casa nostra	zu uns (nach Hause)	risolvere	lösen
il/la nostro, -a	unser	*Part Perf:* risolto	
una di queste sere	an einem der nächsten Abende	non importa	das macht nichts
		di solito	(für) gewöhnlich
con calma	in Ruhe	ti va bene?	ist es dir recht?
facciamo sabato?	sagen wir Samstag?	meglio *Adv*	besser
benissimo	gut!	in casa Neri	im Hause Neri, bei den Neris
ESERCIZIO 6		complimenti!	mein Kompliment!
la posta	Post	sa, ... *Inf:* sapere	wissen Sie, ...
		la lingua	Sprache; Zunge
A 6		innamorato, -a (di)	verliebt (in)
prego, si accomodi!	kommen Sie herein! nehmen Sie bitte Platz!	tante volte	oft
		la volta	Mal
		dappertutto	überall
portare	(mit)bringen	a tavola	zu/bei Tisch
il dolce	Kuchen	Buon appetito. – Grazie, altrettanto.	Guten Appetit! – Danke, gleichfalls.
che pensiero gentile!	wie nett von Ihnen!		
il pensiero	Gedanke		
gentile *m/f*	freundlich, liebenswürdig, nett	**ESERCIZI 10–11**	
		il testo	Text
il salotto	Wohnzimmer	l'inizio	Beginn
Le presento ...	ich stelle Ihnen ... vor		
presentare	vorstellen		
molto lieto, -a	freut mich sehr/ angenehm!	**LEZIONE 9**	

A 7

tardi *Adv*	spät	**A 1**	
La posso accompagnare?	kann/darf ich Sie begleiten?	il professore, la professoressa	(Gymnasial-)Lehrer(in); Professor(in)
necessario, -a	nötig	si alza	Sie stehen auf, er/sie steht auf
il taxi	Taxi		
La ringrazio per la bellissima serata	ich danke Ihnen für den schönen Abend	alzarsi	aufstehen
		presto *Adv*	früh; schnell
ringraziare qu	jmdm danken	la mattina	der Morgen; morgens
essere contento, -a di	sich freuen über	svegliarsi	aufwachen
la visita	Besuch	restare a letto	im Bett bleiben
buonanotte	gute Nacht!	portare fuori il cane	den Hund ausführen
arrivederLa	auf Wiedersehen!	fermarsi	haltmachen
		fare colazione	frühstücken
ESERCIZIO 7		la colazione	Frühstück
ricostruite le frasi *Inf:* ricostruire	rekonstruieren Sie die Sätze!	**A 2**	
		il palazzo	*hier:* Mietshaus
		i Picone	die Familie Picone, die Picones
A 8			
Gentile signora, ...	Sehr geehrte Frau X, ...	vestirsi	sich anziehen
inviare *1. Pers:* invio	senden	lavarsi	sich waschen
un affettuoso saluto	einen herzlichen Gruß	suonare	klingeln, läuten
		la sveglia	Wecker
A 9		continua a dormire	er/sie schläft weiter
l'ingegnere	Ingenieur	dormire *1. Pers:* dormo	schlafen
la riunione	Zusammenkunft, Versammlung	è già uscito	er ist schon weggegangen/außer Haus
Le telefono	ich rufe Sie an		
telefonare a qu	jmdn anrufen		

ESERCIZIO 1
andare fuori	ausgehen

A 3
come vi trovate a Torino?	wie geht es euch in Turin? *(Hauptstadt von Piemont)*
trovarsi	sich befinden
andare a scuola	zur Schule gehen
ormai	nun, jetzt
ci siamo abituati al clima	wir haben uns an das Klima gewöhnt
abituarsi a	sich gewöhnen an
il clima	Klima
mia suocera	meine Schwiegermutter
invece	dagegen, hingegen
si è trovata male	sie hat sich nicht wohl gefühlt
male *Adv*	schlecht

ESERCIZIO 2
nel pomeriggio	am Nachmittag
uscire dall'ufficio	das Büro verlassen
tornare a lavorare	wieder arbeiten gehen

A 4
i miei nonni	meine Großeltern
il nonno, la nonna	Großvater, Großmutter
i loro figli	ihre Kinder
il figlio, la figlia	Sohn, Tochter
il padre	Vater
la madre	Mutter
lo zio, la zia	Onkel, Tante
il cognato, la cognata	Schwager, Schwägerin
il fratello	Bruder
la sorella	Schwester
il cugino, la cugina	Vetter, Kusine
il/la nipote	Neffe, Nichte; Enkel(in)

A 5
sentirsi (solo, -a)	sich (allein) fühlen
i Suoi genitori	Ihre Eltern
stare	*hier:* leben, wohnen
il paese	Dorf
Novara	*Stadt in Piemont*
unico, -a	einzige(r, s)
litigare	streiten

ESERCIZI 3–4
il matrimonio	Hochzeit; Ehe
dalla Calabria	aus Kalabrien
sposarsi	heiraten
Pordenone	*Stadt in Friaul*
i suoceri	Schwiegereltern
Ostia	*Hafenstadt bei Rom*

A 6
i tuoi parenti	deine Verwandten
domani mattina	morgen vormittag
li vado a prendere	ich hole sie ab
andare a prendere qu	jmdn abholen (gehen)
l'ospite *m/f*	Gast
vecchio, -a	alt
non lo conosco ancora	ich kenne ihn noch nicht
un tipo simpatico	ein netter Mensch/Kerl
il tipo	Typ

A 7
niente	nichts
mettere in ordine *m*	in Ordnung bringen, aufräumen
il fine settimana *uv*	Wochenende
occuparsi di	sich kümmern um, sich beschäftigen mit
fare le pulizie	putzen, saubermachen

B
tutti e due	(alle) beide
per motivi economici	aus finanziellen Gründen
il motivo	Grund
economico, -a	wirtschaftlich
certo che ...	gewiß ...
i nostri ruoli non sono ben definiti	unsere Rollen sind nicht genau festgelegt
incominciare (a) = cominciare (a)	beginnen (zu)
svegliare	wecken
controllare	kontrollieren
se	ob
per primo, -a	als erste(r), zuerst
il caos	Chaos
nervoso, -a	nervös
per fortuna	zum Glück
il paesino	Dörfchen
lo spazio	Platz, Raum
tanto verde	viel Grün
i cuginetti	die kleinen Vettern
per tutto il giorno	den ganzen Tag (lang)

ESERCIZI 8–9
forse	vielleicht
dalla parte della moglie	aus der Sicht der (Ehe-)Frau

ESERCIZIO 10
divorziato, -a	geschieden
sposato, -a	verheiratet
il compromesso	Kompromiß
ritrovare	(wieder) vorfinden, antreffen
pensare (di)	denken; halten (von)
il modo di vivere	Lebensweise
il modo	Art und Weise

LEZIONE 10

A 1

comincia...!	fang an!
l'estate f	Sommer
chiedi il catalogo!	fordere den Katalog an!
chiedere Part Perf: chiesto	verlangen
Il Vacanziere	Name eines ital. Reisekatalogs
prenotare	vorbestellen, buchen
per tempo	zeitig
presso tutte le agenzie di viaggi	bei allen Reisebüros
presso	bei
l'agenzia	Agentur
il viaggio	Reise
cambiare	ändern, wechseln
noleggiare	mieten
il camper	Wohnmobil
va'! Inf: andare	geh! fahr los!
il mondo è tuo!	die Welt gehört dir!
il mondo	Welt
prendete il treno!	nehmt/nehmen Sie den Zug! (Staatliche Eisenbahngesellschaft)
F.S. (Ferrovie dello Stato)	
nel Lazio	in/nach Latium (Region in Mittelitalien, mit der Hauptstadt Rom)
visitate la Ciociaria!	besucht/besuchen Sie die Ciociaria! (Gebiet im südlichen Latium)
la spiaggia Plur: spiagge	Strand
deserto, -a	verlassen, leer
in Basilicata	in der/die Basilicata (Region in Süditalien)
in Sardegna	in/nach Sardinien
l'aereo	Flugzeug
Alisarda	sardische Fluggesellschaft
avere bisogno di qc	etwas brauchen, benötigen
la pace	Friede
il silenzio	Ruhe, Stille
vieni! Inf: venire	komm!
in Val D'Aosta	im/ins Aosta-Tal
la valle	Tal
decidere Part Perf: deciso	(sich) entscheiden
le ferie	Ferien, Urlaub

ESERCIZIO 1

il consiglio	Rat(schlag)
la Puglia	Apulien
la mezza pensione	Halbpension

A 2

amare	lieben
la natura	Natur
danneggiare	beschädigen
il fiore	Blume
l'albero	Baum
inquinare	verschmutzen, verseuchen
le acque	Gewässer
accendere Part Perf: acceso	anzünden, anmachen
il fuoco Plur: -chi	Feuer
nei boschi	in den Wäldern
il bosco	Wald
lasciare	(hinter)lassen
i rifiuti	Abfälle
il prato	Wiese
respirare	(ein)atmen
non fumare	rauche nicht!

A 3

Tabacchi	Tabakwaren
la cartolina	(Ansichts-)Karte
il francobollo	Briefmarke
il Brasile	Brasilien
la Svezia	Schweden
gli Stati Uniti	die Vereinigten Staaten

A 4

Vieste	Badeort in Apulien
sul Gargano	auf dem Gargano (bergige Halbinsel in Apulien)
da dieci giorni	seit zehn Tagen
Bari	Hauptstadt von Apulien
mettere a disposizione f	zur Verfügung stellen
il tempo è bellissimo	das Wetter ist herrlich
facciamo molti bagni	wir baden viel
fare il bagno	baden
riposarsi	sich ausruhen
che tempo fa da voi?	wie ist das Wetter bei euch?
l'indirizzo	Adresse
Sondrio	Stadt in der Lombardei
usare	gebrauchen, verwenden
il CAP (Codice di Avviamento Postale)	Postleitzahl

Kästchen:
c'è il sole	die Sonne scheint
fa caldo	es ist warm/heiß
piove	es regnet
fa freddo	es ist kalt

Fumetto
che brutto tempo!	was für ein scheußliches Wetter!

A 5

hai scritto a Giacomo?	hast du Giacomo geschrieben?
gli ho scritto due giorni fa	ich habe ihm vor zwei Tagen geschrieben

ESERCIZIO 5

mandare	schicken
il biglietto di auguri	Glückwunschkarte

Fumetto

la bibita	Getränk
essere stufo, -a di qc	etwas satt haben
fare la fila	Schlange stehen
la fila	Reihe

A 6

vi è piaciuta la Puglia?	hat euch Apulien gefallen?
Inf: piacere	
ci sono delle spiagge bellissime	da gibt es herrliche Strände
fra quindici giorni	in vierzehn Tagen

ESERCIZIO 6

Castel del Monte	*Hohenstaufische Burg (um 1250 von Friedrich II. erbaut)*
il monte	Berg
le grotte di Castellana	die Grotten/Höhlen von Castellana
la chiesa di Santa Croce	die Heiligkreuz-Kirche
la croce	Kreuz
i trulli	*einräumige steinerne Rundhäuser*
il porto	Hafen
le isole Tremiti	die Tremiti-Inseln
l'isola	Insel
Lecce, Alberobello, Taranto	*Städte in Apulien*

ESERCIZI 8–10

il progetto	Plan, Vorhaben
finito, -a	zu Ende, aus
buon compleanno!	herzlichen Glückwunsch zum Geburtstag!

B

la montagna	Gebirge
ad Alassio	in Alassio *(Stadt am Ligurischen Meer)*
proprio quest'anno	ausgerechnet dieses Jahr
tutti i miei amici	alle meine Freunde
fate pure	macht das nur, von mir aus
senza di me	ohne mich
la ragazzina	(kleines) Mädchen

discutere *Part Perf:* discusso	diskutieren
autoritario, -a	autoritär
il papà	Papa, Papi
i tempi sono cambiati	die Zeiten haben sich geändert
ragionare	überlegen
cercare di fare qc	versuchen, etwas zu tun
sono anni che ...	schon seit Jahren
grazie ai vostri compromessi	dank eurer Kompromisse
faccio quello che volete voi	ich mache (das), was ihr wollt
pieno, -a di	voll von, voller
il menù	Speisekarte; Menü
sù!	na! jetzt aber!
esagerare	übertreiben
l'allegria	Fröhlichkeit
le stesse persone	dieselben Leute
lo stesso, la stessa	derselbe, dieselbe
queste cose	diese Dinge
la cosa	Sache
scegliere *Part Perf:* scelto	(aus)wählen
genuino, -a	echt, unverfälscht
vi va l'idea?	was haltet ihr davon?
da qui ad agosto	(von heute) bis August

ESERCIZI 13–15

a 14 anni	mit 14 Jahren
il luogo *Plur:* -ghi	Ort
il dépliant	Prospekt
come tutti gli anni	wie jedes Jahr
quali posti?	welche Orte?

ESERCIZIO 16

Cogne	*Stadt im Aosta-Tal*
Gran Paradiso	*Gebirgsmassiv im südlichen Aosta-Tal*
la torre	Turm
i nuraghi	*vorgeschichtliche kegelförmige Turmbauten in Sardinien*
il lago *Plur:* -ghi	der See
greco, -a	griechisch

LEZIONE 11

A 1

partire *1. Pers:* parto	abfahren
prossimo, -a	nächste(r, s)
da quale binario?	von welchem Gleis?

Tabellone:	Anzeigetafel	**A 3**	
TEE *(Trans-Europ-Express)*	TEE	nuova Scirocco	*Markenbezeichnungen für Autos sind im Ital. weiblich.*
EXPR = **il treno espresso,** l'espresso	Expreß	**più bello, -a**	schöner
Loc = **il treno locale,** il locale	Personenzug	**da domani**	ab morgen
		la benzina	Benzin
via Pisa	über Pisa	**aumentare (a)**	erhöhen; teurer werden
		i mezzi pubblici	öffentliche Verkehrsmittel
Fumetto			
La posso aiutare a portare le valigie?	kann ich Ihnen beim Koffertragen helfen?	il mezzo	Mittel
aiutare qu	jmdm helfen	**pubblico, -a** Plur: -ci, -che	öffentlich
la valigia	Koffer	**guidare**	fahren, lenken
		sicuro, -a	sicher
Piktogramme/Zeichnung:		**da fuori**	von außerhalb
l'ufficio informazioni	Informationsbüro	**meno caro**	billiger
l'informazione *f*	Information	**veloce** *m/f*	schnell
il gabinetto	Toilette	**troppo**	*hier:* zu lange
il deposito bagagli	Gepäckaufbewahrung		
il bagaglio	Gepäck	**ESERCIZIO 4**	
prenotazioni posti cuccetta	Liegewagen-Reservierung	**pratico, -a** Plur: -ci, -che	praktisch
la prenotazione	Reservierung	**la gita**	Ausflug
la cuccetta	Liegewagen(platz)		
la sala d'attesa	Wartesaal	**A 4**	
la biglietteria	Fahrkartenschalter	sul lago di Garda	auf dem/am Gardasee
chiuso *Inf:* chiudere	geschlossen	l'aliscafo	Tragflächenboot
		moderno, -a	modern
A 2		pittoresco, -a Plur: -chi, -che	malerisch
un biglietto di andata e ritorno per . . .	eine Rückfahrkarte nach . . .	**i treni rapidi più moderni**	die modernsten Schnellzüge
il biglietto	Fahrkarte; Fahrschein	silenzioso, -a	leise, ruhig
il ritorno	Rückkehr	Alitalia	*ital. Fluggesellschaft*
seconda classe	zweiter Klasse	la categoria	Kategorie
cambiare	umsteigen	**offrire** *1. Pers:* offro	(an)bieten
Terontola	*Verkehrsknotenpunkt an der Zugstrecke Florenz - Rom (Umsteigemöglichkeit nach Perugia)*	ai prezzi più bassi	zu den niedrigsten Preisen
		basso, -a	niedrig
in ritardo	mit Verspätung	**ESERCIZIO 5**	
la coincidenza	Anschluß	la pubblicità	Werbung
		elegante *m/f*	elegant
ESERCIZIO 2		**famoso, -a**	berühmt
il (treno) rapido	IC-Zug	**scegliere** *(1. Pers:* scelgo; *Part Perf:* scelto)	(aus)wählen
rapido, -a	schnell		
il (treno) diretto delle 21.40	der Eilzug um 21.40	la Giulietta	*Automarke*
		l'Umbria	Umbrien
diretto, -a	direkt	**la regione**	Region
aspettare	warten		
		A 5	
ESERCIZIO 3		**la stazione di servizio**	Tankstelle
ascoltare qc	etwas anhören	**aperto, -a**	offen
su quale binario?	auf welchem Gleis?	**aprire** *1. Pers:* apro	öffnen
proveniente da	aus *(Richtung)*	**il pieno, per favore**	bitte volltanken
		senta, . . .	hören/sagen Sie . . . !
		Tortona	*Stadt in Piemont*

V

prenda l'autostrada!	nehmen Sie die Autobahn!
continui sempre dritto	fahren Sie immer geradeaus!
il semaforo	Ampel
il casello	Mautstelle

Kästchen:
l'incrocio	Kreuzung
vada . . . ! *Inf:* andare	gehen Sie . . . !
chiedere a qu	jmdn fragen
il vigile	Verkehrspolizist

Foto:
l'uscita	Ausfahrt; Ausgang
il pagamento	(Be-)Zahlung
il pedaggio	Autobahngebühr

Fumetto
una gomma a terra	Reifenpanne
la gomma	Reifen; Gummi
a terra	am/zu Boden
il faro	Scheinwerfer
il guasto	Schaden
il motore	Motor

ESERCIZIO 6
Caserta	*Stadt in Kampanien*
mettere su	hinaufstellen
sul treno	im Zug
fare il pieno	volltanken

ESERCIZIO 7
Lubecca	Lübeck
la pianta della città	Stadtplan
il/la turista	Tourist(in)

A 6
Onda verde	*„Grüne Welle" (Sendung für Autofahrer)*
l'incidente *m*	Unfall
la statale adriatica	*Nationalstraße am Adriatischen Meer*
al chilometro 25	bei Kilometer 25
il traffico	Verkehr
intenso, -a	dicht; intensiv
la direzione	Richtung
l'ingorgo *Plur:* -ghi	Stau
Salerno	*Stadt in Kampanien*
la coda	Schlange, Stau
il valico di frontiera *Plur:* -chi	Grenzübergang
la frontiera	Grenze

ESERCIZI 8–9
prima della partenza	vor der Abfahrt
gli dice di fare attenzione (a)	sie sagt ihm, er solle achtgeben (auf)
l'attenzione *f*	Aufmerksamkeit
andare forte	schnell fahren
forte *m/f*	stark
la moto *uv*	Motorrad
la pausa	Pause
salutare	grüßen
la mamma	Mama

ESERCIZIO 9
buone vacanze!	schöne Ferien!
la radio *uv*	Radio
consigliare (di)	raten/empfehlen (zu)
chiudere a chiave	abschließen
dare	geben

Fotos:
divieto di transito	Durchfahrt verboten
sosta vietata	Halteverbot
dal lato della cifra „l"	auf der Seite mit der Ziffer „l"
i giorni di data dispari	an Tagen mit ungeradem Datum (1./3./5. . . .)
i giorni di data pari	an Tagen mit geradem Datum (2./4. . . .)
alt	halt!
avanti	vorwärts! herein!
divieto di sorpasso	Überholverbot
l'autoveicolo	Fahrzeug

B
via (da)	weg (von)
pazzo, -a	verrückt
il primo turno	erste Schicht
salire (su) *1. Pers:* salgo	einsteigen (in)
essere fermo, -a	(still)stehen
il mattino = la mattina	Morgen
le mogli *Sing:* moglie	(Ehe-)Frauen
via!	ab! los!
industriale *m/f*	industriell; Industrie-
ogni anno	jedes Jahr
ogni *uv*	jede(r, s)
migliaia di	Tausende von
l'automobilista *m/f*	Autofahrer(in)
la fabbrica	Fabrik
il periodo	Zeit, Periode
ma ecco appena fuori dalla città	aber kaum ist man außerhalb der Stadt
entrare	einfahren; eintreten
delle ore	Stunden, stundenlang
il forno	Backofen
piangere *Part Perf:* pianto	weinen
la condizione	Umstand, Bedingung
pericoloso, -a	gefährlich

eppure	und doch	**A 2**		
odiato, -a	verhaßt	apparecchiare la tavola	den Tisch decken	
evitare	vermeiden	**la tavola**	(Eß-)Tisch, Tafel	
trasmettere *Part Perf:* trasmesso	(Radio) senden	la tovaglia	Tischtuch	
la situazione	Situation	il tovagliolo	Serviette	
la Società Autostrade	Autobahnen- gesellschaft	**il bicchiere da acqua**	Wasserglas	
		il bicchiere da vino	Weinglas	
lanciare	*hier:* starten	**il piatto**	Teller; Gericht	
la campagna pubblicitaria	Werbekampagne	**la forchetta**	Gabel	
		il coltello	Messer	
dal titolo ...	unter/mit dem Titel ...	**il cucchiaio**	Löffel	
intelligente *m/f*	intelligent	**il cucchiaino**	Dessert-/Kaffeelöffel	
il motel *uv*	Motel			
ricevere	erhalten	**ESERCIZIO 2**		
il volantino	Flug-, Faltblatt	**il regalo**	Geschenk	
indicare *1. Pers:* indico	angeben, anzeigen	il servizio	Service	
critico, -a *Plur:* -ci, -che	kritisch	la posata	(Eß-)Besteck	
originale *m/f*	originell	**la ricetta**	Rezept	
organizzare	organisieren			
il letto di fortuna	Behelfsbett, Schlaf- gelegenheit	**A 3**		
		come primo	als ersten Gang	
distribuire *1. Pers:* distribuisco	verteilen	gli gnocchi	*Klößchen (aus Mehl und Kartoffeln)*	
il pasto	Mahlzeit	fatto in casa	hausgemacht	
		e da bere?	und zu trinken?	
ESERCIZI 10–13		**bere** *1. Pers:* bevo	trinken	
l'autostrada del sole	*Autobahn von Mailand bis Neapel*	**rosso, -a**	rot	
Prato	*Stadt in der Toskana*	**A 4**		
a pochi chilometri da Firenze	wenige Kilometer von Florenz (entfernt)	il brasato	Schmorbraten	
state buoni!	seid ruhig/artig!	**non so ancora**	ich weiß noch nicht	
il casello autostradale	Mautstelle	**sapere**	wissen	
stradale *m/f*	Straßen-	il manzo	Rind(fleisch)	
di giorno	während des Tages, bei Tag	**la bistecca**	(T-Bone-)Steak; *regional:* Schnitzel	
l'autogrill *uv*	Autobahnraststätte	**al sangue**	englisch	
la storia	Geschichte	il sangue	Blut	
		ben cotto, -a	gut durch(gebraten)	
		Fumetto		
		l'ossobuco	Kalbshaxe *(Scheibe)*	
		ordinare	bestellen	
		lo spezzatino	*Art Gulasch*	
LEZIONE 12		**Kästchen:**		
		il contorno	Beilage	
A 1		**Lista delle vivande**	Speisekarte	
è proprio qui	es ist gleich hier	**misto, -a**	gemischt	
Todi	*Stadt in Umbrien*	il melone	Melone	
si spende molto?	ist es teuer?	il minestrone	(dicke) Gemüsesuppe	
si mangia bene	man ißt gut	in brodo	in der Brühe	
piuttosto *Adv*	ziemlich	al ragù	mit Fleischsoße	
		le penne	*Art Nudeln*	
Fumetto		all'arrabbiata	mit pikanter Soße	
il tavolo	Tisch	**la cotoletta**	Kotelett; Schnitzel	
accomodatevi qui *Inf:* accomodarsi	nehmen Sie bitte hier Platz	la cotoletta alla milanese	Wiener Schnitzel	

227

la bistecca alla fiorentina	gegrilltes T-Bone-Steak
l'arrosto di vitello	Kalbsbraten
l'arrosto	Braten
il fegato	Leber
alla veneziana	auf venezianische Art
i petti di pollo	Hähnchenfilets
il petto	Brust
il pollo	Huhn; Hähnchen
bianco, -a *Plur:* -chi	weiß
il pesce	Fisch
le cozze	Miesmuscheln
la sogliola	Seezunge
fritto, -a	gebraten, gebacken
il pesce spada	Schwertfisch
alla griglia	gegrillt
le patatine (arrosto)	(Brat-)Kartoffeln
i finocchi	Fenchel
le melanzane	Auberginen
formaggi assortiti	Käseauswahl
il dolce	Süßspeise, Nachtisch, Kuchen
dolce *m/f*	süß
di stagione *f*	je nach Jahreszeit
la macedonia	Obstsalat
la zuppa inglese	Süßspeise aus Creme und aus in Likör getauchten Biskuits
la zuppa	Suppe
servizio compreso	Bedienung inbegriffen

ESERCIZIO 3

il sugo	Soße
il peperoncino	Paprikaschote
il pezzo	Stück
il salame	Salami

A 5

ci porti della frutta	bringen Sie uns (etwas) Obst
un amaro	(Magen-)Bitter
amaro, -a	bitter
l'uva	Weintraube(n)
il conto	Rechnung

ESERCIZIO 5

ti dispiace?	macht es dir etwas aus?
alla fine	zum Schluß
la fine	Ende

A 6

l'errore *m*	Fehler, Irrtum
la ricevuta	Quittung
il coperto	Gedeck

B

il locale	Lokal
tipicamente *Adv*	typisch
rispecchiare	widerspiegeln
il gusto	Geschmack
raffinato, -a	raffiniert
semplice *m/f*	einfach
richiedere *Part Perf:* richiesto	verlangen, erfordern
gli ingredienti	Zutaten
non solo . . . ma anche . . .	nicht nur . . . sondern auch . . .
la partecipazione personale *m/f*	Teilnahme, Einsatz persönlich
da parte di chi li prepara	seitens desjenigen, der sie zubereitet
il proprietario	Besitzer
che sa . . .	welche es versteht, . . .
sapere	wissen; können (weil man es weiß/gelernt hat)
il sapore	Geschmack
lungo, -a *Plur:* -ghi	lang
la specialità *uv*	Spezialität
regionale *m/f*	regional
con cura	sorgfältig
affrontare	sich behaupten gegen
la concorrenza	Konkurrenz
la tavola calda	Art Schnellrestaurant
i locali „fast-food"	moderne Schnellgaststätten
di importazione americana	aus Amerika importiert
da poco	seit kurzem
il punto d'incontro	Treffpunkt
un paio di . . .	ein paar . . .
lo spettacolo	Schauspiel; Vorstellung
limitato, -a	begrenzt
o . . . o . . .	entweder . . . oder . . .
il banco	Theke
in piedi	im Stehen
ultimo, -a	letzte(r, s)
la novità *uv*	Neuheit; Neuigkeit
soprattutto	vor allem
i ragazzini	*hier:* Jugendliche
andare pazzo, -a per	verrückt sein nach
il modello	Modell
le patatine	*hier:* Pommes frites
la mancanza di tempo	Zeitmangel
l'aumento	Erhöhung
il desiderio	Wunsch
essere alla moda	mit der Mode gehen
la moda	Mode
l'abitudine *f*	Gewohnheit

ESERCIZIO 8

festeggiare	feiern

LEZIONE 13

A 1
cambiare	wechseln
300 marchi	300 DM
il marco	Mark
il documento d'identità	Ausweis
eccolo	hier (ist er)
il cambio	Wechsel(kurs)
si accomodi pure alla cassa	gehen Sie bitte zur Kasse
la banconota	Banknote
la moneta	Münze; Währung
spiccioli m Plur	Kleingeld

ESERCIZIO 1
la patente, prego	Ihren Führerschein, bitte!

A 2
la giacca/giacchetta	Jacke
il giaccone	(dicke/lange) Jacke
celeste pastello uv	hellblau (in Pastellton)
celeste m/f	(himmel)blau
la camicetta	Bluse
la seta	Seide
il motivo	Motiv
geometrico Plur: -ci	geometrisch
la gonna	Rock
l'altezza	Höhe
il ginocchio	Knie
la borsetta	Handtasche
la borsa	Tasche; Tüte
il baschetto	Baskenmütze
il colore	Farbe
marrone uv	braun
il cappotto	Mantel
la lana	Wolle
i pantaloni	Hose
il velluto a coste	Cordsamt
la sciarpa	langer Schal
giallo senape uv	senffarben
giallo, -a	gelb
la cintura	Gürtel
il cuoio	Leder
chiaro, -a	hell
la scarpa	Schuh
il completo	Kostüm; Anzug
spezzato, -a	zweiteilig
a righe verticali	längsgestreift
il cotone	Baumwolle
sottile m/f	dünn
le calze	Strümpfe
scuro, -a	dunkel
il cappello	Hut
nero, -a	schwarz
grigio, -a	grau
arancione uv	orange
rosa uv	rosa
viola uv	violett
blu uv	dunkelblau
azzurro, -a	blau
verde m/f	grün
scozzese m/f	schottisch, Schotten-
a quadri	kariert
in tinta unita	uni (einfarbig, nicht gemustert)

A 3
saldi m Plur	Schlußverkauf
il saldo	Rest(posten)
abiti da uomo e da donna	Herren- und Damenbekleidung
l'abito	Anzug, Kleid
favoloso, -a	sagenhaft
il/la cliente	Kunde, Kundin
provare	(an)probieren
da 40.000 lire	zu 40.000 Lire
la vetrina	Schaufenster
la taglia	(Konfektions-)Größe
pure	nur, ruhig, doch
sembrare	scheinen
stretto, -a	eng
corto, -a	kurz
mi faccia provare . . .	lassen Sie mich . . . anprobieren
non c'è più	die ist nicht mehr da

ESERCIZI 2–3
il vestito	Kleid, Anzug
l'abbonamento	Abonnement

A 4
il maglione	Pullover
lungo, -a Plur: -ghi	lang
quello rosso ti sta meglio	der rote steht dir besser
davvero?	wirklich?
prendo quello	ich nehme den (da)
quanto viene?	wie hoch kommt er?
lo sconto	Rabatt

ESERCIZIO 4
l'impermeabile m	Regenmantel

A 5
quei sandali	die Sandalen dort
il numero	hier: Größe
i soldi	Geld
prestare	leihen

ESERCIZIO 5
qualcosa di bello	etwas Schönes
colorato, -a	farbig

A 6
calzature f Plur	Schuhe
prezzi fissi	Festpreise

un paio *Plur:* due paia *f*	Paar
portare	tragen
mi faccia vedere qualcos'altro	zeigen Sie mir etwas anderes
ma quelle mi piacciono di più	aber die (da) gefallen mir besser
indeciso, -a	unentschlossen
ci penso	ich überlege es mir noch

ESERCIZIO 7

l'abbigliamento	Kleidung
l'argomento	Argument

ESERCIZI 8–9

l'abito da sera	Abendkleid
regalare	schenken
la scatola	Schachtel

B 1

il collo	Hals; Kragen
riconoscere (da)	erkennen (an)
un motivo ornamentale	modisches Attribut
molto richiesto, -a	viel verlangt
il metro	Meter

B 2

l'intervista	Interview
il direttore	*hier:* Geschäftsführer
a contatto con	in Kontakt mit
prevedere	voraus-, vorhersehen
il pubblico	Publikum; *hier:* Kundschaft
vendere	verkaufen
accontentare	zufriedenstellen
ritornare	wiederkommen
frequentare	(regelmäßig) aufsuchen, besuchen
la roba	Sachen
in genere	im allgemeinen
diverso, -a (da)	verschieden (von)
alla portata di tutti	für alle erschwinglich
la portata	Reichweite
firmato, -a	signiert
capi esclusivi	exklusive Stücke
gli accessori	Zubehör, Accessoires
l'anno scorso	letztes Jahr
scorso, -a	vergangen
che cosa va di moda?	was ist gerade Mode?
quindi	und so, daher
andare forte	gut gehen
turchese *uv*	türkis
possibile *m/f*	möglich
i laureati in legge	*hier:* Juristen
l'architetto	Architekt
il poeta	Dichter
sciupato, -a	abgetragen
timido, -a	schüchtern
insomma	also, kurz gesagt
secondo Lei	Ihrer Meinung nach
credere	glauben
in realtà	in Wirklichkeit
seguire qu/qc 1. Pers: seguo	jmdm/etwas folgen
il cliché *uv*	Klischee
io la penso così	das ist meine Meinung
di una volta	von früher/einst
in fondo	im Grunde
che cosa c'è di male?	was ist daran so schlecht?

ESERCIZI 12–15

lo scialle	Schal, Hals-/Kopftuch
preferito, -a	Lieblings-
andare con i tempi	mit der Zeit gehen
fuori dal tempo	unmodern
mettersi qc	etwas anziehen
andare d'accordo	einig/einer Meinung sein
il temperamento	Temperament
l'opinione *f*	Meinung

LEZIONE 14

A 1

la bambola	Puppe
morto, -a	gestorben; tot
la malattia	Krankheit
sconosciuto, -a	unbekannt
meraviglioso, -a	wunderbar
l'avorio	Elfenbein
alto, -a	hoch, groß
il centimetro	Zentimeter
il corpo	Körper
ben proporzionato, -a	gut proportioniert
la gamba	Bein
il braccio *Plur:* le braccia	Arm
snodabile *m/f*	*mit beweglichen Gelenken*
il viso	Gesicht
ovale *m/f*	oval
l'occhio	Auge
il naso	Nase
la bocca	Mund
espressivo, -a	ausdrucksvoll
ben caratterizzato, -a	gut herausgearbeitet
i capelli	Haar
raccolto, -a	*hier:* aufgebunden
l'acconciatura	Frisur
l'imperatrice Faustina	Kaiserin Faustina (104–141 n. Chr.)

coprire *1. Pers:* copro; *Part Perf:* coperto	bedecken; zudecken
interamente *Adv,* **intero, -a**	ganz
l'orecchio	Ohr
perfetto, -a	vollkommen; perfekt
l'armonia	Harmonie
la spalla	Schulter
nel pollice	am Daumen
la mano *Plur:* le mani	Hand
l'anello	Ring
probabilmente *Adv,* **probabile** *m/f*	vermutlich, wahrscheinlich
il/la fidanzato, -a	Verlobte(r)

A 2

il/la farmacista	Apotheker(in)
contro	gegen
il raffreddore	Erkältung
la pastiglia	Pastille, Tablette
ogni sei ore	alle sechs Stunden
queste le ho già prese	die habe ich schon genommen
qualcosa di più forte	etwas Stärkeres
ci vuole la ricetta medica	dafür braucht man ein ärztliches Rezept
lo sciroppo	Sirup, (Husten-)Saft

A 3

la medicina	Medizin; Arznei
dannoso, -a (a)	schädlich (für)
la salute	Gesundheit
prima di prenderle	vor dem Einnehmen
consultare	zu Rate ziehen
il medico di fiducia	Hausarzt
il medico *Plur:* -ci	Arzt
la fiducia	Vertrauen

ESERCIZI 1–2

la forma appropriata	die passende Form
la capsula	Kapsel
la commedia	Komödie
Pirandello	*ital. Erzähler und Dramatiker (1867–1936)*
la rivista	Zeitschrift

Fumetto

accidenti!	verflixt noch mal!
la tosse	Husten
dovresti smettere di fumare *Part Perf:* smesso	du solltest/müßtest mit dem Rauchen aufhören
una buona volta	endlich einmal

A 4

l'ambulatorio	Praxis; Sprechzimmer
il dottore, la dottoressa	Doktor; Arzt, Ärztin
avrei bisogno di . . .	ich bräuchte . . .

la visita	Untersuchung
l'appuntamento	Termin; Verabredung
potrebbe venire alle 11?	könnten Sie um 11 kommen?

ESERCIZI 3–4

che cosa farebbe al posto mio?	was würden Sie an meiner Stelle tun?
la camomilla	Kamillentee
il training autogeno	autogenes Training
tra = fra	
il televisore a colori	Farbfernseher
Rete 3	3. Programm
Juventus, Roma	*Fußballvereine in Turin und Rom*

A 5

che cosa si sente?	wo fehlt's?
mi fa male la gola	ich habe Halsweh
la febbre	Fieber
spogliarsi	sich freimachen/ausziehen
respirare a lungo	lange/tief einatmen
tossire *1. Pers:* tossisco	husten
leggero, -a	leicht
la bronchite	Bronchitis
infiammato, -a	entzündet
prescrivere *Part Perf:* prescritto	verschreiben
ne	davon
dopo i pasti	nach den Mahlzeiten

ESERCIZIO 5

ordinare	verordnen
la compressa	Tablette
il collirio	Augentropfen
la goccia *Plur:* gocce	Tropfen

Fumetto

il mal di testa	Kopfweh
la testa	Kopf
non ho niente	ich habe nichts

A 6

bravo, -a	gut, tüchtig
il/la pediatra	Kinderarzt, -ärztin
non conosco nessuno	ich kenne niemanden
senz'altro	sicher, bestimmt
il/la dentista	Zahnarzt, -ärztin

ESERCIZIO 6

preoccupato, -a	besorgt
litigare	streiten
malato, -a	krank

V B

addio!	ade!
la sigaretta	Zigarette
iniziare	beginnen
la lega	Liga
la lotta	Kampf
il tumore	Tumor
forse è la volta buona	vielleicht klappt es diesmal
perlomeno	mindestens
lo schiavo	Sklave
sveglio, -a	wach
insomma	alles in allem
il pacchetto	Packung, Päckchen
sperare	hoffen
del tutto	völlig, ganz
accidenti!	Donnerwetter!
un bel risultato	ein schönes Ergebnis
la volontà	Willen
non serve a niente	es führt zu nichts/hat keinen Sinn
servire (a) 1. Pers: servo	dienen, nützlich sein (zu)
l'aiuto	Hilfe
il gruppo	Gruppe
praticare	anwenden, praktizieren
la psicoterapia	Psychotherapie
l'ipnosi f	Hypnose
l'agopuntura	Akupunktur
prima di tutto	vor allem
continuamente Adv	ständig
il fumo	Rauch, Rauchen
il cancro	Krebs
i polmoni	Lungen
un bel po' di soldi	ein hübsches Sümmchen
gli affari	Geschäfte
dare fastidio (a)	lästig sein, stören
completamente Adv	völlig
altro che ...!	von wegen ...!
il simbolo	Symbol
la virilità	Männlichkeit
la personalità	Persönlichkeit

ESERCIZI 8–12

fra od **tra**	zwischen, unter
Bacco	Bacchus; Wein
Venere	Venus; Liebe
ridurre (in) 1. Pers: riduco	machen, werden lassen (zu)
la cenere	Asche
il/la paziente	Patient(in)
fumatori	Raucher
oppure	oder
l'amore m	Liebe
farsi male	sich weh tun
il dito Plur: le dita	Finger
sotto stress	unter/im Streß
la cura dimagrante	Abmagerungskur

LEZIONE 15

A 1

affittasi	zu vermieten
affittare	(ver)mieten
ammobiliato, -a	möbliert
la zona	Zone; Gegend
uso servizi	Küchen- und Badbenützung
l'uso	Gebrauch, Benützung
i servizi	Küche, Bad, WC
periodi brevi	kurzfristig (zu vermieten)
breve m/f	kurz
mensile m/f	monatlich
l'armadio	Schrank
il cassetto	Schublade
la scrivania	Schreibtisch
la lampada	Lampe
la poltrona	Sessel
il quadro	Bild
le tende	Vorhänge
arredare	möblieren, einrichten
a due passi da	ganz in der Nähe von
il passo	Schritt
l'affitto	Miete
il riscaldamento	Heizung
la luce	Licht
usare	benutzen
naturalmente Adv	natürlich

ESERCIZIO 1

centrale m/f	zentral

A 2

il tetto	Dach
la finestra	Fenster
la porta	Tür
vendesi	zu verkaufen
rivolgersi a Part Perf: rivolto	sich wenden an
finito, -a	fertig
il pavimento	(Fuß-)Boden
davanti	vorn
dietro	hinten; hinter
previsto, -a	vorgesehen
il giardino	Garten
l'interno	das Innere

A 3

la cantina	Keller
il pianterreno	Erdgeschoß
il primo piano	erster Stock
le scale	Treppe
l'angolo pranzo	Eßecke
l'angolo	Ecke
là	dort
in fondo	hinten

dare su	(Fenster, Tür) gehen auf, führen zu
sopra	oben; oberhalb, über
altro, -a	weitere(s), noch ein
lo studio	Arbeitszimmer
sotto	unten; unter
la stanza	Zimmer
davanti a	vor

ESERCIZIO 2

la confusione	Durcheinander
il ladro	Dieb
mamma mia!	ach du meine Güte!

A 4

odiare	hassen
all'alba	im Morgengrauen
interessarsi di	sich interessieren für
la politica	Politik
il partito	Partei
uguale m/f	gleich
la TV	Fernsehen
adattato (da)	adaptiert (aus)
l'Espresso	ital. Zeitschrift

ESERCIZIO 4

la tranquillità	Ruhe
l'aria	Luft
pulito, -a	sauber
lontano da	weit (entfernt) von
perdere Part Perf: perso	verlieren; versäumen

A 5

la collina	Hügel
possibilmente	wenn möglich, möglichst
la terrazza	Terrasse
la terra	hier: Grund und Boden
intorno	(rings)herum
il quartiere	(Stadt-)Viertel
la manifestazione	Veranstaltung
incredibile m/f	unglaublich
in periferia	am Stadtrand
il rumore	Lärm

ESERCIZIO 6

Potenza	Hauptstadt der Basilicata

A 6

la crisi uv	Krise
l'alloggio	Unterkunft, Wohnung
la coppia	Paar
l'insegnante m/f	Lehrer(in)
in primavera	im Frühjahr
dovrei sposarmi	ich habe vor, zu heiraten
cioè	das heißt, nämlich
non si trovano appartamenti in affitto	man findet keine Mietwohnungen
disponibile m/f	verfügbar
futuro, -a	zukünftig
disposto, -a (a)	bereit, willens
qualche dubbio	einige Zweifel
il dubbio	Zweifel
facilmente Adv, facile m/f	leicht

B

Milano

eccezionale m/f	außergewöhnlich, einmalig
il commerciante	Geschäftsmann, Händler
il professionista	Freiberufler
lo scienziato	Wissenschaftler
l'industriale	Industrieller
il banchiere	Bankier
il finanziere	Finanzier
la conferenza	Konferenz
l'arte f	Kunst
la sfilata di moda	Modeschau
popolare m/f	volkstümlich, Volks-
il giudizio	Urteil
emotivo, -a	gefühlsbetont
sporco, -a Plur: -chi	schmutzig
trascurato, -a	verwahrlost
(in)efficiente m/f	(nicht) leistungsfähig
con qualche ayatollah in meno e qualche grattacielo in più	mit ein paar Ayatollahs weniger und ein paar Wolkenkratzern mehr
il misto	Mischung
Stoccolma	Stockholm
polemizzare	polemisieren
Camilla Cederna, Giorgio Bocca	ital. Journalisten

Roma

eterno, -a	ewig
l'inquinamento	(Luft-)Verschmutzung
la povertà	Armut
la ricchezza	Reichtum
la speculazione	Spekulation
il divertimento	Unterhaltung, Vergnügen
il giornalaio	verkauft Zeitungen
il barista	bedient in einer „Bar"
con te	mit dir
democratico, -a Plur: -ci	demokratisch
internazionale m/f	international
esistere	existieren, geben

Napoli

risolvere Part Perf: risolto	lösen
il cuore	Herz

uscire *1. Pers:* esco	hinaus-/ausgehen
il vicolo	Gasse
il contrabbandiere	Schmuggler
la prostituta	Prostituierte
sopravvivere	überleben
l'indifferenza	Gleichgültigkeit

ESERCIZI 9–10

la conoscenza	Kenntnis; Bekannt-schaft
la descrizione	Beschreibung
culturale *m/f*	kulturell, Kultur-
la caratteristica	besonderes Merkmal

LEZIONE 16

A 1

Ovindoli, Avezzano	*Orte in den Abruzzen*
la neve	Schnee
lo sci	Ski
la sciovia	Skilift
la seggiovia	Sessellift
ottimo, -a	ausgezeichnet
la pista	Piste, Abfahrt
la pista di fondo	Loipe
il fondo	Langlauf
l'escursione *f*	Ausflug
tutto l'anno	das ganze Jahr
tutti i comforts	jeglicher Komfort
folcloristico, -a *Plur:* -ci	folkloristisch
la competizione	Wettbewerb, -kampf

ESERCIZIO 1

il vacanziere	*hier scherzhaft für:* Urlauber
felice *m/f*	glücklich
le piste nere	schwarze Abfahrten *(höchster Schwierigkeitsgrad)*

A 2

il parco nazionale d'Abruzzo	*Nationalpark in den Abruzzen*
ci	da, dort
in inverno	im Winter
non . . . mai	nie

ESERCIZIO 2

Orvieto	*Stadt in Umbrien*
il Lago Trasimeno	*Trasimenischer See (in Umbrien)*

A 3

la discesa libera	Abfahrt(slauf)
la discesa	Abstieg
rilassante *m/f*	entspannend

ESERCIZIO 3

il calcio	Fußball
il basket	Basketball, Korbball
il nuoto	Schwimmen
la marcia	Gehen *(Sportart)*
il pattinaggio	Schlittschuhlaufen
la boxe	Boxen
brutale *m/f*	brutal

Fumetto

muovere *Part Perf:* mosso	bewegen
chiamare	rufen

A 4

durante le vacanze di Pasqua	in den Osterferien
durante	während
qualche giorno	einige Tage
iscriversi (a) *Part Perf:* iscritto	sich anmelden/einschreiben (für)
il corso di vela	Segelkurs
sciare	skifahren
il cielo	Himmel

ESERCIZIO 4

giocare a carte	Karten spielen

A 5

le previsioni del tempo	Wettervorhersage
la temperatura riprende a diminuire	die Temperatur fällt wieder
riprendere *Part Perf:* ripreso	wieder anfangen
diminuire *1. Pers:* diminuisco	(sich) vermindern
la nebbia	Nebel
in Val Padana	in der Po-Ebene
la nevicata	Schneefall
le Alpi	Alpen
l'Appennino tosco-emiliano	der Apennin in der Toskana und in der Emilia-Romagna
al di sopra di	oberhalb
la pioggia	Regen
l'Adriatico	Adria
settentrionale *m/f*	nördlich
sereno, -a	heiter
nuvoloso, -a	bewölkt
meridionale *m/f*	südlich
mosso, -a	bewegt
occidentale *m/f*	westlich
il Mar Ligure	Ligurisches Meer
il Mar Tirreno	Tyrrhenisches Meer
il Mar Adriatico	Adria
il Mar Jonio	Jonisches Meer

ESERCIZIO 5

nevicare	schneien

A 6

lo sport	Sport
a me	mir
la piscina	Schwimmbad
mantenersi in forma	sich in Form halten
giocare a bocce	Boccia spielen
la boccia	(Boccia-)Kugel
a volte	manchmal
allenarsi	trainieren
il sogno	Traum
vincere Part Perf: vinto	siegen; gewinnen
il campionato	Meisterschaft

ESERCIZI 6–7

il centrocampo	Mittelfeld
verso le cinque	gegen fünf Uhr
secondo lui	seiner Meinung nach
il Giro d'Italia	Italienrundfahrt (Radwettbewerb)
il giro	Tour
la gara	Wettkampf
la fantasia	Phantasie
la regola	Regel

B

il dopo-mondiale	nach der Weltmeisterschaft
„un sogno di mezza estate"	Anspielung auf „Ein Sommernachtstraum" von Shakespeare
il trionfo di Madrid	der Triumph von Madrid (1982 wurde Italien in Madrid Fußballweltmeister nach einem Sieg über die bundesdeutsche Mannschaft.)
impazzire (di)	verrückt werden (vor)
la gioia	Freude
magico, -a Plur: -ci	magisch
durare	dauern
la tassa	Steuer
l'inflazione f	Inflation
e così via	und so weiter
il ciclismo	Radsport
la ruota	Rad
attraversare	durchqueren
il paese	Land
incassare	kassieren
rischiare	riskieren
mi piace da morire	er gefällt mir wahnsinnig
morire Part Perf: morto	sterben
l'atleta	Athlet, Wettkämpfer
soltanto	nur
la vittima	Opfer
colpevole m/f	schuldig
il campione	Meister, Champion
in erba	angehend
vinca il minore	der Jüngste soll siegen
trasformare (in)	verwandeln (in)
l'aspettativa	Erwartung
lo sponsor	Sponsor, Geldgeber
spingere Part Perf: spinto	schieben, stoßen; antreiben
l'abbigliamento	Kleidung
la tuta	Trainingsanzug
i pantaloncini	*kurze Sporthose*
i calzettoni	Kniestrümpfe
l'esercito	Heer
l'esclusiva	Alleinrecht
in attività	aktiv

ESERCIZIO 8

il titolo	Titel
l'articolo	Artikel
la foto(grafia)	Foto(grafie)
riferirsi (a) 1. Pers: mi riferisco	sich beziehen (auf)
la magia	Zauber, Magie
il pericolo	Gefahr
l'industria	Industrie
la tecnica	Technik

ESERCIZI 9-11

la vittoria	Sieg
in che modo?	wie? auf welche Weise? in welcher Hinsicht?
il/la vicino, -a	Nachbar(in)

LEZIONE 17

ESERCIZIO 1

le preferenze	Vorlieben, Neigungen
fare da mangiare	etwas zu essen machen
la galleria	Galerie

A 2

gli zampognari	Dudelsackspieler
per le strade	auf den Straßen
ai miei tempi	zu meiner Zeit, in meiner Jugend
andavano di casa in casa	sie gingen von Haus zu Haus
suonare	(ein Instrument) spielen

ESERCIZIO 2

quando ero bambino, -a	als ich noch klein war
Natale m	Weihnachten
da bambino, -a	als Kind
il disegno	Zeichnung
la candela	Kerze

cantare	singen
i dolci	(Weihnachts-)Gebäck
suonare il piano	Klavier spielen
il violino	Geige
il flauto	Flöte
Buon Natale!	Fröhliche Weihnachten!

A 3

il carnevale	Karneval
la tradizione	Tradition
far festa	feiern
antico, -a Plur: -chi	alt
il viaggiatore	der Reisende
di un tempo	von einst
il canale	Kanal
i festeggiamenti	Feiern, Feste
il corteo	(Um-)Zug
la barca	Boot
la gondola	Gondel
celebrare	feiern
il nemico Plur: -ci	Feind
l'elezione f	Wahl
il doge	Doge (Oberhaupt der ehemaligen Republik Venedig)
l'arrivo	Ankunft
l'ambasciatore	Botschafter
il re uv	König
la rappresentazione	Schauspiel, Vorstellung
il palcoscenico	Bühne

B

il passato	Vergangenheit
il secolo	Jahrhundert
i Romani	die (alten) Römer
il dio Saturno	der Gott Saturn
in quel giorno	an jenem Tag
capovolto	auf den Kopf gestellt, verkehrt
lo schiavo	Sklave
il diritto	Recht
il padrone	Herr; Besitzer
l'attore m **l'attrice** f	Schauspieler(in)
improvvisato, -a	improvisiert, Stegreif-
rappresentare	darstellen, spielen
lo spirito	Geist
la maschera	Maske
il lutto	Trauer
l'angoscia	Beklemmung, Angst
religioso, -a	religiös
l'origine f	Ursprung
il presepe	Krippe
vivente m/f	lebend
la scena	Szene
la passione di Cristo	Leiden Christi
la parte	Teil
il Medio Evo	Mittelalter
il/la solo, -a	der/die einzige
storico, -a Plur: -ci	geschichtlich
il personaggio	Person, Gestalt
fare rivivere	zu neuem Leben erwecken
il ricordo	Erinnerung
la realtà	Wirklichkeit
Arezzo	Stadt in der Toskana
la Giostra del Saracino	Turnier des Sarazenen (Fest in Arezzo)
la battaglia	Schlacht
il pirata	Pirat
saraceno, -a	sarazenisch
la paura	Angst
la morte	Tod
lungo	entlang, längs
la costa	Küste
Assisi	Stadt in Umbrien
il salto	Sprung, Satz
indietro	zurück, rückwärts
il Rinascimento	Renaissance
come allora	wie damals
non bisogna dimenticare	man darf nicht vergessen
dimenticare 1. Pers: dimentico	vergessen
la sagra	(Volks-)Fest
paesano, -a	dörflich, Dorf-
l'occasione f	Gelegenheit
ritrovarsi	zusammenkommen
divertirsi	sich gut unterhalten, sich amüsieren
locale m/f	örtlich, am/vom Ort
l'elemento	Element
in comune	gemeinsam
vicino, -a	benachbart, Nachbar-
la bancarella	(Verkaufs-)Stand
all'aperto	im Freien
la banda	(Musik-)Kapelle
i fuochi artificiali	Feuerwerk
il ballo	Tanz

ESERCIZI 4–5

i Turchi	die Türken
ballare	tanzen
politico, -a Plur: -ci	politisch
notare	bemerken
la differenza	Unterschied
l'allegria	Fröhlichkeit
spontaneo, -a	spontan
mascherarsi	sich maskieren/verkleiden

Anmerkungen zur Aussprache

	Stellung	Lautwert		Beispiele
c	vor *e, i*: sonst:	[tʃ] [k]	wie in *Tscheche* wie in *Kur* (ohne Hauchlaut)	cena, cinema, pace, dodici casa, corso, cura, crema
ch		[k]		che, anche, chilo
ci	vor Vokal:	[tʃ]	(das *i* ist stumm)	ciao, Francia, cioccolata
g	vor *e, i*: sonst:	[dʒ] [g]	etwa wie in *Dschungel* (stimmhaft) wie in *Gurt*	gelato, gente, Gina grazie, gusto, gara
gh		[g]		ghiaccio, funghi, spaghetti
gi	vor Vokal:	[dʒ]	(das *i* ist stumm)	giorno, mangiare, ciliegie
gli		[ʎ]	etwa *lj* wie in *Million*	famiglia, biglietto
gn		[ɲ]	etwa *nj* wie in *Kognak*	signora, ogni
h			*h* ist stumm	hotel; ho, hai, ha, hanno; chi
qu		[ku̯]	(das *u* ist leicht hörbar)	questo, acqua
r		[r]	Zungen-R (gerollt)	rosa
sc	vor *e, i*: sonst:	[ʃ] [sk]	wie in *Schirm* wie in *Skala*	scena, sciroppo scusi, sconto, tedesco
sch		[sk]		scherzo, Ischia, tedeschi
sci	vor Vokal:	[ʃ]		scialle, sciupato
v		[v]	wie in *Vase*	vero, vario

- Die Vokale *(a, e, i, o, u)* werden im Italienischen sehr klar und deutlich ausgesprochen.
- Bei Vokalverbindungen (z.B. *ae, au, ei, eu, ie*) behalten beide Vokale ihren eigenen Laut: *aereo, pausa, Lei, Europa, siete*
- Doppelkonsonanten (z.B. *bb, cc, dd, ff*) haben den gleichen Lautwert wie die einfachen Konsonanten, sind jedoch länger und kräftiger. Im Deutschen können sie in Zusammensetzungen und Wortfolgen vorkommen, wenn diese ohne Pause gesprochen werden: ital. *nonno* [ˈnɔnno] – dt. *Annahme* [ˈannaːme]; ital. *collo* [ˈkɔllo] – dt. *wahllos* [ˈvaːlloːs]

Akzente

- Einige Wörter haben den Hauptton auf der letzten Silbe, was durch einen Akzent gekennzeichnet wird: *città, perché, più, può*
  é kennzeichnet ein betontes geschlossenes *e* : *perché*
  è kennzeichnet ein betontes offenes *e* (etwa wie in „Rest"): *caffè*
- Unterscheiden Sie:
  è ist – *e* und   sì ja – *si* sich, man
  là dort – *la* die   dà gibt – *da* von, zu, aus

Alphabet

A [a]	E [e]	I [i]	M [ˈɛmme]	Q [ku]	U [u]	Y [ˈipsilon]
B [bi]	F [ˈɛffe]	J [i lˈluŋgo]	N [ˈɛnne]	R [ˈɛrre]	V [vu]	Z [ˈdzeːta]
C [tʃi]	G [dʒi]	K [ˈkappa]	O [ɔ]	S [ˈɛsse]	W [vu dˈdoppio]	
D [di]	H [ˈakka]	L [ˈɛlle]	P [pi]	T [ti]	X [iks]	

J, K, W, X, Y kommen nur in Wörtern ausländischen Ursprungs vor.

Lautschrift

[ː]	bedeutet, daß der vorangehende Laut lang ist		**Konsonanten**	
[ˈ]	bedeutet, daß die folgende Silbe betont ist		[b]	**b**ello; wie in *Bau*
			[d]	**d**are; wie in *Dame*
	Vokale		[dʒ]	**g**ente, **G**ina; etwa wie in *Dschungel* (sehr stimmhaft)
[a]	f**a**tto; wie in *Ratte*		[dz]	**z**eta; stimmhaftes *s* mit einem *d*-Vorschlag
[aː]	Mil**a**no; wie in *Saal*		[f]	**f**oto; wie in *Foto*
[e]	st**e**sso; geschlossenes *e*, wie in *elegant*		[g]	**g**ara, **gh**iaccio; wie in *Gas*
[eː]	v**e**ro; wie in *Mehl*		[ʎ]	fami**gli**a; etwa *lj* wie in *Million*
[ɛ]	**e**cco; offenes *e*, etwa wie in *Rest*		[ɲ]	si**gn**ora; etwa *nj* wie in *Kognak*
[ɛː]	b**e**ne; etwa wie in *spät*		[k]	**c**orso, **ch**i; wie das deutsche *k* (ohne Hauchlaut)
[i]	**i**dea; etwa wie in *Idee*		[l]	**l**ana; wie in *Land*
[iː]	l**i**bro; wie in *Lied*		[m]	**m**agro; wie in *mager*
[o]	m**o**ndo; geschlossenes *o*, wie in *desto*		[n]	**n**ord; wie in *Nord*
[oː]	**o**ra; wie in *Hof*		[ŋ]	i**n**glese; wie in *lang*
[ɔ]	**o**tto; offenes *o*, offener als in *Loch*		[p]	**p**asta; wie deutsches *p* (ohne Hauchlaut)
[ɔː]	p**o**co; langes offenes *o*		[r]	**R**oma; Zungen-R
[u]	autob**u**s; wie in *Bus*		[s]	ca**s**a, **s**oldi; stimmloses *s* wie in *was*
[uː]	s**u**go; wie in *Huhn*		[z]	ca**s**o; stimmhaftes *s*, etwa wie in *Vase, Sonne*
	Halbvokale		[ʃ]	**sc**endere, **sci**roppo; wie deutsches *sch* in *Scheck*
[i̯]	p**i**atto; flüchtiger [i]-Laut gehört zum folgenden Vokal		[t]	**f**oto; wie deutsches *t* (ohne Hauchlaut)
[u̯]	q**u**esto; flüchtiger [u]-Laut gehört zum folgenden Vokal		[ts]	**z**ucchero; wie in *Zucker*
			[tʃ]	pa**c**e, dodi**c**i; wie deutsches *tsch* in *Matsch*

Bei Doppelkonsonanten wird der Laut zweimal angegeben, z. B. *ecco* [ˈɛkko], *pubblico* [ˈpubbliko]
In bestimmten Fällen werden Konsonanten am Wortanfang als Doppelkonsonanten ausgesprochen, z. B. *a Roma* [a rˈroːma]

Alphabetische Wortliste

- Die Zahlen und Buchstaben geben die Lektion und den Lernschritt an, in dem das betreffende Wort in einer bestimmten Bedeutung zum ersten Mal vorkommt. (Abkürzungen: E = Esercizio, S = Seite, § = Grammatik)
- Die fettgedruckten Wörter gehören zum verbindlichen Lernwortschatz. Das Zeichen • bedeutet, daß das Wort der Wortschatzliste des Deutschen Volkshochschul-Verbandes angehört.

A

- •**a** [a] **2** A2
- •**abbastanza** [abbas'tantsa] **1** A5, **7** E5
- abbigliamento [abbiʎʎa'mento] **13** E7
- abbonamento [abbona'mento] **13** E3
- •**abitare** [abi'ta:re] **2** A2
- **abito** ['a:bito] **13** A3
- •**abituarsi** [abitu'arsi] **9** A3
- •**abitudine** [abi'tu:dine] **12** B
- •**accanto (a)** [ak'kanto] **5** A2
- •**accendere** [at'tʃɛndere] **10** A2
- accessori [attʃɛs'sɔ:ri] **13** B
- •accidenti! [attʃi'dɛnti] **14** S120/B
- •**accomodarsi** [akkomo'darsi] **8** A6, **12** S101, **13** A1
- •**accompagnare** [akkompaɲ'ɲa:re] **8** A4/7
- acconciatura [akkontʃa'tu:ra] **14** A1
- accontentare [akkonten'ta:re] **13** B
- •**accordo**
  d'~ [dak'kɔrdo] **3** A1
  ACI ['a:tʃi] **4** A4
- •**acqua** ['akkṷa] **10** A2, **12** A2
  ~ minerale [akkṷa mine'ra:le] **3** A2
  addio! [ad'di:o] **14** B
- •**adesso** [a'dɛsso] **2** E2
  Adriatico [adri'a:tiko] **11** A6, **16** A5
- •**adulto** [a'dulto] **4** A6
- •**aereo** [a'ɛ:reo] **10** A1
- •**aeroporto** [aero'pɔrto] **11** A1
- affari [af'fa:ri] **14** B
- •**affettuoso** [affettu'o:so] **8** A8
- •**affittare** [affit'ta:re] **15** A1
- •**affitto** [af'fitto] **15** A1/6
  affrontare [affron'ta:re] **12** B
- •**agenzia (di viaggi)** [adʒen'tsi:a (di vi'addʒi)] **4** A6, **10** A1
  aggiungere [ad'dʒundʒere] **6** A1
  agopuntura [agopun'tu:ra] **14** B
- •**agosto** [a'gosto] **4** A6
- •**aiutare** [aju'ta:re] **11** S90
- •**aiuto** [a'ju:to] **6** E12, **14** B
  alba ['alba] **15** A4
- •**albergo** [al'bɛrgo] **4** A1
- •**albero** ['albero] **10** A2
- •**alimentare** [alimen'ta:re] **6** A5
  aliscafo [alis'ka:fo] **11** A4
  allegria [alle'gri:a] **10** B
  allenarsi [alle'narsi] **16** A6

- **alloggio** [al'lɔddʒo] **15** A6
- •**allora** [al'lo:ra] **1** A4, **17** B
  Alpi ['alpi] **16** A5
  alt! [alt] **11** S96
- •**alta stagione** ['alta sta'dʒo:ne] **4** B
  altezza [al'tettsa] **13** A2
- •**alto** ['alto] **14** A1
- •**altrettanto** [altret'tanto] **8** B
- •**altro** ['altro] **4** B, **6** A4, **7** E6, **14** A6, **15** A3
- •**alzarsi** [al'tsarsi] **9** A1
- •**amare** [a'ma:re] **10** A2
  amaro [a'ma:ro] *(Subst.)* **3** A2
  ambasciatore [ambaʃʃa'to:re] **17** A3
  ambulatorio [ambula'tɔ:rjo] **14** A4
  Amburgo [am'burgo] **2** E1
  America [a'mɛ:rika] **11** A4
  americano [ameri'ka:no] **12** B
- •**amicizia** [ami'tʃittsja] **7** A2
- •**amico, -a** [a'mi:ko] **7** A2/4
  ammobiliato [ammobi'lja:to] **15** A1
- •**amore** [a'mo:re] **14** E11
- •**anche** ['aŋke] **2** A3/B
- •**ancora** [aŋ'ko:ra] **4** E4
- •**andare** [an'da:re] S 209, **3** A1, **5** A5, **6** S46 (§ 28)
- •**andata e ritorno** [an'da:ta e rri'torno] **11** A2
  anello [a'nɛllo] **14** A1
- •**angolo** ['aŋgolo] **15** A3/B
  angoscia [aŋ'gɔʃʃa] **17** B
- •**anno** ['anno] **7** A3
  antico [an'ti:ko] **17** A3/B
- •**antipasto** [anti'pasto] **6** A1
  aperitivo [aperi'ti:vo] **5** B
- •**aperto** [a'pɛerto] **11** A5, **17** B
  apparecchiare [apparek'kja:re] **12** A2
- •**appartamento** [apparta'mento] **4** A6
- •**appena** [ap'pe:na] **8** A5
  Appennino [appen'ni:no] **16** A5
- •**appetito** [appe'ti:to] **8** B
  appropriato [appro'prja:to] **14** E1
- •**appuntamento** [appunta'mento] **14** A4
- •**aprile** [a'pri:le] **7** A3
- •**aprire** [a'pri:re] S 209, **11** A5
- •**arancia** [a'rantʃa] **6** A5
  aranciata [aran'tʃa:ta] **3** A2
  arancione [aran'tʃo:ne] **13** A2
  architetto [arki'tetto] **13** B
  architettura [arkitet'tu:ra] **2** B
  argomento [argo'mento] **13** E7

- •**aria** ['a:rja] **15** E4
  ~ condizionata ['a:rja kondittsjo'na:ta] **4** A1
  armadio [ar'ma:djo] **15** A1
  armonia [armo'ni:a] **14** A1
  arredare [arre'da:re] **15** A1
- •**arrivare** [arri'va:re] **6** B, **7** E8
- •**arrivederci** [arrive'dertʃi] **1** A4
- •**arrivederLa** [arrive'derla] **8** A7
- •**arrivo** [ar'ri:vo] (**11** E3), **17** A3
- •**arrosto** [ar'rosto] **12** S103
- •**arte** ['arte] **5** E5, **15** B
- •**articolo** [ar'ti:kolo] **16** E8
- •**ascoltare** [askol'ta:re] **11** E3
- •**aspettare** [aspet'ta:re] **11** E2
  aspettativa [aspetta'ti:va] **16** B
  assortito [assor'ti:to] **12** S103
  atleta [a'tlɛ:ta] **16** B
- •**attenzione** [atten'tsjo:ne] **7** B, **11** E8
- •**attività** [attivi'ta] **16** B
- •**attore, -trice** [at'to:re, at'tri:tʃe] **7** E1, **17** B
- •**attraversare** [attraver'sa:re] **5** A5, **16** B
- •**auguri** [au'gu:ri] **6** B2, **10** E5
- •**aumentare** [aumen'ta:re] **11** A3
  aumento [au'mento] **12** B
  Austria ['a:ustrja] **2** E2
- •**austriaco** [aus'tri:ako] **2** A5
- •**autobus** ['a:utobus] **5** A2
  autogrill [auto'gril] **11** E13
  automobilista [automobi'lista] **11** B
  autoritario [autori'ta:rjo] **10** B
- •**autostrada** [autos'tra:da] **11** A5
  autostradale [autostra'da:le] **11** E11
- •**avanti!** [a'vanti] **11** S96
- •**avere** [a've:re] S 209, **3** A1, **4** A2 *ff* (§ 16)
  avorio [a'vɔ:rjo] **14** A1
- •**azzurro** [ad'dzurro] **13** A2

B

babbo ['babbo] **9** § 50
Bacco ['bakko] **14** E9
- •**bagaglio** [ba'gaʎʎo] **11** S91
- •**bagno** ['baɲɲo] **4** A1, **10** A4
- •**balcone** [bal'ko:ne] **4** A2
- •**ballare** [bal'la:re] **17** E4
- •**ballo** ['ballo] **5** B
- •**bambino, -a** [bam'bi:no] **4** A6
  bambola ['bambola] **14** A1
  banana [ba'na:na] **6** E6

- **banca** ['baŋka] 2 B, **5** A1
  bancarella [baŋka'rɛlla] 17 B
  banchetto [baŋ'ketto] 4 A1
  banchiere [baŋ'kiɛ:re] 15 B
  banco ['baŋko] 12 B
- **banconota** [baŋko'nɔ:ta] **13** A1
  banda ['banda] 17 B
- **bar** [bar] **3** A1
- **barca** ['barka] **17** A3
  barista [ba'rista] 15 B
  baschetto [bas'ketto] 13 A2
  Basilicata [bazili'ka:ta] 10 A1
  basket ['basket] 16 E3
- **basso** ['basso] **11** A4
- **bastare** [bas'ta:re] **6** A1, 7 B, 13 A5
  battaglia [bat'taʎʎa] 17 B
  beh! [bɛ] 4 B
  Belgio ['bɛldʒo] 10 A3
- **bello** ['bɛllo] **4** A5, **15** A1
- **bene** ['bɛ:ne] **1** A4, **3** A1, **4** B
- **benzina** [ben'dzi:na] **11** A3
- **bere** ['be:re] **12** A3 (§ 67)
  Berlino [ber'li:no] 2 E2
  Berna ['bɛrna] 2 E2
- **bianco** ['bianko] **12** S103
  bibita ['bi:bita] 10 S84
- **bicchiere** [bik'kiɛ:re] **6** A1, **12** A2
- **bicicletta** [bitʃi'kletta] **5** E12
  biglietteria [biʎʎette'ri:a] 11 S91
- **biglietto** [biʎ'ʎetto] **4** E6, **8** A2, 10 E5, **11** A2/3
- **binario** [bi'na:rio] **11** A1
- **birra** ['birra] **3** A2
- **bisogna** [bi'zoɲɲa] **6** A2, 17 B
- **bisogno** [bi'zoɲɲo] **10** A1
  bistecca [bis'tekka] **12** A4
- **blu** [blu] **13** A2
- **bocca** ['bokka] **14** A1
  bocce ['bɔttʃe] 16 A6
  boom [bu:m] 16 B
- **borsa** ['borsa] **7** § 35, **13** E9
  borsetta [bor'setta] 13 A2
- **bosco** ['bɔsko] **10** A2
- **bottiglia** [bot'tiʎʎa] **8** S65
  boxe [bɔks] 16 E3
- **braccio** ['brattʃo] **14** A1
  brasato [bra'za:to] 12 A4
  Brasile [bra'zi:le] 10 A3
- **bravo** ['bra:vo] **14** A6
- **breve** ['brɛ:ve] **15** A1
- **brodo** ['brɔ:do] **12** S103
  bronchite [broŋ'ki:te] 14 A5
  brutale [bru'ta:le] 16 E3
- **brutto** ['brutto] **4** S31, **10** A4
- **buon appetito** ['bu̯on appe'ti:to] **8** B
- **buonanotte** [bu̯ona'nɔtte] **8** A7
- **buonasera** [bu̯ona'se:ra] **1** A1
- **buongiorno** [bu̯on'dʒorno] **1** A4
- **buono** ['bu̯ɔ:no] **6** A3, **11** E11
- **burro** ['burro] **6** A1

C

- **cabina (telefonica)** [ka'bi:na (tele'fɔ:nika)] **4** A4, **5** S36
  cachemire ['kaʃmir] 13 B
- **caffè** [kaf'fɛ] **3** A2
  Calabria [ka'la:bria] 9 E4
- **calcio** ['kaltʃo] **16** E3
- **caldo** ['kaldo] **10** A4
  calma ['kalma] 8 A5
- **calze** ['kaltse] **13** A2
  calzature [kaltsa'tu:re] 13 A6
  calzettoni [kaltset'to:ni] 16 B
- **cambiare** [kam'bia:re] **10** A1, **11** A2, **13** A1
- **cambio** ['kambi̯o] **13** A1
- **camera** ['ka:mera] **4** A1/2, **15** A1
- **cameriere** [kame riɛ:re] **3** A5
- **camicetta** [kami'tʃetta] **13** A2
- **camicia** [ka'mi:tʃa] S203
- **camminare** [kammi'na:re] **5** A4
  camomilla [kamo'milla] 14 E3
- **campagna** [kam'paɲɲa] **8** A4
  campagna pubblicitaria [kam'paɲɲa pubblitʃi'ta:ria] 11 B
  camper ['kamper] 10 A1
  campestre [kam'pɛstre] 8 A3
  campionato [kampi̯o'na:to] 16 A6
  campione [kam'pi̯o:ne] 16 B
  canale [ka'na:le] 17 A3
  cancro ['kaŋkro] 14 B
  candela [kan'de:la] 17 E2
- **cane** ['ka:ne] **7** B, **9** A1
- **cantare** [kan'ta:re] **17** E2
  cantina [kan'ti:na] 15 A3
  caos ['ka:os] 9 B
  CAP [kap] 10 A4
- **capelli** [ka'pelli] **14** A1
- **capire** [ka'pi:re] S 209
  capo ['ka:po] 13 B
  capovolto [kapo'vɔlto] 17 B
- **cappello** [kap'pɛllo] **13** A2
- **cappotto** [kap'pɔtto] **13** A2
  cappuccino [kapput'tʃi:no] 3 A2
  capsula ['kapsula] 14 E2
  caramella [kara'mɛlla] 6 § 30
  caratteristica [karatte'ristika] 15 E10
  caratterizzare [karatterid'dza:re] 14 A1
  carciofini [kartʃo'fi:ni] 6 A1
- **carino** [ka'ri:no] **7** B
- **carne** ['karne] **6** A1
  ~ macinata ['karne matʃina:ta] 6 A4
  carnevale [karne'va:le] 17 A3
- **caro** ['ka:ro] **4** S30/B
- **carte** ['karte] **16** E4
- **cartolina** [karto'li:na] **10** A3
- **casa** ['ka:sa] **3** A6, **5** B, **8** A4/5, **9** A7
  casello [ka'sɛllo] 11 A5
- **cassa** ['kassa] **3** A1
  cassetto [kas'setto] 15 A1
  castello [kas'tɛllo] 5 A4
  catalogo [ka'ta:logo] 10 A1

categoria [katego'ri:a] 4 A1
celebrare [tʃele'bra:re] 17 A3
celeste [tʃe'lɛste] 13 A2
- **cena** ['tʃe:na] **8** A5
  cenere ['tʃe:nere] 14 E9
  centimetro [tʃen'ti:metro] 14 A1
- **centrale** [tʃen'tra:le] **5** E4, **15** E1
- **centro** ['tʃɛntro] **4** A1
- **cercare** [tʃer'ka:re] **4** B; **10** B
- **certo** ['tʃɛrto] **4** A5, **6** B
- **che** [ke] (Frage) **3** E2, **5** E4; (Ausruf) **8** A5; (Relativpron.) **5** B, **13** A3; („daß") **7** A5; („als") **17** A1
- **che cosa** [ke k'kɔ:sa] S 209, **1** E2, **2** A5
- **chi** [ki] **1** A2
- **chiamare** [ki̯a'ma:re] **16** S139
- **chiamarsi** [ki̯a'marsi] **1** A1
- **chiaro** ['ki̯a:ro] **13** A2
- **chiave** ['ki̯a:ve] **4** A3
- **chiedere** ['ki̯ɛ:dere] **10** A1, **11** A5
- **chiesa** ['ki̯ɛ:za] **4** A1
- **chilo** ['ki:lo] **6** A4/5
- **chilometro** [ki'lɔ:metro] **8** S65
- **chiudere** ['ki̯u:dere] **11** E10
- **chiuso** ['ki̯u:so] **11** S91
- **ci** [tʃi] **9** A3, **10** A4/6 (örtlich) **16** A2; **13** A6
- **c'è** [tʃɛ] **5** A1, **6** A2
- **ci sono** [tʃi 'so:no] **6** A2
- **ci vuole** [tʃi 'vu̯ɔle] **14** A2
- **ciao** ['tʃa:o] **1** A5
  ciclismo [tʃi'klizmo] 16 B
- **cielo** ['tʃɛ:lo] **16** S140
- **cifra** ['tʃi:fra] **11** S96
  ciliegia [tʃi'li̯ɛ:dʒa] 6 A6
- **cinema** ['tʃi:nema] **5** S36
  cinese [tʃi'ne:se] 7 E8
  cintura [tʃin'tu:ra] 13 A2
  cioccolata [tʃokko'la:ta] 3 E4
  Ciociaria [tʃotʃa'ri:a] 10 A1
- **cioè** [tʃo'ɛ] **15** A6
  circo ['tʃirko] 7 E8
- **città** [tʃit'ta] **4** E3
- **classe** ['klasse] **1** E4, **11** A2
  classico ['klassiko] 5 E9
  cliché [kli'ʃe] 13 B
- **cliente** [kli'ɛnte] **13** A3
- **clima** ['kli:ma] **9** A3
- **coda** ['ko:da] **11** A6
  cognac ['koɲɲak] 3 A2
  cognato, -a [koɲ'na:to] 9 A4
  cognome [koɲ'ɲo:me] 2 E8
- **coincidenza** [kointʃi'dentsa] **11** A2
- **colazione** [kolat'tsi̯o:ne] **9** A1
- **collega** [kol'lɛ:ga] **8** E3
- **collina** [kol'li:na] **15** A5
  collirio [kol'li:rio] 14 E5
- **collo** ['kɔllo] **13** B, **14** A1
  colorato [kolo'ra:to] 13 E5
- **colore** [ko'lo:re] **13** A2
  colpevole [kol'pe:vole] 16 B
- **coltello** [kol'tello] **12** A2
- **come** ['ko:me] (Frage) S 209,

V

1 A1, 4 A5; (Ausruf) 13 A5; (Vergleich) 6 B2; („als") 12 A3
•**come mai** [ˈkoːme mˈmaːi] 2 A4
comfort [komˈfɔrt] 16 A1
•**cominciare** [kominˈtʃaːre] 8 A2
commedia [komˈmɛːdi̯a] 14 E2
•**commerciale** [kommerˈtʃaːle] 5 S36
commerciante [kommerˈtʃante] 15 B
commesso, -a [komˈmesso] 7 A5
•**comodo** [ˈkɔːmodo] 4 B
competizione [kompetitˈtsi̯oːne] 16 A1
•**compleanno** [kompleˈanno] 7 A3
•**completamente** [kompletaˈmente] 14 B
completare [kompleˈtaːre] 2 E4
•**completo** [komˈplɛːto] 13 A2
•**complimenti!** [kompliˈmenti] 8 B
•**comprare** [komˈpraːre] 6 A2
•**compreso** [komˈpreːso] 4 B, 12 S103
compressa [komˈprɛssa] 14 E5
compromesso [komproˈmesso] 9 E10
comunale [komuˈnaːle] 5 S36
•**comune** [koˈmuːne] 7 B, 8 S65; 17 B
•**con** [kon] 3 A6
concerto [konˈtʃɛrto] 5 B
concorrenza [koŋkorˈrɛntsa] 12 B
concreto [koŋˈkrɛːto] 14 E9
•**condizione** [konditˈtsi̯oːne] 11 B
conferenza [konfeˈrɛntsa] 15 B
confusione [konfuˈzi̯oːne] 15 E2
•**conoscenza** [konoʃˈʃentsa] 15 E9
•**conoscere** [koˈnoʃʃere] 7 A2
•**consigliare** [konsiʎˈʎaːre] 11 E9
•**consiglio** [konˈsiʎʎo] 10 E1
consultare [konsulˈtaːre] 14 A3
contatto [konˈtatto] 13 B
•**contento** [konˈtɛnto] 7 A5, 8 A7
continuamente [kontinu̯aˈmente] 14 B
•**continuare** [kontinuˈaːre] 1 E1, 5 A5, 9 A2
•**conto** [ˈkonto] 12 A5
•**contorno** [konˈtorno] 12 S103
contrabbandiere [kontrabbanˈdi̯ɛːre] 15 B
•**contro** [ˈkontro] 14 A2
•**controllare** [kontrolˈlaːre] 9 B
•**conversazione** [konversatˈtsi̯oːne] 1 E3
•**coperto** [koˈpɛrto] 12 A6
coppa [ˈkɔppa] 8 E2
•**coppia** [ˈkɔppi̯a] 15 A6
•**coprire** [koˈpriːre] 14 A1
•**coraggio** [koˈraddʒo] 7 B
cornetto [korˈnetto] 3 B
•**corpo** [ˈkɔrpo] 14 A1
•**corsa** [ˈkɔrsa] 8 A3
•**corso** [ˈkorso] 2 E8; 5 S36
corteo [korˈtɛːo] 17 A3

•**corto** [ˈkorto] 13 A3
•**cosa** [ˈkɔːsa] 10 B
cosa? [ˈkɔːsa] 6 B
•**così** [koˈsi] 7 B, 8 A5, 16 B
costa [ˈkɔsta] 17 B
•**costare** [kosˈtaːre] 4 A2
cotoletta [kotoˈletta] 12 S103
•**cotone** [koˈtoːne] 13 A2
•**cotto** [ˈkɔtto] 6 A3
cozze [ˈkɔttse] 12 S103
cravatta [kraˈvatta] 13 E6
•**credere** [ˈkreːdere] 13 B
crema [ˈkrɛːma] 12 E3
•**crisi** [ˈkriːzi] 15 A6
critico [ˈkriːtiko] 11 B
croce [ˈkroːtʃe] 10 E6
crodino [kroˈdiːno] 3 A2
•**crudo** [ˈkruːdo] 6 A3
cuccetta [kutˈtʃetta] 11 S91
•**cucchiaino** [kukki̯aˈiːno] 12 A2
•**cucchiaio** [kukˈki̯aːi̯o] 12 A2
•**cucina** [kuˈtʃiːna] 4 A1/6
•**cugino, -a** [kuˈdʒiːno] 9 A4
culturale [kultuˈraːle] 15 E10
cuocere [ˈku̯ɔːtʃere] 6 A1
cuoio [ˈku̯ɔːi̯o] 13 A2
•**cuore** [ˈku̯ɔːre] 15 B
•**cura** [ˈkuːra] 12 B; 14 E12

D

•**da** [da] (örtlich) 5 A1, 6 S46, 8 S65/5, 11 A1 ff; (zeitlich) 10 A4, 11 A3, 16 A1; (Bestimmung) 4 A1, 12 A2/3; (Wert) 13 A3
danneggiare [dannedˈdʒaːre] 10 A2
dannoso [danˈnoːso] 14 A3
•**dappertutto** [dapperˈtutto] 8 B
•**dare** [ˈdaːre] 6 A3, 11 E9 (§ 63), 15 A3
•data [ˈdaːta] 2 E8, 11 S96
•**davanti** [daˈvanti] 15 A2
davvero? [davˈveːro] 13 A4
•**decidere** [deˈtʃiːdere] 10 A1
definire [defiˈniːre] 9 B
democratico [demoˈkraːtiko] 15 B
•**dentista** [denˈtista] 14 A6
dépliant [depliˈant] 4 B
•**deposito bagagli** [deˈpɔːzito baˈgaʎʎi] 11 S91
descrivere [desˈkriːvere] 7 E5
descrizione [deskritˈtsi̯oːne] 15 E10
deserto [deˈzɛrto] 10 A1
•**desiderare** [desideˈraːre] 3 A5
desiderio [desiˈdɛːri̯o] 12 B
•**destra**
a ~ [a dˈdɛstra] 5 A1
•**di** [di] 2 A1, 4 A4, 5 A4, 6 A1, 10 A6, 16 A3
dialogo [diˈaːlogo] 2 E4
•**dicembre** [diˈtʃɛmbre] 7 A3
•**dietro** [ˈdi̯eːtro] 15 A2
•**differenza** [diffeˈrɛntsa] 17 E5

•**difficile** [difˈfiːtʃile] 7 A5
dimagrante [dimaˈgrante] 14 E12
•**dimenticare** [dimentiˈkaːre] 17 B
diminuire [diminuˈiːre] 16 A5
dio [ˈdiːo] 17 B
•**dire** [ˈdiːre] S 209, 1 E2, 6 (B/§ 28)
•**diretto** [diˈretto] 11 E2; 15 E9
•**direttore** [diretˈtoːre] 13 B
•**direzione** [diretˈtsi̯oːne] 11 A6
•**diritto** [diˈritto] 17 B
discesa libera [diʃˈʃeːsa ˈliːbera] 16 A3
•**disco** [ˈdisko] 7 A5
discoteca [diskoˈtɛːka] 5 E12
•**discutere** [disˈkuːtere] 10 B
disegno [diˈseɲɲo] 17 E2
•**disoccupato** [dizokkuˈpaːto] 7 A5
dispari [ˈdispari] 11 S96
•**dispiacere** [dispi̯aˈtʃeːre] S 209, 4 A3
disponibile [dispoˈniːbile] 15 A6
disposizione [dispozitˈtsi̯oːne] 10 A4
disposto [disˈposto] 15 A6
distribuire [distribuˈiːre] 11 B
•**distributore** [distribuˈtoːre] 5 S36
•**dito** [ˈdiːto] 14 E11
divano letto [diˈvaːno ˈletto] 4 B
•**diventare** [divenˈtaːre] 7 A1
•**diverso** [diˈvɛrso] 6 A1, 13 B
•**divertente** [diverˈtɛnte] 8 A4
•**divertimento** [divertiˈmento] 15 B
•**divertirsi** [diverˈtirsi] 17 B
divieto [diˈvi̯ɛːto] 11 S96
divorziato [divorˈtsi̯aːto] 9 E10
•**doccia** [ˈdottʃa] 4 A2
documento (d'identità) [dokuˈmento] 4 A2, 13 A1
doge [ˈdɔːdʒe] 17 A3
•**dolce** [ˈdoltʃe] 7 E1, 8 A6, 12 S103
•**domanda** [doˈmanda] 4 E4
•**domandare** [domanˈdaːre] 5 E6
•**domani** [doˈmaːni] 4 B
•**domenica** [doˈmeːnika] 5 B
•**donna** [ˈdɔnna] 7 E1
•**dopo** [ˈdoːpo] 7 A2/B
•**doppio** [ˈdoppi̯o] 4 A2
dorare [doˈraːre] 6 A1
•**dormire** [dorˈmiːre] 9 A2
•**dottore** [dotˈtoːre] 14 A4
•**dove** [ˈdoːve] 2 A1/2
•**dovere** [doˈveːre] S 209, 5 A3, 8 (§ 43)
•**dritto** [ˈdritto] 5 A5
•**dubbio** [ˈdubbi̯o] 15 A6
ducale [duˈkaːle] 5 E5
•**dunque** [ˈduŋku̯e] 5 A5
duomo [ˈdu̯ɔːmo] 5 A3
•**durante** [duˈrante] 16 A4
•**durare** [duˈraːre] 16 B

E

•**e** [e] 1 A1
eccetera [etˈtʃɛːtera] 7 E9
•**eccezionale** [ettʃettsi̯oˈnaːle] 15 B

V

- •ecco ['ɛkko] **3** B, **4** A2, **13** A1
- economico [eko'nɔ:miko] **9** B
- edicola [e'di:kola] **5** S36
- efficiente [effi'tʃɛnte] **15** B
- eh [ɛ] **2** B
- •elegante [ele'gante] **11** E5
- eleganza [ele'gantsa] **13** E8
- elemento [ele'mento] **17** B
- elettricista [elettri'tʃista] **7** A5
- elezione [elet'tsjo:ne] **17** A3
- Emilia-Romagna [e'mi:lja ro'maɲɲa] **2** § 4
- emotivo [emo'ti:vo] **15** B
- Ente per il Turismo ['ɛnte per il tu'rizmo] **5** A5
- •entrare [en'tra:re] **11** B
- eppure [ep'pu:re] **11** B
- erba in ~ [i'nɛrba] **16** B
- •errore [er'ro:re] **12** A6
- •esagerare [ezadʒe'ra:re] **10** B
- esclusiva [esklu'zi:va] **16** B
- esclusivo [esklu'zi:vo] **13** B
- escluso [es'klu:zo] **11** S96
- escursione [eskur'sjo:ne] **16** A1
- •esempio [e'zɛmpjo] **7** E1/5
- esercito [e'zɛrtʃito] **16** B
- esistere [e'zistere] **15** B
- espressione [espres'sjo:ne] S 209, **7** E8
- espressivo [espres'si:vo] **14** A1
- espresso [es'prɛsso] **11** E1
- •essere ['ɛssere] **1** A2/3, **2** A2, **4** A5 (§ 16)
- •esserci ['ɛssertʃi] **5** A1, **6** A2
- •estate [es'ta:te] **10** A1
- eterno [e'tɛrno] **15** B
- •etto ['ɛtto] **6** A3
- Europa [eu'rɔ:pa] **7** A1
- •evitare [evi'ta:re] **11** B

F

- •fa [fa] (zeitlich) **7** A5
- •fabbrica ['fabbrika] **11** B
- •facile ['fa:tʃile] **16** E3
- •facilmente [fatʃil'mente] **15** A6
- fagiolini [fadʒo'li:ni] **6** A2
- falso ['falso] **2** E5
- •famiglia [fa'miʎʎa] **4** E8
- •famoso [fa'mo:so] **7** E1, **11** E5
- fantasia [fanta'zi:a] **16** E7
- •fare ['fa:re] **1** E3, **2** A5, **6** A1ff (§ 28)
- farina [fa'ri:na] **6** A1
- •farmacia [farma'tʃi:a] **5** S36
- farmacista [farma'tʃista] **14** A2
- faro ['fa:ro] **11** S94
- fast-food ['fa:stfu:d] **12** B
- •fastidio [fas'ti:djo] **14** B
- faticoso [fati'ko:so] **7** A5
- favoloso [favo'lo:so] **13** A3
- •favore per ~ [per fa'vo:re] S 209, **4** A2
- •febbraio [feb'bra:jo] **7** A3
- •febbre ['fɛbbre] **14** A5

- fegato ['fe:gato] **12** S103
- •felice [fe'li:tʃe] **16** E1
- femmina ['femmina] **2** E8
- •ferie ['fɛ:rje] **10** A1
- •fermarsi [fer'marsi] **9** A1
- •fermata [fer'ma:ta] **5** S36
- •fermo ['fermo] **11** B
- Ferrovie (dello Stato) [ferro'vi:e] **5** E4, **11** A4
- •festa ['fɛsta] **7** A2
- festeggiamento [festeddʒa'mento] **17** A3
- festeggiare [fested'dʒa:re] **12** E8
- fettina [fet'ti:na] **6** A1
- fidanzato [fidan'tsa:to] **14** A1
- •fiducia [fi'du:tʃa] **14** A3
- •figlio, -a ['fiʎʎo] **9** A4/5/E7
- •fila ['fi:la] **10** S84
- •film [film] **7** A1
- finanziere [finan'tsjɛ:re] **15** B
- •fine ['fi:ne] (Subst.) **12** E5
  - ~ mese ['fi:ne 'me:se] **6** B
  - ~ **settimana** ['fi:ne setti'ma:na] **9** A7
- •finestra [fi'nɛstra] S 209, **15** A2
- •finire [fi'ni:re] **8** A2
- •finito [fi'ni:to] **10** E9, **15** A2
- •fino a ['fi:no a] **5** A5, **8** A4
- finocchi [fi'nɔkki] **12** S103
- •fiore ['fjo:re] **10** A2
- Firenze [fi'rɛntse] **7** A1
- •firma ['firma] **2** E8
- firmato [fir'ma:to] **13** B
- fisso ['fisso] **13** A6
- flauto ['fla:uto] **17** E2
- folcloristico [folklo'ristiko] **16** A1
- **fondo** ['fondo] **16** A1
  - •in ~ [in 'fondo] **13** B; **15** A3
- •forchetta [for'ketta] **12** A2
- •forma ['forma] **14** E1, **16** A6
- •formaggio [for'maddʒo] **6** E1
- forno ['forno] **11** B
- •forse ['forse] **9** E8
- •forte ['fɔrte] **11** E8, **13** B, **14** A2
- •fortuna [for'tu:na] **9** B
- •foto ['fɔ:to] **7** § 40
- •fotografia [fotogra'fi:a] **16** E8
- •fra [fra] **10** A6; **14** E8
- francese [fran'tʃe:ze] **2** A5
- Francia ['frantʃa] **2** E2
- francobollo [franko'bollo] **10** A3
- Francoforte [franko'fɔrte] **2** E1
- •frase ['fra:ze] **6** E10
- •fratello [fra'tɛllo] **9** A4
- •freddo ['freddo] **10** A4
- •frequentare [frekuen'ta:re] **13** B
- •fresco ['fresko] **5** E11, **6** S47
- •fritto ['fritto] **12** S103
- •fronte
  - •di ~ [di 'fronte] **5** A2
- frontiera [fron'tjɛ:ra] **11** A6
- •frutta ['frutta] **6** B
- FS ['ɛffe 'ɛsse] **5** E4, **10** A1
- •fumare [fu'ma:re] **2** A4
- fumatori [fuma'to:ri] **14** E10

- •fumo ['fu:mo] **14** B
- funghi ['fungi] **6** E2
- •funzionare [funtsjo'na:re] **4** S28
- fuochi artificiali ['fuɔ:ki artifi'tʃa:li] **17** B
- fuoco ['fuɔ:ko] **10** A2
- •fuori ['fuɔ:ri] **3** B, **9** A1
- futuro [fu'tu:ro] (Adj.) **15** A6

G

- •gabinetti [gabi'netti] **11** S91
- galleria d'arte [galle'ri:a 'darte] **17** E1
- •gamba ['gamba] **14** A1
- •gara ['ga:ra] **16** E6
- •garage [ga'ra:ʒ] **4** A6
- gas [gas] **4** B
- •gelato [dʒe'la:to] **3** B
- •genere
  - •in ~ [in 'dʒɛ:nere] **13** B
- •generi alimentari ['dʒɛ:neri alimen'ta:ri] **6** A5
- •genitori [dʒeni'to:ri] **9** A5
- •gennaio [dʒen'na:jo] **7** A3
- Genova ['dʒɛ:nova] **7** B
- genovese [dʒeno've:se] **7** B
- •gente ['dʒɛnte] **5** B, **6** A6
- •gentile [dʒen'ti:le] **8** A6/8
- genuino [dʒenu'i:no] **10** B
- geometrico [dʒeo'mɛ:triko] **13** A2
- Germania [dʒer'ma:nja] **2** A3
- •gettone (telefonico) [dʒet'to:ne (tele'fɔ:niko)] **4** S29
- •ghiaccio ['gjattʃo] **3** A6
- •già [dʒa] **8** A3
- giacca ['dʒakka] **13** A2
- giacchetta [dʒak'ketta] **13** A2
- giaccone [dʒak'ko:ne] **13** A2
- •giallo ['dʒallo] **13** A2
- •giardino [dʒar'di:no] **15** A2
- ginocchio [dʒi'nɔkkjo] **13** A2
- •giocare [dʒo'ka:re] **8** A4
- gioia ['dʒɔ:ja] **16** B
- giornalaio [dʒorna'la:jo] **15** B
- •giornale [dʒor'na:le] **5** S36
- •giornata [dʒor'na:ta] **7** A2
- •giorno ['dʒorno] **4** A2
- giostra ['dʒɔstra] **17** B
- •giovane ['dʒo:vane] **7** A5
- •giovedì [dʒove'di] **8** A3
- •girare [dʒi'ra:re] **5** A5
- •giro ['dʒi:ro] **16** B
- Giro d'Italia ['dʒi:ro di'ta:lja] **16** E6
- •gita ['dʒi:ta] **11** E4
- giudizio [dʒu'dittsjo] **15** B
- •giugno ['dʒuɲɲo] **7** A3
- •giusto ['dʒusto] **2** E7
- •gli [ʎi] (Artikel) **6** A2; (Pron.) **10** A5
- gnocchi ['nɔkki] **12** A3
- goccia ['gottʃa] **14** E5
- •gola ['go:la] **14** A5
- •gomma ['gomma] **11** S94
- gondola ['gondola] **17** A3

242

gonna ['gonna] **13** A2
grammo ['grammo] **6** A1
• **grande** ['grande] **4** A5
grappa ['grappa] **3** E7
grattacielo [gratta'tʃɛ:lo] **15** B
• **grazie** ['grattsje] **1** A4; **10** B
greco ['grɛ:ko] **10** E16
• **grigio** ['gri:dʒo] **13** A2
 griglia
  alla ~ ['alla 'griʎʎa] **12** S103
 grotta ['grɔtta] **10** E6
• **gruppo** ['gruppo] **14** B
• **guadagnare** [guadaɲ'na:re] **7** A5
• **guardare** [guar'da:re] **5** B
• **guasto** ['guasto] **11** S94
 guidare [gui'da:re] **11** A3
• **gusto** ['gusto] **12** B

H
hamburger [am'burger] **12** B
hotel [o'tɛl] **2** § 8

I
• **i 2** E4, **6** A2
• **idea** [i'dɛ:a] **5** B, **8** E6
 ideale [ide'a:le] **4** A1
• **ieri** ['jɛ:ri] **7** A2
• **il** [il] **1** A2
• **imparare** [impa'ra:re] **2** A5
 impazzire [impat'tsi:re] **16** B
 impegno [im'peɲɲo] **8** A3
 imperatrice [impera'tri:tʃe] **14** A1
 impermeabile [imperme'a:bile] **13** E4
• **impiegato** [impje'ga:to] **4** B, **7** E5
• **importa**
 • **non** ~ [non im'pɔrta] **8** B, **13** A3
• **importante** [impor'tante] **7** B
 importazione [importat'tsjo:ne] **12** B
 improvvisato [improvvi'za:to] **17** B
• **in** [in] S 209; (örtlich) **1** E4, **2** A3; (zeitlich) **4** E4; **7** A1
 incassare [iŋkas'sa:re] **16** B
• **incidente** [intʃi'dɛnte] **11** A6
 incluso [iŋ'klu:zo] **4** A1
 incominciare [iŋkomin'tʃa:re] **9** B
• **incontrare** [iŋkon'tra:re] **7** A4
• **incontro** [iŋ'kontro] **7** B
 incredibile [iŋkre'di:bile] **15** A5
• **incrocio** [iŋ'kro:tʃo] **11** A5
• **indeciso** [inde'tʃi:zo] **13** A6
• **indicare** [indi'ka:re] **11** B, **12** A1
• **indietro** [in'djɛ:tro] **17** B
 indifferenza [indiffe'rɛntsa] **15** B
• **indipendente** [indipen'dɛnte] **7** A5
• **indirizzo** [indi'rittso] **10** A4
• **industria** [in'dustria] **16** E8
• **industriale** [indus'trja:le] **11** B; **15** B
 inefficiente [ineffi'tʃɛnte] **15** B
 infarinare [infari'na:re] **6** A1
 infermiera [infer'mjɛ:ra] **7** A5

infiammato [infjam'ma:to] **14** A5
inflazione [inflat'tsjo:ne] **16** B
• **informazione** [informat'tsjo:ne] **7** E5, **11** S91
 ingegnere [indʒeɲ'ɲɛ:re] **7** E5
 Inghilterra [iŋgil'tɛrra] **7** A1
• **inglese** [iŋ'gle:se] **2** A5
 ingorgo [iŋ'gorgo] **11** A6
 ingredienti [iŋgre'djɛnti] **12** B
• **iniziare** [init'tsja:re] **14** B
• **inizio** [i'nittsjo] **8** E11
• **innamorato** [innamo'ra:to] **8** B
• **inquinamento** [iŋkuina'mento] **15** B
 inquinare [iŋkui'na:re] **10** A2
• **insalata** [insa'la:ta] **6** E1
• **insegnante** [inseɲ'ɲante] **15** A6
• **insieme** [in'sjɛ:me] **7** A2
• **insomma** [in'somma] **13** B
• **intelligente** [intelli'dʒɛnte] **11** B
 intenso [in'tɛnso] **11** A6
• **interamente** [intera'mente] **14** A1
• **interessante** [interes'sante] **7** E5
• **interessarsi** [interes'sarsi] **15** A4
 internazionale [internattsjo'na:le] **15** B
• **interno** [in'tɛrno] **15** A2
 intervista [inter'vista] **13** B
• **intorno** [in'torno] **15** A5
• **invece** [in've:tʃe] **9** A3
• **inverno** [in'vɛrno] **16** A2
• **inviare** [invi'a:re] **8** A8
• **invitare** [invi'ta:re] **8** E3
• **invito** [in'vi:to] **8** E3
• **io** ['i:o] **1** A2
 ipnosi [ip'nɔ:zi] **14** B
• **iscriversi** [is'kri:versi] **16** A4
• **isola** ['i:zola] **10** E6
 Italia [i'ta:lja] **2** E2
• **italiano** [ita'lja:no] S 209, **2** A5

J
jogging ['dʒɔgiŋ] **16** E3
judo ['dʒu:do:] **16** E3
jugoslavo [jugoz'la:vo] **7** E8

L
• **l'** (Artikel) **2** A5; (Pron.) **9** § 52
• **la** [la] (Artikel) S 209, **1** A2; (Pron.) **9** A6
• **La** [la] **8** A5
• **là** [la] **15** A3
• **ladro** ['la:dro] **15** E2
• **lago** ['la:go] **10** E16
 lampada ['lampada] **15** A1
• **lana** ['la:na] **13** A2
 lanciare [lan'tʃa:re] **11** B
 Largo ['largo] **5** E4
• **lasciare** [laʃ'ʃa:re] **7** A4
• **lato** ['la:to] **11** S96
• **latte** ['latte] **6** A5
 laureato in legge [laure'a:to in 'leddʒe] **13** B
• **lavarsi** [la'varsi] **9** A2
• **lavorare** [lavo'ra:re] **2** B

• **lavoro** [la'vo:ro] **2** A4
• **le** [le] (Artikel) **4** E4, **6** A1/2; (Pron.) **9** A6; **10** A5
• **Le** [le] **8** A6
 lega ['le:ga] **14** B
• **leggere** ['lɛddʒere] **5** B
• **leggero** [led'dʒɛ:ro] **14** A5
• **lei** [lɛ:i] **1** § 1/2
• **Lei** [lɛ:i] **1** A1
• **lentamente** [lenta'mente] S 209
• **lettera** ['lɛttera] **7** E2
• **letto** ['lɛtto] **4** A1
• **li** [li] **9** A6
• **lì** [li] **5** A3
• **libero** ['li:bero] **2** B
• **libro** ['li:bro] **1** § 3
• **lieto** ['ljɛ:to] **8** A6
 lievito ['ljɛ:vito] **6** E2
 limitato limi'ta:to] **12** B
• **linea** ['li:nea] **5** E4
• **lingua** ['liŋgua] **8** B
• **lire** ['li:re] **3** A4
• **lista** ['lista] **12** S103
 listino prezzi [lis'ti:no 'prettsi] **3** E4
 litigare [liti'ga:re] **9** A5
• **litro** ['li:tro] **6** A5
• **lo** [lo] (Artikel) **6** A2; (Pron.) **5** S37, **9** A6
• **locale** [lo'ka:le] (Zug) **11** E1; (Lokal) **12** B; (Adj.) **17** B
• **lontano** [lon'ta:no] **5** A4
• **loro** ['lo:ro] **6** § 28; **9** A4
 lotta ['lɔtta] **14** B
• **luce** ['lu:tʃe] **4** B, **15** A1
• **luglio** ['luʎʎo] **4** A6
• **lui** ['lu:i] **1** § 1/2
• **luna** ['lu:na] **7** A1
• **lunedì** [lune'di] **8** A3
• **lungo** ['luŋgo] **12** B, **13** A4; **17** B
  a ~ [a l'luŋgo] **14** A5
• **luogo** ['luɔ:go] **2** E8, **10** E15
 lusso ['lusso] **6** B
 lutto ['lutto] **17** B

M
• **ma** [ma] S 209, **2** A2
 ma dai! [ma d'da:i] **5** B
• **macchina** ['makkina] **5** A4
 macedonia [matʃe'dɔ:nja] **12** S103
• **macellaio** [matʃel'la:jo] **6** A4
• **madre** ['ma:dre] **9** A4
• **maggio** ['maddʒo] **7** A3
 magia [ma'dʒi:a] **16** E8
 magico ['ma:dʒiko] **16** B
• **maglione** [maʎ'ʎo:ne] **13** A4
• **magro** ['ma:gro] **6** A4
 mah [ma] **4** B
• **mai** ['ma:i] **16** A2
• **mal di testa** ['mal di 'tɛsta] **14** S123
• **malato** [ma'la:to] **14** E6
• **malattia** [malat'ti:a] **7** B, **14** A1
• **male** ['ma:le] **1** A4, **9** A3
• **mamma** ['mamma] **9** § 50

V

243

V

mamma mia! ['mamma 'mi:a] 15 E2
•**mancanza** [maŋ'kantsa] 12 B
•**mancare** [maŋ'ka:re] 6 A2
•**mandare** [man'da:re] 10 E5
•**mangiare** [man'dʒa:re] 3 A5
manifestazione [manifestat'tsjo:ne] 15 A5
•**mano** ['ma:no] 14 A1
mantenersi in forma [mante'nersi in 'forma] 16 A6
manzo ['mandzo] 12 A4
•**marchi** ['marki] 13 A1
•**marcia** ['martʃa] 8 S65
•**mare** ['ma:re] 4 B
Mar Adriatico ['mar adri'a:tico] 16 A5
Mar Jonio ['mar 'jɔ:nio] 16 A5
Mar Ligure ['mar li'gu:re] 16 A5
Mar Tirreno ['mar tir're:no] 16 A5
•**marito** [ma'ri:to] 4 A5
•**marrone** [mar'ro:ne] 13 A2
marsala [mar'sa:la] 6 A1
•**martedì** [marte'di] 8 A3
•**marzo** ['martso] 7 A3
maschera ['maskera] 17 B
mascherarsi [maske'rarsi] 17 B
maschio ['maskjo] 2 E8
•**matrimoniale** [matrimo'nja:le] 4 A2
•**matrimonio** [matri'mɔ:njo] 9 E3
•**mattina** [mat'ti:na] 9 A1
mattino [mat'ti:no] 11 B
mausoleo [mauzo'lɛ:o] 5 E11
•**me** [me] 10 B, 16 A6
meccanico [mek'ka:niko] 7 E5
medaglia [me'daʎʎa] 8 S65
medicina [medi'tʃi:na] 14 A3
•**medico** ['mɛ:diko] 14 A2/3
Medio Evo [medjo 'ɛ:vo] 17 B
•**meglio** ['mɛʎʎo] 8 B
•**mela** ['me:la] 6 A5
melanzane [melan'dza:ne] 12 S103
melone [me'lo:ne] 12 S103
•**meno** ['me:no] 6 A6, 8 A1, 11 A3
mensile [men'si:le] 15 A1
mentalità [mentali'ta] 7 E9
menù [me'nu] 10 B
•**meraviglioso** [meraviʎ'ʎo:so] 14 A1
•**mercato** [mer'ka:to] 6 A6
•**mercoledì** [merkole'di] 8 A3
meridionale [meridjo'na:le] 16 A3
•**mese** ['me:se] 4 B
•**metro** ['mɛ:tro] 13 B
•**metropolitana** [metropoli'ta:na] 5 E4
•**mettere** ['mettere] 6 A1; 9 A7; 13 E15
•**mezzanotte** [meddza'nɔtte] 8 A1
•**mezzo** ['mɛddzo] 6 A3; 8 A1; 11 A3
•**mezzogiorno** [meddzo'dʒorno] 8 A1

•**mi** [mi] S 209; 4 A3; (reflexiv) 1 A1, 9 A1
migliaia [miʎ'ʎa:jo] 11 B
milanese [mila'ne:se] 5 B, 12 S103
Milano [mi'la:no] 5 B
miliardo [mi'ljardo] 16 B
minestrone [mines'tro:ne] 12 S103
•**minore** [mi'no:re] 16 B
•**minuto** [mi'nu:to] 6 A1; 8 § 41
•**mio** ['mi:o] 4 A5
•**misto** ['misto] 12 S103; 15 B
•**moda** ['mɔ:da] 12 B
•**modello** [mo'dɛllo] 12 B, 13 A3
•**moderno** [mo'dɛrno] 5 E5
•**modo** ['mɔ:do] 9 E10
•**moglie** ['moʎʎe] 6 E12
•**molto** ['molto] 5 A5; 6 E9, 7 A1
•**momento** [mo'mento] 3 A5
Monaco ['mɔ:nako] 2 E1
mondiale [mon'dja:le] 16 B
•**mondo** ['mondo] 8 E2, 10 A1
•**moneta** [mo'ne:ta] 13 A1
monotono [mo'nɔ:tono] 7 E5
•**montagna** [mon'taɲɲa] 10 B
•**monte** ['monte] 10 E6
•**morire** [mo'ri:re] 14 A1, 16 B
•**morte** ['mɔrte] 7 A1, 17 B
•**morto** ['mɔrto] 14 A1
•**mosso** ['mɔsso] 16 A5
•**mostra** ['mostra] 7 A1
•**motivo** [mo'ti:vo] 9 B; 13 B
•**moto** ['mɔ:to] 11 E8
•**motore** [mo'to:re] 11 S94
•**muovere** ['mwɔ:vere] 16 S139; 16 A5
•**museo** [mu'zɛ:o] 5 E5
•**musica** ['mu:zika] 5 B

N

Napoli ['na:poli] 2 A1
•**nascere** ['naʃʃere] 7 A1/E1
nascita ['naʃʃita] 2 E8
•**naso** ['na:so] 14 A1
•**Natale** [na'ta:le] 17 A2
•**nato** ['na:to] 7 A1
•**natura** [na'tu:ra] 10 A2
•**naturalmente** [natural'mente] 15 A1
nazionale [nattsjo'na:le] 16 A2
nazionalità [nattsjonali'ta] 2 E8
•**ne** [ne] 14 A5
•**nebbia** ['nebbja] 16 A5
•**necessario** [netʃes'sa:rjo] 8 A7
negativo [nega'ti:vo] 14 E7
•**negozio** [ne'gɔttsjo] 6 A5
nemico [ne'mi:ko] 17 A3
•**nero** ['ne:ro] 13 A2
•**nervoso** [ner'vo:so] 9 B
•**nessuno** [nes'su:no] 14 A6
•**neve** ['ne:ve] 16 A1
•**nevicare** [nevi'ka:re] 16 E5
nevicata [nevi'ka:ta] 16 A5
•**niente** ['njɛnte] 9 A7, 14 S123

•**nipote** [ni'po:te] 9 A4
•**no** [nɔ] 1 A3
•**noi** ['no:i] 3 § 11
noleggiare [noled'dʒa:re] 10 A1
•**nome** ['no:me] 2 E8
•**non** [non] S 209, 4 S28
non c'è male [non 'tʃɛ m'ma:le] 1 A4
non c'è di che [non 'tʃɛ ddi'ke] 5 A3
•**nonno, -a** ['nɔnno] 8 A4, 9 A4
•**Nord** [nɔrd] 7 B
•**nostro** ['nɔstro] 8 A5
•**notare** [no'ta:re] 17 E5
•**notte** ['nɔtte] 4 A3
•**novembre** [no'vɛmbre] 7 A3
novità [novi'ta] 12 B
•**nulla** ['nulla] 14 § 79
•**numero** ['nu:mero] 3 E2, 4 A4; 13 A5
nuoto ['nwɔ:to] 16 E3
•**nuovo** ['nwɔ:vo] 7 A5
nuraghe [nu'ra:ge] 10 E16
•**nuvoloso** [nuvo'lo:so] 16 A5

O

•**o** [o] 2 E5, 3 A5, 12 B
•**occasione** [okka'zjo:ne] 17 B
•**occhiali** [ok'kja:li] S203
•**occhio** ['ɔkkjo] 14 A1
•**occidentale** [ottʃiden'ta:le] 16 A5
•**occuparsi** [okku'parsi] 9 A7
•**occupato** [okku'pa:to] 2 § 7
odiare [o'dja:re] 11 B
•**offrire** [of'fri:re] 11 A4
•**oggi** ['ɔddʒi] 5 B
•**ogni** ['oɲɲi] 11 B; 14 A2
•**olio** ['ɔ:ljo] 6 E1
oliva [o'li:va] 6 E2
Onda verde ['onda 'verde] 11 A6
onomastico [ono'mastiko] 6 B
•**operaio** [ope'ra:jo] 7 E5
•**opinione** [opi'njo:ne] 13 E15
•**oppure** [op'pu:re] 14 E11
•**ora** ['o:ra] 5 A5; 8 A1
•**ordinare** [ordi'na:re] 12 S102; 14 E5
ordine ['ordine] 9 A7
orecchio [o'rekkjo] 14 A1
organizzare [organid'dza:re] 11 B
originale [oridʒi'na:le] 11 B
origine [o'ri:dʒine] 17 B
•**ormai** [or'ma:i] 9 A3
ornamentale [ornamen'ta:le] 13 B
•**ospedale** [ospe'da:le] 7 A5
•**ospite** ['ɔspite] 9 A6
ossobuco [osso'bu:ko] 12 S102
•**ottimo** ['ɔttimo] 16 A1
•**ottobre** [ot'to:bre] 7 A3
ovale [o'va:le] 14 A1

P

•**pacchetto** [pak'ketto] 14 B
•**pacco** ['pakko] 6 A5
•**pace** ['pa:tʃe] 10 A1

padella [pa'dɛlla] 6 A1
Padova ['pa:dova] 4 S30
padre ['pa:dre] 9 A4
padrone [pa'dro:ne] 17 B
paesano [pae'za:no] 17 B
paese [pa'e:ze] 9 A5; 16 B
paesino [pae'zi:no] 9 B
pagamento [paga'mento] 11 S94
pagare [pa'ga:re] 6 A4
paio ['pa:jo] 12 B; 13 A6
palazzo [pa'lattso] 5 E5; 9 A2
palcoscenico [palkoʃ'ʃɛ:niko] 17 A3
pane ['pa:ne] 6 A5
panetteria [panette'ri:a] 6 A5
panino [pa'ni:no] 3 A5
pantaloncini [pantalon'tʃi:ni] 16 B
pantaloni [panta'lo:ni] 13 A2
papà [pa'pa] 10 B
parcheggio [par'keddʒo] 5 S36
Parco Nazionale ['parko nattsjo'na:le] 16 A2
parenti [pa'rɛnti] 9 A6
pari ['pa:ri] 11 S96
Parigi [pa'ri:dʒi] 2 E2
parlare [par'la:re] S 209, 7 E7
parmigiano [parmi'dʒa:no] 6 E7
parola [pa'rɔ:la] 6 E12
parte ['parte] 9 E9, 17 B
partecipare [partetʃi'pa:re] 8 A3
partecipazione [partetʃipat'tsjo:ne] 12 B
partenza [par'tɛntsa] 8 S65, 11 E1
partire [par'ti:re] 11 A1
partita [par'ti:ta] 7 A2
partito [par'ti:to] 15 A4
Pasqua ['paskua] 16 A4
passaporto [passa'pɔrto] 4 A2
passare [pas'sa:re] 8 A4
passato [pas'sa:to] 17 B
passeggiata [passe'dʒa:ta] 7 A2
passione di Cristo [pas'sjo:ne di 'kristo] 17 B
passo ['passo] 7 B, 15 A1
pasta ['pasta] 3 A4 ; 6 A5
pastiglia [pas'tiʎʎa] 14 A2
pasto ['pasto] 11 B
patate [pa'ta:te] 6 A2
patatine [pata'ti:ne] 12 S103/B
patente [pa'tɛnte] 13 E1
pattinaggio [patti'naddʒo] 16 E3
paura [pa'u:ra] 17 B
pausa ['pa:uza] 11 E8
pavimento [pavi'mento] 15 A2
paziente [pat'tsjɛnte] 14 E10
pazzo ['pattso] 11 B
pedaggio [pe'daddʒo] 11 S94
pediatra [pe'dja:tra] 14 A6
pelato [pe'la:to] 6 E7
penne all'arrabbiata ['penne allarrab'bja:ta] 12 S103
pensare [pen'sa:re] 9 E 10, 13 A6
pensiero [pen'sjɛ:ro] 8 A6
pensione [pen'sjo:ne] 4 A1/S30
pepe ['pe:pe] 6 A1

peperoncino [peperon'tʃi:no] 12 E3
per [per] 2 A4; 5 A2; 6 A1
perché [per'ke] 4 S30
perdere ['pɛrdere] 15 E4
perfetto [per'fɛtto] 14 A1
pericolo [pe'ri:kolo] 16 E8
pericoloso [periko'lo:so] 11 B
periferia [perife'ri:a] 15 A5
•periodo [pe'ri:odo] 11 B
perlomeno [perlo'me:no] 14 B
però [pe'rɔ] 4 B, 6 E10
persona [per'so:na] 4 A1
personaggio [perso'naddʒo] 17 B
personale [perso'na:le] 12 B
personalità [personali'ta] 14 B
pescare [pes'ka:re] 8 A3
pesce ['peʃʃe] 5 B, 12 S103
petti di pollo ['pɛtti di 'pollo] 12 S103
pezzo ['pɛttso] 12 E3
piacere [pja'tʃe:re] 3 B; 4 A5; 6 § 26; 8 A5
per ~ [per pja'tʃe:re] 6 A4
piangere ['pjandʒere] 11 B
piano ['pja:no] 15 A3; 17 E2
pianta ['pjanta] (Plan) 11 E7
pianterreno [pjanter're:no] 15 A3
piatto ['pjatto] 12 A2/4
piazza ['pjattsa] 5 A3
piazzale [pjat'tsa:le] 5 E4
piccolo ['pikkolo] 4 S31
piedi
a ~ [a p'pjɛ:di] 5 A4
in ~ [in 'pjɛ:di] 12 B
pieno ['pjɛ:no] 10 B; 11 A5
pioggia ['pjɔddʒa] 16 A5
piovere ['pjɔ:vere] 10 A4
pirati [pi'ra:ti] 17 B
piscina [piʃ'ʃi:na] 16 A6
pista ['pista] 16 A1
pittoresco [pitto'resko] 11 A4
più [pju] S 209; 3 E3; 11 A3/4
piuttosto [pjut'tosto] 12 A1
pizza ['pittsa] 3 A5
pizzeria [pittse'ri:a] 8 E11
plastica ['plastika] 13 E9
poco ['pɔ:ko] 6 A1
un po' [un 'pɔ] 5 B
poeta [po'ɛ:ta] 13 B
poi ['pɔ:i] 5 A3
polemizzare [polemid'dza:re] 15 B
politica [po'li:tika] 15 A4
politico [po'li:tiko] 17 E5
pollice ['pollitʃe] 14 A1
pollo ['pollo] 12 S103
polmoni [pol'mo:ni] 14 B
poltrona [pol'tro:na] 15 A1
pomeriggio [pome'riddʒo] 9 E2
pomodoro [pomo'dɔ:ro] 6 E1
pompelmo [pom'pɛlmo] 3 A2
popolare [popo'la:re] 15 B
porta ['pɔrta] 5 E4; 15 A2
portare [por'ta:re] 8 A6, 9 A1; 11 S90; 13 A6

portata [por'ta:ta] 13 B
porto ['pɔrto] 10 E6
posata [po'sa:ta] 12 E2
possibile [pos'si:bile] 13 B
possibilità [possibili'ta] 7 A5
possibilmente [possibil'mente] 15 A5
posta ['posta] 8 E6
posto ['posto] 2 B, 4 A5
potere [po'te:re] S 209; 8 A3 ff, § 43
povertà [pover'ta] 15 B
pranzo ['prandzo] 4 A1, 6 A1
praticare [prati'ka:re] 14 B
pratico ['pra:tiko] 11 E4
prato ['pra:to] 10 A2
preferenza [prefe'rɛntsa] 17 E1
preferire [prefe'ri:re] 3 A2
preferito [prefe'ri:to] 13 E13
prefisso [pre'fisso] 4 A4
pregiudizio [predʒu'dittsjo] 7 B
prego ['prɛ:go] 2 B; 5 A1/S38
premio ['prɛ:mjo] 8 S65
prendere ['prɛndere] 3 A1
prenotare [preno'ta:re] 10 A1
prenotazione [prenotat'tsjo:ne] 11 S91
•preoccupato [preokku'pa:to] 14 E6
preparare [prepa'ra:re] 6 A1
prescrivere [pres'kri:vere] 14 A5
presentare [prezen'ta:re] 8 A6
presepe [pre'zɛ:pe] 17 B
presidente [presi'dɛnte] 7 A1
presso ['presso] 10 A1
prestare [pres'ta:re] 13 A5
presto ['prɛsto] 9 A1
prevedere [preve'de:re] 13 B
previsioni del tempo [previ'zjo:ni del 'tɛmpo] 16 A5
previsto [pre'visto] 15 A2
prezzo ['prettso] 3 E4, 4 A1
prima ['pri:ma] 6 A5; 7 E6
primavera [prima'vɛ:ra] 15 A6
primo ['pri:mo] 5 A1; 6 A1
probabile [pro'ba:bile] 14 § 75
probabilmente [probabil'mente] 14 A1
problema [pro'blɛ:ma] 6 B, 7 A5
prodotto [pro'dotto] 6 B
professionista [professjo'nista] 15 B
professore [profes'so:re] 9 A1
progetto [pro'dʒetto] 10 E8
programma [pro'gramma] 5 B, 7 E8
pronto ['pronto] 2 A3; 5 B
proporzionato [proportsjo'na:to] 14 A1
proprietario [proprje'ta:rjo] 12 B
proprio ['prɔ:prjo] 7 A5
prosciutto [proʃ'ʃutto] 6 A1
prossimo ['prɔssimo] S 209; 11 A1
prostituta [prosti'tu:ta] 15 B
protesta [pro'tɛsta] 7 A1

V

245

protestare [protesˈtaːre] 15 E8
•**provare** [proˈvaːre] 13 A3
proveniente [proveˈni̯ɛnte] 11 E3
proverbio [proˈvɛrbi̯o] 7 B
psicoterapia [psikoteraˈpiːa] 14 B
pubblicità [pubblitʃiˈta] 11 E5
•**pubblico** [ˈpubbliko] 11 A3; 13 B
Puglia [ˈpuʎʎa] 10 E1
•**pulito** [puˈliːto] 15 E4
pulizie [pulitˈtsiːe] 9 A7
•**punto** [ˈpunto] 12 B
•**pure** [ˈpuːre] 10 B, 13 A1/3
•**purtroppo** [purˈtrɔppo] 4 B

Q

•**quadro** [ˈku̯aːdro] 13 A2; 15 A1
•**qualche** [ˈku̯alke] 15 A6, 16 A4
•**qualcosa** [ku̯alˈkɔːsa] 3 A1
•**qualcuno** [ku̯alˈkuːno] 7 B
•**quale** [ˈku̯aːle] 3 E9, 4 A4/E8
•**qualità** [ku̯aliˈta] 6 E10
•**quando** [ˈku̯ando] 6 A6, 7 A1
•**quanto** [ˈku̯anto] 3 E3/A4, 4 A2
•**quartiere** [ku̯arˈti̯ɛːre] 15 A5
•**quarto** [ˈku̯arto] 5 A1, 8 A1
•**quasi** [ˈku̯aːzi] 6 A2
•**quello** [ˈku̯ello] 10 B, 13 A4
•**questo** [ˈku̯esto] 2 B, 13 A4
•**qui** [ku̯i] 2 A4
•**quindi** [ˈku̯indi] 13 B

R

•**raccontare** [rakkonˈtaːre] 7 E1/7
•**radio** [ˈraːdi̯o] 11 E9
raffinato [raffiˈnaːto] 12 B
•**raffreddore** [raffredˈdoːre] 14 A2
•**ragazzo, -a** [raˈgattso] 6 B,
7 E1/4/B
ragionare [radʒoˈnaːre] 10 B
ragioniere [radʒoˈni̯ɛːre] 7 A5
ragù [raˈgu] 12 S103
•**rapido** [ˈraːpido] 11 E2
rappresentante [rapprezenˈtante]
7 A5
•**rappresentare** [rapprezenˈtaːre]
17 B
rappresentazione
[rapprezentatˈtsi̯oːne] 17 A3
ravioli [raviˈɔːli] 6 A1
re [re] 17 A3
realizzare [realidˈdzaːre] 14 E9
•**realtà** [realˈta] 13 B, 17 A3
•**regalare** [regaˈlaːre] 13 E9
•**regalo** [reˈgaːlo] 12 E2
regionale [redʒoˈnaːle] 12 B
•**regione** [reˈdʒoːne] 10 A1, 11 E5
regista [reˈdʒista] 7 A1
regola [ˈrɛːgola] 16 E7
religioso [reliˈdʒoːso] 17 B
•Repubblica [reˈpubblika] 7 A1
•respirare [respiˈraːre] 10 A2
•**restare** [resˈtaːre] 9 A1
rete [ˈreːte] 14 E4
•**ricchezza** [rikˈkettsa] 15 B
•**ricetta** [riˈtʃetta] 12 E2, 14 A2

•**ricevere** [riˈtʃeːvere] 11 B
•**ricevuta** (fiscale) [ritʃeˈvuːta
(fisˈkaːle)] 12 A6
richiedere [riˈki̯ɛːdere] 12 B
•**riconoscere** [rikoˈnoʃʃere] 13 B
•**ricordo** [riˈkɔrdo] 17 B
ricostruire [rikostruˈiːre] 8 E7
•**ridurre** [riˈdurre] 14 E9
riferirsi [rifeˈrirsi] 16 E8
rifiuti [riˈfi̯uːti] 10 A2
righe
a ~ [a rˈriːge] 13 A2
rilassante [rilasˈsante] 16 A3
•**rimanere** [rimaˈneːre] 7 A2/4
Rinascimento [rinaʃʃiˈmento] 17 B
•**ringraziare** [ringratˈtsi̯aːre] 8 A7
•**ripetere** [riˈpɛːtere] S 209, 14 B
•**riposarsi** [ripoˈsarsi] 10 A4
riprendere [riˈprɛndere] 16 A5
•**riscaldamento** [riskaldaˈmento]
4 A1, 15 A1
rischiare [risˈki̯aːre] 16 B
•**risolvere** [riˈsɔlvere] 8 B, 15 B
risotto [riˈsɔtto] 5 B
•**risparmiare** [risparˈmi̯aːre] 6 A6
rispecchiare [rispekˈki̯aːre] 12 B
•**rispondere** [risˈpondere] 5 E8
•**risposta** [risˈposta] 2 E7
•**ristorante** [ristoˈrante] 4 A1
risultato [risulˈtaːto] 14 B
•**ritardo** [riˈtardo] 11 A2
•**ritornare** [ritorˈnaːre] 13 B
•**ritorno** [riˈtorno] 11 A2, 13 B
•**ritrovare** [ritroˈvaːre] 9 E10, 17 B
•**riunione** [riuˈni̯oːne] 8 A9
•**rivedere** [riveˈdeːre] 8 A5
•**rivista** [riˈvista] 14 E2
rivivere [riˈviːvere] 17 B
•**rivolgersi** [riˈvoldʒersi] 15 A2
•**roba** [ˈrɔːba] 13 B
Roma [ˈroːma] 2 A1
romano [roˈmaːno] 17 B
•**rosa** [ˈrɔːza] 13 A2
•**rosso** [ˈrosso] 12 A3
•**rumore** [ruˈmoːre] 15 A5
•**rumoroso** [rumoˈroːso] 4 A5
ruolo [ˈru̯ɔːlo] 9 B
ruota [ˈru̯ɔːta] 5 E6

S

S. (San) 4 A1
•**sabato** [ˈsaːbato] 8 A3
sagra [ˈsaːgra] 17 B
sala d'attesa [ˈsaːla datˈteːsa]
11 S91
sala da pranzo [ˈsaːla da
pˈprandzo] 4 A1
•**salame** [saˈlaːme] 12 E3
saldi [ˈsaldi] 13 A3
•**sale** [ˈsaːle] 6 A1
•**salire** [saˈliːre] 11 B/§ 63
salotto [saˈlɔtto] 8 A6
salto [ˈsalto] 17 B
•**salumeria** [salumeˈriːa] 6 A3
salumiere [saluˈmi̯ɛːre] 6 S. 46

•**salutare** [saluˈtaːre] 11 E8
•**salute** [saˈluːte] 14 A3
•**saluto** [saˈluːto] 7 B
salvia [ˈsalvi̯a] 6 A1
sandali [ˈsandali] 13 A5
sangue: al ~ [al ˈsangue] 12 A4
•San(to, -a) [ˈsan(to)] 4 A1, 10 E6
•**sapere** [saˈpeːre] 5 S37;
12 A4/B (§ 67)
•**sapore** [saˈpoːre] 12 B
saraceno [saraˈtʃɛːno] 17 B
Sardegna [sarˈdeɲɲa] 10 A1
•**scale** [ˈskaːle] 15 A3
scaloppina [skalopˈpiːna] 6 A1
•**scarpe** [ˈskarpe] 13 A2
•**scatola** [ˈskaːtola] 6 E7
•**scegliere** [ˈʃeʎʎere] 10 B,
11 E5 (§ 63)
scena [ˈʃɛːna] 17 B
•**scendere** [ˈʃendere] 5 A3
schiavo [ˈski̯aːvo] 14 B
•**sci** [ʃi] 8 E2, 16 A1
scialle [ˈʃalle] 13 E12
•**sciare** [ʃiˈaːre] 16 A4
•**sciarpa** [ˈʃarpa] 13 A2
scienziato [ʃenˈtsi̯aːto] 15 B
sciovia [ʃioˈviːa] 16 A1
sciroppo [ʃiˈrɔppo] 14 A2
sciupato [ʃuˈpaːto] 13 B
sconosciuto [skonoʃˈʃuːto] 14 A1
•**sconto** [ˈskonto] 13 A4
scontrino [skonˈtriːno] 3 A1
•**scorso** [ˈskorso] 13 B
scozzese [skotˈtseːse] 13 A2
scrivania [skrivaˈniːa] 15 A1
•**scrivere** [ˈskriːvere] 7 E2
•**scuola** [ˈsku̯ɔːla] 9 A3
•**scuro** [ˈskuːro] 13 A2
•**scusare** [skuˈzaːre] S 209, 1 A3,
5 A1/S38
•**se** [se] 5 B, 8 A3; 9 B
•**sé** [se] 16 § 93
•**secolo** [ˈsɛːkolo] 17 B
•**secondo** [seˈkondo] 5 A1; 6 A1;
13 B/16 E6
•**sedia** [ˈsɛːdi̯a] 2 § 7
seggiovia [seddʒoˈviːa] 16 A1
•**segretaria** [segreˈtaːri̯a] 7 E5
segreteria telefonica [segreteˈriːa
teleˈfɔːnika] 4 A4
seguente [seˈgu̯ɛnte] 5 E9
•**seguire** [seˈgu̯iːre] 13 B
•**semaforo** [seˈmaːforo] 11 A5
•**sembrare** [semˈbraːre] 13 A3
•**semplice** [ˈsemplitʃe] 12 B
•**sempre** [ˈsɛmpre] 5 A5
senape [ˈsɛːnape] 13 A2
•**sentire** [senˈtiːre] 2 B, 3 § 10, 9 A4
•**senza** [ˈsɛntsa] 3 A6
•**senz'altro** [senˈtsaltro] 14 A6
•**sera** [ˈseːra] 1 § 3
serata [seˈraːta] 8 A7
•**sereno** [seˈreːno] 16 A5
•**servire** [serˈviːre] 6 A1, 14 B
•**servizi** [serˈvittsi] 15 A1

V

servizio [ser'vittsjo] **11** A5; **12** E2/S103
seta ['se:ta] **13** A2
sete ['se:te] **3** A1
settembre [set'tɛmbre] **7** A3
settentrionale [settentrio'na:le] **16** A5
settimana [setti'ma:na] **4** A2
sfilata di moda [sfi'la:ta di 'mɔ:da] **15** B
sfogo ['sfo:go] **7** B
si [si] *(reflexiv)* **1** A1, **9** A1; („*man*") S 209, **12** A1
sì [si] **1** A3
siciliano [sitʃi'lja:no] **7** B
sicuro [si'ku:ro] **11** A3
sigaretta [siga'retta] **14** B
significare [siɲɲifi'ka:re] S 209
signora [siɲ'ɲo:ra] **1** A2/4
signor(e) [siɲ'ɲor(e)] **1** A2
signorina [siɲɲo'ri:na] **1** A3
silenzio [si'lɛntsjo] **10** A1
silenzioso [silen'tsjo:so] **11** A4
simbolo ['simbolo] **14** B
simpatico [sim'pa:tiko] **7** A2
singolo ['siŋgolo] **4** A2
(a) sinistra [(a s)si'nistra] **5** A1; **14** A1
situazione [situat'tsjo:ne] **11** B
smettere ['zmettere] **14** S120
snodabile [zno'da:bile] **14** A1
soccorso pubblico di emergenza [sok'korso 'pubbliko di emer'dʒɛntsa] **4** A4
società [sotʃe'ta] **11** B
soggiorno [sod'dʒorno] **4** A1/6
sogliola ['sɔʎʎola] **12** S103
sogno ['soɲɲo] **16** A6
soldi ['sɔldi] **13** A5
sole ['so:le] **10** A4
solito
come al ~ [al 'sɔ:lito] **7** A2
di ~ [di 'sɔ:lito] **8** B
solitudine [soli'tu:dine] **7** B
solo ['so:lo] **4** A3; **7** E4
soltanto [sol'tanto] **16** B
sopra ['so:pra] **15** A3
soprattutto [soprat'tutto] **12** B
sopravvivere [soprav'vi:vere] **15** B
sorella [so'rɛlla] **6** B, **9** A4
sorpasso [sor'passo] **11** S96
sosta ['sɔsta] **11** S96
sottile [sot'ti:le] **13** A2
sotto ['sotto] **6** E2, **15** A3
sottostante [sottos'tante] **6** E12
spaghetti [spa'getti] **6** A2
Spagna ['spaɲɲa] **2** E2
spagnolo [spaɲ'ɲɔ:lo] **2** A5
spalla ['spalla] **14** A1
spazio ['spattsjo] **9** B
speciale [spe'tʃa:le] **6** B
specialità [spetʃali'ta] **12** B
speculazione [spekulat'tsjo:ne] **15** B
spendere ['spɛndere] **6** B

sperare [spe'ra:re] **14** B
spesa ['spe:sa] **6** A5
spettacolo [spet'ta:kolo] **12** B
spezzatino [spettsa'ti:no] **12** S102
spezzato [spet'tsa:to] **13** A2
spiaggia ['spjaddʒa] **10** A1
spiccioli ['spittʃoli] **13** A1
spingere ['spindʒere] **16** B
spirito ['spi:rito] **17** B
spogliarsi [spoʎ'ʎarsi] **14** A5
sponsor ['sponsə] **16** B
spontaneo [spon'ta:neo] **17** E5
sporco ['spɔrko] **15** B
sport [spɔrt] **16** A6
sportivo [spor'ti:vo] 8 S65, **13** A2
sposare [spo'za:re] **7** A1, **9** E4
sposato [spo'za:to] **9** E10
spremuta [spre'mu:ta] **3** E4
stagione [sta'dʒo:ne] **4** B; **6** E2
stamattina [stamat'ti:na] **8** B
stanco ['staŋko] **8** A4
stanza ['stantsa] **15** A3
stare ['sta:re] **1** A4; **3** B; **5** B; **9** A5; **18** A4
stasera [sta'se:ra] **4** A5
statale adriatica [sta'ta:le adri'a:tika] **11** A6
Stati Uniti ['sta:ti u'ni:ti] **10** A3
stazione [stat'tsjo:ne] **5** A3
~ di servizio [stat'tsjo:ne di ser'vittsjo] **11** A5
stesso ['stesso] **10** B
stile ['sti:le] **4** A1
stipendio [sti'pɛndjo] **6** B
Stoccarda [stok'karda] **2** E1
storia ['stɔ:rja] **11** E13
storico ['stɔ:riko] **4** A1, **17** B
strada ['stra:da] **5** A1
stradale [stra'da:le] **11** E11
straniero [stra'njɛ:ro] **2** A4
stravecchio [stra'vekkjo] **3** A2
stress [strɛs] **14** E12
stretto ['stretto] **13** A3
studente [stu'dɛnte] **7** A1
studiare [stu'dja:re] **2** B
studio ['stu:djo] **15** A3
stufo ['stu:fo] **10** S84
su [su] **7** A1, **11** E3/A4
sù [su] **10** B
subito ['su:bito] **3** A5
succedere [sut'tʃɛ:dere] **7** A1
successo [sut'tʃɛsso] **7** A1
succo ['sukko] **3** A2
Sud [sud] **7** B
sugo ['su:go] **12** E3
suo ['su:o] **6** B, **7** A3/4
suocero, -a ['swɔ:tʃero] **9** A3/E4
suonare [swo'na:re] **9** A2; **17** E2
supermercato [supermer'ka:to] **5** S36
sveglia ['zveʎʎa] **9** A2
svegliare [zveʎ'ʎa:re] **9** B
svegliarsi [zveʎ'ʎarsi] **9** A1
sveglio ['zveʎʎo] **14** B
Svezia ['zvɛttsja] **10** A3

Svizzera ['zvittsera] **2** E2
svizzero ['zvittsero] **2** A5

T

tabacchi [ta'bakki] **10** A3
tabellone [tabel'lo:ne] **11** E1
taglia ['taʎʎa] **13** A3
tanto ['tanto] **5** A1, **6** E10, **7** B
tardi ['tardi] **8** A7
tassa ['tassa] **16** B
tavola ['ta:vola] **8** B, **12** A2
tavola calda ['ta:vola 'kalda] **12** B
tavolo ['ta:volo] **12** S101
taxi ['taksi] **8** A7
te [te] 15 B, **16** E6
tè [tɛ] **3** A2
teatro [te'a:tro] **5** S36
tecnica ['tɛknika] **16** E8
tedesco [te'desko] **2** A4
telefonare [telefo'na:re] **2** E2, **4** A4
telefono [te'lɛ:fono] **4** A1
telegiornale [teledʒor'na:le] **8** E2
televisione [televi'zjo:ne] **7** A1
televisore [televi'zo:re] **14** E4
temperamento [tempera'mento] **13** E15
temperatura [tempera'tu:ra] **16** A5
tempo ['tɛmpo] **4** A5; **10** A4
tenda ['tɛnda] *(Vorhang)* **15** A1
tenero ['tɛ:nero] **6** A4
tennis ['tɛnnis] **8** A4
terapia [tera'pi:a] **14** E8
terra ['tɛrra] **15** A5
a ~ [a t'tɛrra] **11** S94
terrazza [ter'rattsa] **15** A5
terzo ['tɛrtso] **5** A1
testa ['tɛsta] **14** S123
testo ['tɛsto] **8** E10
tetto ['tetto] **15** A2
ti [ti] **4** B; *(reflexiv)* **1** A6, **9** A1
timido ['ti:mido] **13** B
tinta
in ~ unita [in 'tinta u'ni:ta] **13** A2
tipico ['ti:piko] **4** A1
tipo ['ti:po] **6** B, **9** A6
titolo ['ti:tolo] **11** B
toast [tɔst] **3** A5
toh [tɔ] **3** B
tombola ['tombola] **4** E7
Torino [to'ri:no] **9** A3
tornare [tor'na:re] **4** B
torre ['torre] **7** E8, **10** E16
torta gelato ['torta dʒe'la:to] **12** S103
tortellini [tortel'li:ni] **12** S103
Toscana [tos'ka:na] **16** E5
tosco-emiliano ['tosko emi'lja:no] **16** A5
tosse ['tosse] **14** S120
tossire [tos'si:re] **14** A5
tovaglia [to'vaʎʎa] **12** A2
tovagliolo [tovaʎ'ʎɔ:lo] **12** A2
tra [tra] **14** E4

V

- tradizione [tradit'tsjo:ne] **17** A3
- **traffico** ['traffiko] **11** A6

training autogeno ['treiniŋ au'tɔ:dʒeno] **14** E3
- **tram** [tram] **5** A2

tranquillità [traŋkµilli'ta] **15** E4
- **tranquillo** [traŋ'kµillo] **4** A1

transito ['transito] **11** S96
trascurato [trasku'ra:to] **15** B
trasformare [trasfor'ma:re] **16** B
- **trasmettere** [traz'mettere] **11** B
- **trattoria** [tratto'ri:a] **5** S36
- **treno** ['trɛ:no] **2** B, **10** A1

trionfo [tri'onfo] **16** B
- **triste** ['triste] **7** B
- **troppo** ['trɔppo] **4** A5, **7** § 36
- **trovare** [tro'va:re] **2** E7, **9** A3

trulli ['trulli] **10** E6
- **tu** [tu] **1** A5

tumore [tu'mo:re] **14** B
- **tuo** ['tu:o] **7** A3

turchese [tur'ke:se] **13** B
turco ['turko] **17** E4
- **turista** [tu'rista] **7** § 39
- **turno** ['turno] **11** B

tuta ['tu:ta] **16** B
- **tutto** ['tutto] **4** A1, **5** B

TV [ti v'vu] **8** E2, **15** A4

U

- **ufficio** [uf'fi:tʃo] **7** A2
  - ~ **informazioni** [uf'fi:tʃo informat'tsjo:ni] **11** S91
  - ~ **postale** [uf'fi:tʃo pos'ta:le] **5** S36
- **uguale** [u'gµa:le] **15** A4
- **ultimo** ['ultimo] **12** B

Umbria ['umbrja] **11** E5
umbro ['umbro] **4** A1
- **un, un', una, uno 3** A2
- **unico** ['u:niko] **9** A5
- **università** [universi'ta] **7** A4
- **uomo** ['µɔ:mo] **7** A1
- **uovo** ['µɔ:vo] S203
- **usare** [u'za:re] **10** A4, **15** A1

- **uscire** [uʃ'ʃi:re] **15** A5/B/§ 83
- **uscita** [uʃ'ʃi:ta] **11** S94

uso ['u:zo] **15** A1
utile ['u:tile] S 209, **7** E8
- **uva** ['u:va] **12** A5

V

- **vacanza** [va'kantsa] **2** A5

vacanziere [vakan'tsjɛ:re] **10** A1
Val d'Aosta ['val da'ɔsta] **10** A1
Val Padana ['val pa'da:na] **16** A5
valico ['va:liko] **11** A6
- **valigia** [va'li:dʒa] **11** S90
- **valle** ['valle] **10** A2

vario ['va:rjo] **6** A1
- **vecchio** ['vɛkkjo] **9** A6
- **vedere** [ve'de:re] **4** E3

vela ['ve:la] **16** A4
velluto a coste [vel'lu:to a k'kɔste] **13** A2
- **veloce** [ve'lo:tʃe] **11** A3
- **vendere** ['vendere] **13** B
- **venerdì** [vener'di] **8** A3

Venere ['vɛ:nere] **14** E9
Venezia [ve'nɛttsja] **4** A4
- **venire** [ve'ni:re] S 209, **4** S28; **6** A6 (§ 28)
- **veramente** [vera'mente] **7** A2
- **verde** ['verde] **9** B, **13** A2
- **verdura** [ver'du:ra] **6** A1
- **vero** ['ve:ro] **2** A5
- **verso** ['vɛrso] **16** E6

verticale [verti'ka:le] **13** A2
- **vestirsi** [ves'tirsi] **9** A2
- **vestito** [ves'ti:to] **13** E2
- **vetrina** [ve'tri:na] **13** A3
- **vi** [vi] **9** A3, **10** A6
- **via** ['vi:a] **5** A1; **11** A1/B
- **viaggiare** [viad'dʒa:re] **7** A5

viaggiatore [viaddʒa'to:re] **17** A3
- **viaggio** [vi'addʒo] **10** A1

viale [vi'a:le] **5** E4
- **vicino** [vi'tʃi:no] **4** A1; **16** B

vicolo ['vi:kolo] **15** B

- **vietato** [vje'ta:to] **5** B, **11** S96

Vienna ['vjɛnna] **2** E2
- **vigile** ['vi:dʒile] **11** A5
- **villa** ['villa] **15** E1

villetta [vil'letta] **4** B
- **vincere** ['vintʃere] **16** A6
- **vino** ['vi:no] **6** E7

viola [vi'ɔ:la] **13** A2
violino [vio'li:no] **17** E2
virilità [virili'ta] **14** B
- **visita** ['vi:zita] **8** A7, **14** A4
- **visitare** [vizi'ta:re] **7** A1
- **viso** ['vi:zo] **14** A1
- **vita** ['vi:ta] **6** B

vitello [vi'tɛllo] **6** A1
- **vittima** ['vittima] **16** B
- **vittoria** [vit'tɔ:rja] **16** E9

vivande [vi'vande] **12** S103
vivente [vi'vɛnte] **17** B
- **vivere** ['vi:vere] **6** A6
- **voglia** ['vɔʎʎa] **5** A4
- **voi** ['vo:i] **2** E2, **5** § 23

volantino [volan'ti:no] **11** B
- **volentieri** [volen'tjɛ:ri] **3** A1
- **volere** [vo'le:re] S 209; **3** A5; **7** A4; **8** A2 *ff* (§ 43); **14** A2

volontà [volon'ta] **14** B
- **volta** ['vɔlta] S 209, **8** B
- **vostro** ['vɔstro] **8** E4

W

whisky ['wiski] **3** A6
windsurf ['windsə:f] **16** E3

Z

zampognari [tsampoɲ'ɲa:ri] **17** A2
- **zio, -a** ['tsi:o] **9** A4
- **zona** ['dzɔ:na] **15** A1

zoo ['dzɔ:o] **7** E8
- **zucchero** ['tsukkero] **6** A2

zucchini [tsuk'ki:ni] **6** § 26
zuppa inglese ['tsuppa iŋ'gle:se] **12** S103
Zurigo [dzu'ri:go] **2** E2

Lösungen Testblock 1–4

Testblock 1

Testaufgabe 1
Frage: 1. 4. 5. 8. 9.
Aussage: 2. 3. 6. 7. 10.

Testaufgabe 2

	=	≠
1		X
2	X	
3	X	
4		X
5		X
6		X
7	X	
8		X

Testaufgabe 3
1. b); 2. b); 3. c); 4. b).

Testaufgabe 4
1. b); 2. b); 3. c); 4. d); 5. b); 6. c).

Testaufgabe 5
Michele Riboni, Corso Romita 15, Alessandria, telefono 0131 16 67 9
Giovanni Roncaldi, Corso Bolzano 6, Torino, telefono 011 88 75 00
Mario Rossi, Via Emanuele Filiberto 33, Roma, telefono 06 29 82 17
Carmine Rubiello, Via Pignatelli 27, Napoli, telefono 081 38 83 47

Testaufgabe 6
1. Buongiorno, signora Steni, come sta?
2. Il signor Micheli è in Germania per lavoro.
3. Prendiamo un aperitivo?
4. Ha il numero di telefono della signora Bruni?
5. Cameriere, un cappuccino per favore!
6. Siete francesi?

Testaufgabe 7

Agenzia Globo
Via Cavour 3
Bologna

Avete ancora _appartamenti_ liberi a Riccione per il mese di _luglio_?
Siamo una _famiglia_ di quattro persone, due adulti e due bambini e _cerchiamo_ un appartamento _abbastanza_ grande, con garage, in un posto _tranquillo_, _vicino_ al mare. Quanto costa al mese, _tutto_ compreso? Grazie e Cordiali Saluti

Gianna Neri

Testblock 2

Testaufgabe 1

All'edicola __1__

Al bar __4__

Al telefono __5__

In autobus __2__

Al supermercato __3__

In salumeria __6__

Testaufgabe 2

	1	2	3	4	5	6
ce			X			
chi		X				
ghi					X	
ge	X					
sce				X		
gi						X

Testaufgabe 3

Testaufgabe 4

1. b)+c); 2. a)+c); 3. a)+b); 4. a)+c); 5. a)+b); 6. b)+c).

Testaufgabe 5

Ha passato; è rimasto; ha avuto; è andata; ha fatto; ha incontrato; hanno guardato; sono andate; è andata; ha comprato; ha preso; è tornata; è arrivata; ha trovato.

Testaufgabe 6

1. c'è; 2. costano; 3. venuto; 4. degli; 5. la sua; 6. Le.

Testaufgabe 7

1. falso; 2. vero; 3. falso; 4. vero; 5. vero; 6. falso; 7. vero.

Testblock 3

Testaufgabe 1
1. b); 2. a); 3. b); 4. a); 5. a); 6. b).

Testaufgabe 2
1. c); 2. b); 3. c); 4. a).

Testaufgabe 3
1. b); 2. a); 3. a); 4. b); 5. a); 6. a).

Testaufgabe 4
1. c); 2. b); 3. c); 4. b); 5. a); 6. b).

Testaufgabe 5
di; alle; a; a; in; in; a.

Testaufgabe 6
1. falso; 2. vero; 3. falso; 4. falso; 5. vero; 6. vero; 7. falso.

Testblock 4

Testaufgabe 1
1. a)+c); 2. b)+c); 3. a)+b), 4. a)+c); 5. a)+b).

Testaufgabe 2
Siamo nel Medioevo. Il vescovo <u>tedesco</u> Johannes Fugger fa un <u>viaggio</u> in Italia per provare i vini di <u>questo</u> paese. Il viaggio è <u>lungo</u>. Per non perdere tempo, il vescovo manda avanti una persona al suo <u>servizio</u>. Ogni volta che il servitore trova un buon vino, deve <u>scrivere</u> la parola latina „est" sulla porta dell'osteria. Il servitore <u>segue</u> gli ordini del vescovo fino a quando, un <u>giorno</u> non arriva a Montefiascone, nel Lazio. Qui beve un vino <u>eccezionale</u> e questa volta scrive sulla porta dell'osteria „est – est – est".
<u>Quando</u> il vescovo arriva a Montefiascone, prova questo vino e lo trova <u>straordinario</u>, e ne beve tanto e tanto che … alla fine muore.

Testaufgabe 3
1. mangiata; 2. potrebbe; 3. nessuno; 4. si comprano; 5. Non ci sono ancora stato.

Testaufgabe 4
falso; falso; vero; vero; vero; falso; falso.

Werkübersicht: Buongiorno 1

Lehrbuch Klettnummer 5604

2 Compact-Cassetten
zum Lehrbuch Klettnummer 56047

Arbeitsbuch Klettnummer 56045

Rollenspiele Klettnummer 56041

Lehrerband Klettnummer 56043

Die Compact-Cassetten können auch einzeln bezogen werden:
Compact-Cassette Lektion 1 – 8 mit Testblocks 1 – 2 Klettnummer 560471
Compact-Cassette Lektion 9 – 17 mit Testblocks 3 – 4 Klettnummer 560472
Grammatische Zusatzübungen: Lektionen 1 – 8 Klettnummer 560401
Grammatische Zusatzübungen: Lektionen 9 – 17 Klettnummer 560402
Lösungsheft zu den Grammatischen Zusatzübungen (Lektionen 1 – 17) Klettnummer 560403

Quellennachweis

Fotos:
Andrea Aiazzi, Pistoia: 75; 76 – Automobile Club, Milano: 41 – Gaetano Barone, Firenze: 10,1,3; 45; 46,1,2; 47,1,2; 57,1–6; 58,1–6; 59; 62,1–3; 70,1,2; 74; 83,1; 85,1,3; 87,1–4; 89,3,4,5,7,9,11,12; 90,1–2; 94,1,3; 95; 96,1; 106,3,4; 110; 112; 118,1,2; 120; 127; 132,1; 135,1,2; 138,1; 148; 151,1,2 – Baumann, Ludwigsburg: 145,2–5 – Bavaria Verlag, Gauting (Herm. Maier): 131; (Marcella Pedone): 135,3,4 – Rosanna Brambilla, Böblingen: 79,1,3,4; 94,2; 96,2 – Alessandra Crotti, Heidelberg: 65 – Deutsches Institut für Filmkunde, Frankfurt: 53,1 – dpa, Frankfurt: 53,2,7; 85,4 – Dufoto, Roma: 41,2 – EPT, l'Aquila: 150,3 – Gap Italia, Milano: 108,3 – Giancarlo Gasponi, Roma: 134,1,2 – Franco Gavirati, Perugia: 27,1,3 – Elisabeth Görg, Esslingen: 83,2 – Myrna Goldstein, Venezia: 149,1–2; 105,1,2 – Barbara Huter, Stuttgart: 106,5; 132,2 – Wolfgang u. Irmela Mack, Schorndorf: 75,11 – Gerd Maier, Stuttgart: 80; 82,1; 96,3 – Enrico Martino, Torino: 106,1,2; 145,1 – J. P. Maucher, Stuttgart: 9,1–3; 10,2,4; 11,1,2; 101; 102,1,2; 104; 115,1–5; 142,1,3,4,5,6 – Mauritius, Mittenwald: 142,2 – Arnoldo Mondadori, Segrate (Milano): 108,2 – Giovanna Mungai-Maier, Stuttgart: 75,1,7,12; 89,2; 138,2,3 – Musei Capitolini-Antiquarium Comunale, Roma: 117,1–5 – Klaus Uwe Neumann, Stuttgart: 44,1–3 – Piag, Baden-Baden: (Fiore) 62,4,5; (Fabbri) 85,5; (Esposito) 85,6; (Hotel Rocca, Bazzano Bolognese): 89,6; (Bisconcini) 89,8; 147 – Sergio Salaroli, Roma: 21; 24; 29; 31,1–4; 33; 34; 43,1,3; 53,4 – Karim Sednaoui, Milano: 108,1 – Angela Solaini, Stuttgart: 79,2 – Süddeutscher Verlag, München: 53,3,5 – Ullstein, Berlin: 54

Umschlagfoto (Roma, Piazza Navona): Giancarlo Gasponi, Roma – 3. Umschlagseite (Pentedatillo, mittelalterliche Fluchtsiedlung auf einer Kalkrippe oberhalb der calabrischen Küste): Helbig – ZEFA, Düsseldorf.

Realien:
Abitare, Milano: 132 – Albergo Ristorante Tre Ceri, Gubbio: 27 – Alfa Intes, Casoria (Napoli): 122 (Fotofil) – Alisarda, Frankfurt: 80 – Alitalia, Roma: 93 – Bompiani-Fabbri, Milano: 86 (Il nome della rosa) – Centro Sperimentale per l'Educazione Sanitaria, Perugia: 82 – Chiesi Farmaceutico, Parma: 122 (Libexin mucolitico) – Diplomat Tour, Roma: 80 (Il vacanziere) – EPT, Milano: 38 – L'Espresso, Roma: 131 (Ti odio città) – Falk-Verlag, Hamburg: 95 (Stadtplan von Lübeck) – Incontri, Berlin: 144 (Un sogno di notte di mezza estate) – Le petit, Milano: 122 (Nevral) – Arnoldo Mondadori, Milano: 97 (Via dalla pazza coda); 134 („Milano, eccezionale veramente?" „Roma: chi arriva non va più via" beide aus: Panorama); 144 („Un Giro di miliardi" „Vivere in tuta" beide aus: Panorama) – Navigazione sul lago di Garda, Desenzano: 93 (Tragflügelboot auf dem Gardasee) – La Repubblica: 63 (Fernsehprogramm) – Rizzoli-Corriere della sera: 50; 149 (Quando a Venezia era sempre Carnevale aus: Qui Touring) – V.A.G. Vertriebszentrum Südwest, Ludwigsburg: 92 (Scirocco) – Velamareclub, Milano: 140 – Wyeth, Aprilia: 122 (Magnesia Bisurata Aromatic) – Peter Zumsteg, Zürich: 86 (Schallplattenhülle)

Piktogramme:
ERCO Leuchten, Lüdenscheid: 139,1–10 – Union Internationale des Chemins de Fer, Paris: 91,1–6